Medizinprodukte und Haftung aus Schutzgesetzverletzung

Recht und Medizin

Herausgegeben von den Professoren
Dr. Erwin Deutsch (†), Dr. Bernd-Rüdiger Kern, Dr. Thorsten Kingreen,
Dr. Adolf Laufs (†), Dr. Hans Lilie, Dr. Hans-Ludwig Schreiber (†),
Dr. Andreas Spickhoff

Bd./Vol. 145

Zur Qualitätssicherung und Peer Review der vorliegenden Publikation

Die Qualität der in dieser Reihe erscheinenden Arbeiten wird vor der Publikation durch Herausgeber der Reihe geprüft.

Notes on the quality assurance and peer review of this publication

Prior to publication, the quality of the work published in this series is reviewed by editors of the series.

Carmen Röhrl

Medizinprodukte und Haftung aus Schutzgesetzverletzung

PETER LANG

Berlin - Bruxelles - Chennai - Lausanne - New York - Oxford

Bibliografische Information der Deutschen Nationalbibliothek
Die Deutsche Nationalbibliothek verzeichnet diese Publikation in der Deutschen Nationalbibliografie; detaillierte bibliografische Daten sind im Internet über http://dnb.d-nb.de abrufbar.

Zugl.: *Ludwig-Maximilians-Universität München,* Diss., 2024

DE-19
ISSN 0172-116X
ISBN 978-3-631-93661-0 (Print)
E-ISBN 978-3-631-93586-6 (E-PDF)
E-ISBN 978-3-631-93686-3 (E-PUB)
DOI 10.3726/b22844

Verlegt durch Peter Lang GmbH, Berlin (Germany)

info@peterlang.com

Diese Publikation wurde begutachtet.

www.peterlang.com

Danksagung

An dieser Stelle möchte ich meine tief empfundene Dankbarkeit an all diejenigen Personen aussprechen, die diese Doktorarbeit ermöglicht haben:

Als Erstes danke ich meinem Doktorvater, Herrn Professor Dr. Andreas Spickhoff. Schon während meines Studiums haben Sie mich mit Ihrer inspirierenden Art und Ihrer Leidenschaft für das Medizinrecht so mitgerissen, dass ich schon lange vor meinem Ersten Juristischen Examen gehofft habe, eines Tages bei Ihnen promovieren zu dürfen. Ihre positive Rückmeldung zu meiner Promotionsanfrage innerhalb weniger Minuten nach Erhalt der notwendigen Note wird mir immer in Erinnerung bleiben. Ich möchte Ihnen natürlich auch herzlich für Ihre Unterstützung, Ihre Betreuung und die schnelle Begutachtung meiner Arbeit danken.

Mein Dank gilt auch Professor Dr. Matthias Krüger für die zügige Anfertigung des Zweitgutachtens.

Mein besonderer Dank gilt weiter meinen Eltern, Edith Menth und Josef Röhrl, die mich seit meinen ersten Schritten in der Schule bis hin zu dieser Dissertation immer bedingungslos unterstützt und stets an mich geglaubt haben. Meine Mutter war mir bei dieser Arbeit eine wertvolle Hilfe mit ihrem Fachwissen und ihrem Blick für sprachliche Feinheiten, während mein Vater mit seiner Geduld und seinem Können bei der Formatierung meiner Arbeit eine große Stütze war. Euch beiden habe ich für so viel mehr zu danken, als nur hierfür.

Ein weiterer großer Dank geht an meinen Partner Jonas Mack, der mir in den stressigen Phasen immer den Rücken gestärkt hat. Auch ohne Deine Unterstützung und Deinen Zuspruch hätte ich diese Herausforderungen nicht so gut bewältigen können.

Ferner danke ich Raphael Eberle und Amelie Ebner für den juristischen Austausch und die wertvollen Anregungen zu dem Themenkomplex dieser Dissertation und Christina Borowsky, Teresa Mayer und Eden Misdziol für deren Zeit und Mühen, auch den letzten Tippfehler zu finden.

Die Unterstützung von all diesen Personen hat meinen Weg nicht nur erleichtert, sondern auch bereichert.

Inhaltsverzeichnis

Abkürzungsverzeichnis

a.A.	andere Ansicht
Abl.	ablehnend
abger.	abgerufen am
Abs.	Absatz
AEUV	Vertrag über die Arbeitsweise der Europäischen Union
AG	Amtsgericht
AL	Aktualisierungslieferung
a.M.	am Main
AMG	Arzneimittelgesetz
Amtl. Begr.	amtliche Begründung
Amtl. Sammlung	amtliche Sammlung
Anm.	Anmerkung
App	Application
Art.	Artikel
AT.	Allgemeiner Teil
Aufl.	Auflage
ausführl.	ausführlich
b.b.	bereits benannt
Bd.	Band
Beck-OGK	Beck'scher Online-Großkommentar
BeckOK	Beck'scher Online-Kommentar
BeckRS	Beck Rechtsprechung (Zeitschrift)
Beschl.	Beschluss
BfArM	Bundesinstitut für Arzneimittel und Medizinprodukte
BGB	Bürgerliches Gesetzbuch
BGH	Bundesgerichtshof
BGHZ	Entscheidungen des Bundesgerichtshofes in Zivilsachen (Amtl. Sammlung)
BR-Drucks.	Bundesratsdrucksache

bspw.	beispielsweise
BT	Besonderer Teil
BT-Drucks.	Bundestagsdruckssache
BVerfG	Bundesverfassungsgericht
BVerfGE	Amtliche Sammlung der Entscheidungen des Bundesverfassungsgerichts
BVerwG	Bundesverwaltungsgericht
bzw.	beziehungsweise
CE	Communauté Européenne
COM	Kommissionsdokument(e), englischsprachige Zitierung
Corona	SARS-CoV-2
Covid(-19)	SARS-CoV-2
DelR	Deliktsrecht
ders.	derselbe
d.h.	das heißt
dies.	dieselbe(n)
DIN	Deutsches Institut für Normung
Diss.	Dissertation
EBO	Eisenbahn-Bau- und Betriebsordnung
ECLI	European Case Law Identifier
EFZG	Entgeltfortzahlungsgesetz
EL	Ergänzungslieferung
ErfK	Erfurter Kommentar
et al.	et alii (und andere)
etc.	et cetera (und andere/s)
EU	Europäische Union
EUV	Vertrag über die Europäische Union
EuGH	Europäischer Gerichtshof
EuZW	Europäische Zeitschrift für Wirtschaftsrecht (Zeitschrift)
e.V.	eingetragener Verein

f.	folgende/r
ff.	fortfolgende/r
Fn.	Fußnote
FS	Festschrift
Gesamthrsg.	Gesamtherausgeber
GesR	Gesundheitsrecht (Zeitschrift)
Habil.	Habilitationsschrift
HI-Virus/HIV	Humanes Immundefizienz-Virus
HK-AKM	Heidelberger Kommentar Arztrecht Krankenhausrecht Medizinrecht
HK-BGB	Handkommentar zum Bürgerlichen Gesetzbuch
Hrsg.	Herausgeber
IEC	International Electrotechnical Commission
i. Erg.	im Ergebnis
i.S.d.	im Sinne des
ISO	International Organization for Standardization
i.S.v.	im Sinne von
IVD	In-vitro-Diagnostikum; IVDs dem Englischen nach als Plural
IVDR	In-vitro-Diagnostics Regulation, englischsprachiger Name für die Verordnung (EU) 2017/746 des Europäischen Parlaments und des Rates vom 5. April 2017 über In-vitro-Diagnostika
JZ	JuristenZeitung (Zeitschrift)
Kap.	Kapitel
KI	Künstliche Intelligenz
KMU	Kleine und mittlere Unternehmen
KRINKO	Kommission für Krankenhaushygiene und Infektionsprävention am Robert-Koch-Institut
krit.	kritisch
Leits.	Leitsatz
LG	Landgericht

lit.	litera (Buchstabe)
LMIV	Lebensmittelinformationsverordnung
LMKV	Lebensmittelkennzeichnungsverordnung
LSG	Landessozialgericht
meditec	Medizintechnik (Zeitschrift)
MedProdR	Medizinprodukterecht
MedR	Medizinrecht
medstra	Medizinstrafrecht (Zeitschrift)
MDCG	Medical Device Coordination Group, englischsprachiger Begriff für die Koordinierungsgruppe Medizinprodukte
MDR	Medical Device Regulation, englischsprachiger Name für die Verordnung (EU) 2017/745 des Europäischen Parlaments und des Rates vom 5. April 2017 über Medizinprodukte
	oder: Monatsschrift für Deutsches Recht (Zeitschrift)
MilchErzV	Verordnung über Milcherzeugnisse
MP	Medizinprodukt
MPAV	Medizinprodukteabgabeverordnung
MPAMIV	Medizinprodukte-Anwendermelde- und Informationsverordnung
MPBetreibV	Medizinproduktebetreiberverordnung
MPDG	Medizinproduktedurchführungsgesetz
MPEUAnpG	Medizinprodukte-EU-Anpassungsgesetz
MPG	Medizinproduktegesetz (auch Zeitschrift)
MPGVwV	Allgemeine Verwaltungsvorschrift zur Durchführung des Medizinproduktegesetzes
MPJ	Medizinprodukte Journal (Zeitschrift)
MPR	Medizinprodukterecht (Zeitschrift)
MPSV	Medizinprodukte-Sicherheitsplanverordnung
MP-VO	Medizinprodukteverordnung, deutschsprachige Bezeichnung für die Verordnung (EU) 2017/745 des Europäischen Parlaments und des Rates vom 5. April 2017 über Medizinprodukte

MüKo	Münchener Kommentar
m.w.	mit weiter(en)
m.w.N.	mit weiteren Nachweisen
NJOZ	Neue Juristische Online Zeitschrift (Zeitschrift)
NJW	Neue Juristische Woche (Zeitschrift)
NJW RR	Neue Juristische Wochenschrift Rechtsprechungs-Report (Zeitschrift)
NRW	Nordrhein-Westfalen
NZG	Neue Zeitschrift für Gesellschaftsrecht (Zeitschrift)
OLG	Oberlandesgericht
OP	Operation
orig.:	original
OVG	Oberverwaltungsgericht
PHi	ProduktHaftpflicht international – Zeitschrift für Recht & Versicherung
PharmR	PharmaRecht (Zeitschrift)
PKR	Pflege- und Krankenhausrecht (Zeitschrift)
ProdHaftG	Produkthaftungsgesetz
PTA Forum	Forum für pharmazeutisch-technologische Assistentinnen und Assistenten
RDG	Rechtsdepesche für das Gesundheitswesen (Zeitschrift)
RdM	Recht der Medizin (Zeitschrift)
RG	Reichsgericht
RGZ	Entscheidungen des Reichsgerichts in Zivilsachen (Amtl. Sammlung)
RKI	Robert-Koch-Institut
Rn.	Randnummer
Rs./RS.	Rechtssache
S.	Seite/Satz
s.	siehe
SchR	Schuldrecht
SGB	Sozialgesetzbuch
StGB	Strafgesetzbuch

StoffR	Zeitschrift für Stoffrecht (Zeitschrift)
str.	strittig
TÜV	Technischer Überwachungsverein
u.a.	unter anderem
UDI	Unique Device Identification
Univ.	Universität/universitär
unveröff.	unveröffentlicht
Urt.	Urteil
v.	vom/von
VDGH	Verband der Diagnostica-Industrie e.V.
vgl.	vergleiche
VG	Verwaltungsgericht
VGH	Verwaltungsgerichtshof
verb. Rechtss.	verbundene Rechtssache
VO	Verordnung
vorl.	vorliegend
WiKo	Wirtschaftskommentar
WpHG	Wertpapierhandelsgesetz
z.B.	zum Beispiel
ZMGR	Zeitschrift für das gesamte Medizin- und Gesundheitsrecht (Zeitschrift)
zugl.	zugleich
zust.	zustimmend
VVG	Versicherungsvertragsgesetz

Teil 1: Europäische Neuregelung des Medizinprodukterechts

Seit dem Jahr 2017, in dem die beiden EU-Verordnungen über Medizinprodukte[1] (im Folgenden MDR) und In-vitro-Diagnostika[2] (im Folgenden IVDR)[3] in Kraft traten, erfuhr die Materie des Medizinprodukterechts, das den Umgang mit Medizinprodukten regelt, eine wesentliche Neuregelung. Generell war das Medizinprodukterecht seit dessen „Geburt" als noch vergleichsweise junges Rechtsgebiet von häufigen Änderungen betroffen und wird dies auch in Zukunft sein. Das Recht hat stets den Anspruch, mit den schnellen technischen und medizinischen Inventionen Schritt zu halten und auch neue Entwicklungen baldmöglichst gesetzlich zu regeln. Gerade seit den 2000er Jahren ist zu beobachten, dass aufgrund des hohen technischen Fortschritts und der Möglichkeit der Beschleunigung insbesondere des Diagnoseprozesses die persönliche Betreuung durch den Arzt[4] vermehrt in den Hintergrund tritt und der sog. „Technisierung" des Arztbesuches weicht.[5] Der medizinisch-technische Sektor bietet derzeit mehr als 500.000 Arbeitsplätze in rund 25.000 Unternehmen, von denen der Großteil Kleinstunternehmen bzw. kleine und mittlere Unternehmen (KMU) sind, und generiert auf dem europäischen Markt einen Jahresumsatz von etwa 100 Milliarden Euro.[6]

Medizinprodukterecht – zu dem auch das Recht der In-vitro-Diagnostika gehört – wird grundsätzlich seit jeher als Risikoregulierungsrecht angesehen; hierzu wird zutreffend beschrieben, die „Governance von Gesundheitsrisiken" sei „seine

---

1 Verordnung (EU) 2017/745 des Europäischen Parlaments und des Rates vom 5. April 2017 über Medizinprodukte, zur Änderung der Richtlinie 2001/83/EG, der Verordnung (EG) Nr. 178/2002 und der Verordnung (EG) Nr. 1223/2009 und zur Aufhebung der Richtlinien 90/385/EWG und 93/42/EWG des Rates.

2 Verordnung (EU) 2017/746 des Europäischen Parlaments und des Rates vom 5. April 2017 über In-vitro-Diagnostika und zur Aufhebung der Richtlinie 98/79/EG und des Beschlusses 2010/227/EU der Kommission.

3 In der juristischen Fachliteratur werden teilweise mit MP-VO statt MDR und IVD-VO statt IVDR andere Abkürzungen verwendet.

4 In dieser Abhandlung wird das generische Maskulinum verwendet. Die verwendeten Personenbezeichnungen beziehen sich – sofern nicht anders kenntlich gemacht – auf alle Geschlechter.

5 *Webel*, Medizinprodukterecht S. 23.

6 *Gassner*, Neue Medizinprodukteverordnung, S. 16; *ders.*, Neue In-Vitro-Diagnostika-Verordnung, S. 16.

ratio essende“.[7] Denn eine Erkenntnis zu Medizinprodukten drängt sich – nicht etwa erst seit einigen Skandalen um fehlerhafte Medizinprodukte (etwa dem „PIP“-Skandal um fehlerhaft hergestellte Brustimplantate des Herstellers „Poly Implantat Prothèse“[8]) – auf: Bei allen Anstrengungen von Herstellern, Betreibern, Anwendern und sonstigen Beteiligten, um dem Patienten sichere und leistungsfähige Produkte zur Verfügung zu stellen, können Medizinprodukte dennoch zu gesundheitlichen Schäden führen.[9] Schließlich können Fehler und Restrisiken nie ganz ausgeschlossen werden.

Eben dies hat die Europäische Union unter anderem dazu bewogen, die Materie neu zu regeln. Das Recht, Schadensersatz zu fordern, wird in den beiden EU-Verordnungen zu den Medizinprodukten und den In-vitro-Diagnostika explizit vorgesehen und findet Erwähnung im Gesetzestext, vgl. Art. 10 Abs. 16 MDR bzw. Art. 10 Abs. 15 IVDR. Nach wie vor ist – anders als im Arzneimittelrecht – keine medizinprodukterechtliche lex specialis für einen Haftungsfall aufgrund eines fehlerhaften oder fehlerhaft bedienten Medizinprodukts vorhanden. Darum ist die Rechtslage zur Ersatzfähigkeit von durch Medizinprodukten erzeugte Schäden „gemäß dem geltenden Unionsrecht und dem geltenden nationalen Recht“ zu beurteilen, vgl. Wortlaut Art. 10 Abs. 16 MDR bzw. Art. 10 Abs. 15 IVDR.[10] Mit dem Vorschlag für eine neue EU-Produkthaftungsrichtlinie[11] (im Folgenden: ProdHaftRL-E) gibt es zum aktuellen Zeitpunkt bereits Bestrebungen, das europäische Produkthaftungsrecht neu zu regeln. Dies würde auch Medizinprodukte betreffen; die nationalen Rechtsregelungen der Haftung würden aber unberührt bleiben.[12]

Aus dem Inkrafttreten der MDR und IVDR ergaben sich keine wesentlichen Änderungen für die Haftung der jeweils beteiligten Wirtschaftsakteure aus ProdHaftG und aus § 823 Abs. 1 BGB. Allerdings wirft diese Entwicklung die Frage auf, ob Normen dieser neuen Gesetze in Verbindung mit § 823 Abs. 2 BGB einen Anspruch auf Schadensersatz verschaffen können. Schließlich nimmt das System

---

7 *Gassner*, MPR 2020, 162 (162, ebenso 165).

8 Zum Skandal s. *Wostry*, in: FS Gassner, S. 315 (316f.).

9 *Baumann*, in: Lücker/Baumann MedProdR, Kap. B 16.0.

10 Aus Platzgründen soll bei dieser Abhandlung die Haftung aus Unionsrecht außer Betrachtung bleiben; zu einer Produkthaftung aus der europäischen Produkthaftungsrichtlinie 85/374/EWG für KI-Medizinprodukte s. vertiefend *Haftenberger*, Produkthaftung.

11 Vorschlag für eine Richtlinie des Europäischen Parlaments und des Rates über die Haftung für fehlerhafte Produkte v. 28.9.2022, COM(2022) 495 final.

12 So *Handorn*, MPR 2023, 16 (17).

der privatrechtlichen Haftung gerade durch § 823 Abs. 2 BGB an legislativen Entwicklungen und Entscheidungen außerhalb des Deliktsrechts teil.[13] Die Frage nach der Schutzgesetzeigenschaft der medizinprodukterechtlichen Normen seit Inkrafttreten der MDR und der IVDR soll daher Gegenstand dieser Abhandlung sein.

Im Folgenden wird in diesem Teil dazu zunächst ein kurzer Blick auf die Historie der Regelungen zum Medizinprodukterecht geworfen und anhand der aktuellsten Normen erläutert, was Medizinprodukte und In-vitro-Diagnostika sind, was sie eint und voneinander sowie von anderen Produkten unterscheidet. Danach wird ein kurzer Exkurs zur Haftung außerhalb des § 823 Abs. 2 BGB für fehlerhafte Medizinprodukte gemacht.

Im zweiten Teil werden die Kriterien herausgearbeitet, die zur Beurteilung der Schutzgesetzeigenschaft in dieser Abhandlung zugrunde gelegt werden, und im dritten Teil die Normen, die als Schutzgesetze in Frage kommen, im Einzelnen nach diesen Kriterien untersucht und unter die herausgearbeiteten Voraussetzungen subsumiert.

§ 1 Entstehungsgeschichte der medizinprodukterechtlichen Gesetze

A. Gesetzliche Lage bis hin zum Medizinproduktegesetz (MPG)

Vor Ausfertigung des Medizinproduktegesetzes (MPG) am 02.08.1994 war ein Teil der Medizinprodukte im AMG als sog. „fiktive Arzneimittel" umfasst,[14] so etwa Arztseife, Oberflächendesinfektionsmittel oder medizintechnische Autoklaven.[15] Andere, z.B. Meeresschlick oder Fango-Packungen waren sogar als „echte" Arzneimittel klassifiziert. Ferner gab es separate Vorschriften zu den sogenannten „medizinischen Gebrauchsgegenständen" zu denen etwa Rollstühle oder Binden zählten, und zu aktiven „medizinisch-technischen Geräten" wie beispielsweise Hörgeräte.[16] Für die Produkte, die heute unter die Definition eines Medizinprodukts fallen, waren zuvor unterschiedlichste Normen anwendbar, unter anderem

---

13 *Spickhoff*, Gesetzesverstoß, S. 72f.; *Deutsch*, JZ 1963, 385 (388f.), *Ders.*, Fahrlässigkeit, S. 164f.

14 *Erbs/Kohlhaas/Häberle*, MPDG Vorbemerkungen Rn. 1.

15 *Gassner*, Neue Medizinprodukteverordnung, S. 27; heute fiktive Medizinprodukte.

16 zum Ganzen *Hill*, MPR 2020, 122 (124).

beispielsweise das Arzneimittelgesetz, das (ehemalige) Lebensmittel- und Bedarfsgegenständegesetz, das Gerätesicherheitsgesetz und das Eichgesetz.[17]

Bereits 1990 wurde auf europäischer Ebene die Richtlinie über aktive implantierbare medizinische Geräte[18], 1993 die Richtlinie über Medizinprodukte[19] verfasst. Letztere war bis zum Inkrafttreten der MDR das zentrale europäische Instrument zur Regelung von Medizinprodukten im Wirtschaftsraum der Europäischen Union.[20]

B. Entstehung des MPG

I. Umsetzung der EU-Richtlinien

Diese EU-Richtlinien bedurften der Umsetzung in den einzelnen Mitgliedsstaaten, vgl. Art. 288 Abs. 3 AEUV, und enthielten somit einen „Auftrag" an die nationalen Gesetzgeber, das Medizinprodukterecht richtlinienkonform zu regeln. Zur Umsetzung wurde 1994 das deutsche Medizinproduktegesetz (MPG) erlassen;[21] für aktive implantierbare Produkte kam dies erst nach dem Ende der Frist zur Umsetzung (vgl. Art. 16 Abs. 1 der RL; Fristende war eigentlich der 1. Juli 1992). Im MPG wurde der englische Originalbegriff „Medical Device" nicht wörtlich mit „medizinisches Gerät", sondern mit „Medizinprodukt" übersetzt.[22] Das MPG enthielt nicht nur die Umsetzung europäischen Rechts, sondern auch nationales Recht und Mischelemente. Es war ohne die begleitenden Verordnungen nur schwer verständlich; zudem war bereits bei seiner Schaffung bekannt, dass aufgrund geplanter europäischer Verordnungen, die das MPG als höherrangiges Recht verdrängen würden, seine „Überlebenszeit" begrenzt sein würde.[23]

---

17 *Deutsch/Lippert/Ratzel/Tag/Gassner*, in: Deutsch/Lippert MPG Vorwort S. V.

18 Richtlinie 90/385/EWG des Rates vom 20. Juni 1990 zur Angleichung der Rechtsvorschriften der Mitgliedstaaten über aktive implantierbare medizinische Geräte.

19 Richtlinie 93/42/EWG des Rates vom 14. Juni 1993 über Medizinprodukte.

20 *Mayr/Thiermann/Schrack/Kiesselbach,* Das neue Medizinprodukterecht, § 1 Einführung Rn. 2.

21 *Hill*, MPR 2020, 122 (126).

22 *Hill*, MPR 2020, 122 (122).

23 *Deutsch/Lippert/Ratzel/Tag/Gassner*, in: Deutsch/Lippert MPG Vorwort S. V.

II. Der „New Approach“

Sowohl das damalige EU-Recht als auch das nationale waren geprägt vom Gedanken eines „New Approach“ (zu deutsch: „neue Konzeption“[24] bzw. „globales Konzept“[25]) aus dem Jahr 1985, bei welchem keine Zulassung durch eine behördliche Kontrolle erforderlich war.[26] Stattdessen ist es bis heute erforderlich, als Nachweis dafür, dass alle in den Richtlinien festgelegten Anforderungen für das Produkt erfüllt sind, das CE-Kennzeichen anzubringen. Bereits ab dem MPG war es zwingend erforderlich, die „grundlegenden Anforderungen“ zu erfüllen, um das Kennzeichen anbringen zu dürfen.[27] Der Hersteller ist verpflichtet, die Konformität vor dem Verkauf zu prüfen und nachzuweisen.[28] Dies geschieht je nach Risikoklasse des Medizinprodukts entweder durch eine Eigenüberprüfung oder durch eine Prüfung, an der auch Benannte Stellen beteiligt sind. Benannte Stellen sind private unabhängige Prüf- und Zertifizierungsstellen[29], die wie etwa der TÜV Rheinland[30] auf privatrechtlicher Basis organisiert sind. Sie überprüfen anhand eines Vertrags mit dem Hersteller, ob die grundlegenden Leistungsanforderungen erfüllt sind und das Produkt unbedenklich ist. Nur bei Medizinprodukten der Risikoklasse 1 Risikoklasse 1[31] prüft der Hersteller die Konformität grundsätzlich im Alleingang ohne Beteiligung einer weiteren Stelle.[32]

Der „New Approach“ hatte rechtstechnisch zur Folge, dass auf europäischer Ebene zunächst keine detaillierte Harmonisierung angestrebt wurde. Stattdessen

---

24 So benannt in Entschließung des Rates vom 7.5.1985 über eine neue Konzeption auf dem Gebiet der technischen Harmonisierung und Normung zum Abbau technischer Handelshemmnisse innerhalb der EG, ABl. Nr. C 136 v. 4.6.1985 S. 1.

25 So benannt in Beschluss 90/683/EWG des Rates vom 13.12.1990 über die in den technischen Harmonisierungsrichtlinien zu verwendenden Module für die verschiedenen Phasen der Konformitätsbewertungsverfahren; ebenso in Beschluss 93/465/EWG des Rates vom 22.7.1993 die Regeln für die Anbringung und Verwendung der CE-Konformitätskennzeichen.

26 *Dieners/Povel*, MPR 2012, 145 (146).

27 *Wissenschaftliche Dienste des Deutschen Bundestages*, Sachstand Marktzugangsvoraussetzungen, S. 7.

28 *Rehmann*, in: Rehmann/Wagner MP-VO, Einführung Rn. 2.

29 *Wissenschaftliche Dienste des Deutschen Bundestages*, Sachstand Marktzugangsvoraussetzungen, S. 5.

30 Als Benannte Stelle erlangte dieser eine zweifelhafte Bekanntheit i.R. des „PIP-Skandals“, siehe dazu bspw. EuGH, Urt, v. 16.2.2017 – C-219/15, ECLI:EU:C:2017:128 – „TÜV Rheinland“.

31 Siehe dazu Teil 3 § 1 A. I. 2.

32 *Sträter*, NZS 2020, 530 (530f.).

wurden jeweils produktbezogene oder gefahrenspezifische grundlegende Anforderungen im Hinblick auf den jeweils verfolgten Schutzzweck festgelegt. Der europäische Gesetzgeber hat verbindlich festgelegt, dass das gewünschte Ergebnis in Bezug auf die Sicherheit eines Produkts erzielt werden muss. Es wurde jedoch nicht vorgeschrieben, auf welchem technischen Weg der Hersteller dieses Ergebnis erreichen sollte. Die Ausarbeitung der spezifischen, wesentlichen Sicherheitsanforderungen wurde an private Normungsinstitutionen wie die CEN, CENELEC und ETSI übertragen. Die Kommission beauftragte die Entwicklung von technischen Normen, um die wesentlichen Anforderungen der Richtlinien in konkrete Vorgaben für Konstruktion und Fertigung umzusetzen. Die Einhaltung dieser Normen erfolgte auf freiwilliger Basis der Hersteller, da deren Charakter nicht rechtsverbindlich war. Entscheidend war allein, dass das Produkt den wesentlichen Anforderungen der entsprechenden Richtlinie entspricht.[33]

III. MPG-Änderungen und erstmalige gesetzliche Regelung von In-vitro-Diagnostika

1998 wurde die EU-Richtlinie 98/79/EG betreffend In-vitro-Diagnostika[34] verabschiedet, deren Regelungen erneut erst nach Fristablauf mit dem zweiten MPG-Änderungsgesetz im Jahr 2002 in das deutsche MPG umgesetzt wurden.[35]

Aufgrund der schnellen Entwicklung in der Medizinproduktebranche folgten weitere Änderungen außerhalb der Regelung der In-vitro-Diagnostika, insbesondere im High-Tech-Bereich, z. B. bei medizinischer Software und sogenannten „Medical Apps", die im Jahr 2010 in das MPG aufgenommen wurden.[36] Die Software konnte je nach Zweckbestimmung gemäß MPG entweder ein eigenständiges Medizinprodukt, ein Bestandteil eines Medizinprodukts oder kein Medizinprodukt sein.[37] Dabei wurde die sogenannte „Standalone-Software" als eigenständiges Medizinprodukt äußerst selten anerkannt.[38]

---

33 Zum Ganzen krit. *Kapoor/Klindt*, EuZW 2008, 649 ff.

34 Richtlinie 98/79/EG des europäischen Parlaments und des Rates vom 27. Oktober 1998 über In-vitro-Diagnostika.

35 *Hill*, MPR 2020, 122.

36 *Hill*, MPR 2020, 122 (126).

37 *Irmer*, MPR 2013, 145; vertiefend zu Software s. den gesamten Aufsatz MPR 2013, 145-148; vertiefend zu Apps s, *Heimhalt/Rehmann*, MPR 2014, 197-205; aus Platzgründen wird auf eine detaillierte Auseinandersetzung verzichtet.

38 *Gassner*, MPR 2016109 (110).

C. Schaffung der europäischen Verordnungen MDR und der IVDR

Durch die MDR und die IVDR wurden bedeutende Vorschriften betreffend Medizinprodukte und In-vitro-Diagnostika auf europäischer Ebene vereinheitlicht. Hierbei galt „aus drei mach zwei“, da die MDR die Richtlinie über aktive implantierbare medizinische Geräte (90/385/EWG) und die Richtlinie über Medizinprodukte (93/42/EWG) ersetzte und die IVDR die Richtlinie über In-vitro-Diagnostika (98/79/EG).[39] Die Übergangsregeln bis zum Inkrafttreten der EU-Verordnungen sollen nicht Gegenstand dieser Abhandlung sein.

I. Erste Erwägungen zur Neuregelung der Materie

Bereits im Jahr 2003[40] wurde das Ziel, das Medizinprodukterecht neu zu regeln, initiiert. Eine EU-weite Online-Umfrage bei betroffenen Wirtschaftskreisen diente als Ausgangsbasis.[41] Allerdings kam dieser Prozess aufgrund der Haltung der Mitgliedstaaten und der betroffenen Wirtschaftsakteure, die eine Überarbeitung des Medizinprodukterechts auf europäischer Ebene für verfrüht hielten und zunächst die Auswirkungen einer gerade verabschiedeten Änderungsrichtlinie abwarten wollten, etwas ins Stocken.[42] Erst mit der medialen Ausschlachtung des „PIP“-Skandals, welcher fehlerhaft hergestellte Brustimplantate des Herstellers „Poly Implantat Prothèse“ aufzeigte, und weiteren Presseskandalen, wie beispielsweise fehlerhaften „Metall-auf-Metall-Hüftimplantaten“[43], gewann das Thema deutlich an Schwung.[44] Daraufhin wurde die Kommission im Februar 2012 aktiv und schlug einen „gemeinsamen PIP-Aktionsplan“ vor.[45]

Diese Skandale entfachten eine öffentliche Debatte über eine Abkehr von der „Neuen Konzeption“ und die Einführung der behördlichen Zulassung.[46] In diesem Kontext war das Ziel nicht nur, das Normenregime zu überarbeiten, um einen höheren Grad an Sicherheit für Patienten und Anwender zu gewährleisten, sondern auch ein transparentes System zu schaffen, das das Vertrauen in die

---

39 *Gassner*, Neue Medizinprodukteverordnung, S. 17; *Ders.*, RdM 2018, 124.

40 Nach *Gassner*, Neue Medizinprodukteverordnung, S. 16 erst 2005.

41 *Hill/Schmidt* WiKo MPR Bd. 2 Kap. A 1 Rn. 3.

42 *Dieners/Povel*, MPR 2012, 145 (146).

43 Zum Skandal s. *Wostry*, in: FS Gassner, S. 315 (316f.).

44 *Hill*, MPR 2020, 122 (128f.).

45 Vgl. Europäische Kommission, Pressemitteilungen IP/12/119, IP/12/96 und IP 14/699; *Gassner*, Neue Medizinprodukteverordnung, S. 17.

46 Zur juristischen Aufarbeitung in Deutschland sowie zu ergriffenen Sofortmaßnahmen s. *Bebert/Gassner/Wigge*, StoffR 2014, 134 ff.

Sicherheit von Medizinprodukten wieder stärken sollte.[47] Trotz des Wunsches einiger Mitgliedsstaaten, eine behördliche Zulassung einzuführen, wurde jedoch letztlich grundsätzlich am Ansatz des „New Approach“ und somit am Prinzip der Herstellerverantwortlichkeit festgehalten.[48]

Hinzu kam, dass die EU-Richtlinien aus den 1990er Jahren nicht mit dem rasanten Voranschreiten der Entwicklungen im Gesundheitswesen mithalten[49] und somit einen effektiven und zeitgemäßen gesundheitlichen Verbraucherschutz nicht mehr gewährleisten konnten.[50] Medizinprodukte erlangten schnell eine höhere technische Komplexität und gesteigerte Leistungsfähigkeit.[51] Neben die Erwägung einer rechtlichen Harmonisierung trat ferner die der technischen Harmonisierung innerhalb des europäischen Unionsmarktes. Diese erhoffte man über gemeinsame europäische Normen zu erreichen.[52] Zudem konnten Medizinprodukte nicht grenzüberschreitend nachverfolgt werden. Besonders bei importierten Produkten fehlten daher Informationen und Nachweise hinsichtlich Wirksamkeit und Sicherheit. Durch die Skandale wurde dies auch öffentlich wahrgenommen.[53] Der Vertrieb in mehreren Ländern bedeutete für die Hersteller einen hohen Aufwand.[54] Auch diese Erwägungen flossen in die Neuregelung auf mit ein.

Schließlich legte die EU-Kommission im September 2012 ihre Vorschläge für eine neue MDR[55] und eine IVDR[56] vor, worauf ein „langwieriges“ und „zähes“ Gesetzgebungsverfahren folgte.[57]

---

47 *Dieners/Povel*, MPR 2012, 145 (146).

48 *Lücker*, in: Spickhoff MedR, MPDG Vorbemerkung Rn. 5.

49 *Mayr/Thiermann/Schrack/Kiesselbach*, Das neue Medizinprodukterecht, § 1 Einführung Rn. 5.

50 *Hegendörfer*, MPR 2013, 181 (182).

51 Zum Ganzen s. zudem ausführlich *Europäische Kommission*, Folgenabschätzungsbericht v. 26.09.2012, SWD(2012)273 final, Teil I.

52 *Lücker*, in: Spickhoff MedR, MPDG Vorbemerkung Rn. 2.

53 *Mayr/Thiermann/Schrack/Kiesselbach*, Das neue Medizinprodukterecht, § 1 Rn. 5.

54 Zum Ganzen *Wissenschaftliche Dienste des Deutschen Bundestages*, Sachstand Marktzugangsvoraussetzungen, S. 8.

55 Stellungnahme des Europäischen Wirtschafts- und Sozialausschusses zu folgenden Vorlagen: Vorschlag für eine Verordnung des Europäischen Parlaments und des Rates über Medizinprodukte und zur Änderung der Richtlinie 2001/83/EG, der Verordnung (EG) Nr. 178/2002 und der Verordnung (EG) Nr. 1223/2009, COM(2012) 542 final — 2012/0266 (COD).

56 Vorschlag für eine Verordnung des Europäischen Parlaments und des Rates über In-vitro- Diagnostika, COM(2012) 541 final — 2012/0267 (COD).

57 *Gassner*, Neue Medizinprodukteverordnung, S. 19, m.w.N.

II. *Ziele der Europäischen Kommission bei der Neuregelung*

Bereits 2009 wurden einige Visionen im Rahmen des geplanten neuen Ansatzes niedergeschrieben. Dabei wurden der Schutz von Patienten und Anwendern, die Stärkung der Wettbewerbsfähigkeit der Industrie, die Förderung von Innovationen, ein funktionierender Binnenmarkt/internationaler Handel, mehr Transparenz und ein stabiler Rechtsrahmen für die nächsten 10-20 Jahre genannt.[58] Mit der Schaffung der neuen Gesetzgebung sollte das regulatorische Umfeld in der Europäischen Union grundsätzlich vereinfacht und ein innovationsfördernder Ansatz verfolgt werden.[59]

Die Ziele werden in den Erwägungsgründen[60] dargelegt, von denen die MDR insgesamt 101 enthält. Dazu gehören insbesondere die Schließung bestehender Regelungslücken in bestimmten Produktbereichen, die Verbesserung der Patientensicherheit durch die Einführung strengerer Konformitätsbewertungsverfahren, um sicherzustellen, dass unsichere oder nicht konforme Produkte nicht auf den Markt gelangen, und die Überwachung nach dem Inverkehrbringen: Mit der MDR und der IVDR soll ein stabiler, transparenter und bedarfsgerechter Rechtsrahmen für alle Wirtschaftsakteure geschaffen werden, in dem Innovation und Wettbewerbsfähigkeit gefördert werden können, vgl. Erwägungsgrund 1 der MDR und der IVDR. Als weitere Ziele werden die Gewährleistung eines reibungslos funktionierenden Binnenmarktes für Medizinprodukte sowie hohe Qualitäts- und Sicherheitsstandards für Medizinprodukte bzw. In-vitro-Diagnostika (Erwägungsgrund 2 der MDR bzw. der IVDR) und die Verbesserung von Gesundheit und Sicherheit (Erwägungsgrund 4 der MDR bzw. der IVDR) genannt. Die Ziele der MDR/IVDR basieren somit insbesondere auf dem Binnenmarktgedanken und dem Gesundheitsschutz.[61]

Diese normierten Intentionen überschneiden sich größtenteils mit den 2012 vorgelegten Reformkonzepten in den Verordnungsvorschlägen der EU-Kommission, wobei die Hauptziele, nämlich zum einen die Verbesserung der Produktsicherheit und zum anderen die frühzeitige Zuverfügungstellung neuartiger Medizinprodukte, zurecht als schwer miteinander vereinbar beschrieben wurden.[62] Zu den strengeren Anforderungen an Medizinprodukte wurde daher wenig

---

58 *Hill*, MPR 2017, 109 (110).

59 *Mayr/Thiermann/Schrack/Kiesselbach*, Das neue Medizinprodukterecht, § 1 Rn. 5.

60 Aus Platzgründen wird davon abgesehen, die einzelnen Erwägungsgründe in dieser Abhandlung darzustellen.

61 *Ecker*, Medizinprodukte und IVD, S. 23.

62 *Gassner*, ZMGR 2018, 85.

überraschend bereits im Vorfeld kritisiert, dass sie sich negativ auf die Innovationsfähigkeit auswirken würden.[63]

III. Wesentliche Änderungen durch die neuen Normen

Bei der Neuregelung wurde im Rahmen eines sogenannten „New Legislative Framework“[64] oder auch „MDD Recast“[65] die Verordnung als Rechtsfigur gewählt, nicht mehr wie in den 90er Jahren die der Richtlinie, die erst noch von den entsprechenden Ländern umgesetzt werden muss. Dies stand spätestens 2013 für die EU Kommission fest, denn eine Überarbeitung der bisherigen Richtlinien war aus der Sicht der Mitglieder zu diesem Zeitpunkt bereits ausgeschlossen.[66]

Erstmals wurden die allgemeinen Herstellerpflichten in einem eigenen Artikel normiert.[67] Auch die Vorschriften für die einzelnen Wirtschaftsakteure wurden mit einzelnen Artikeln pro Wirtschaftsakteur genau normiert. Im MPG etwa war der persönliche Geltungsbereich der Vorschriften „nur mittelbar abgesteckt“[68]. Im Vergleich zu den bisherigen EU-weiten Regelungen wurden zudem die Beaufsichtigung der Benannten Stellen, die Konformitätsbewertungsverfahren, die klinischen Prüfungen und Bewertungen sowie die Vigilanz und Marktüberwachung verbessert. Dennoch blieb das bislang bestehende Modell zur Zertifizierung vor Marktzugang mit der CE-Kennzeichnung bestehen. Weiterhin bescheinigt nach dem sog. Grundsatz der Herstellerverantwortung.[69] immer noch der Hersteller und nicht etwa eine staatliche Zulassungsbehörde, dass das Produkt alle Anforderungen zur Produktsicherheit erfüllt.

Zudem wurde in der MDR auch die Gelegenheit genutzt, die Aufbereitung gebrauchter medizinischer Einmalprodukte erstmals gesetzlich zu regeln.[70] Dies allerdings war im Verfahren so umstritten, dass mit Art. 17 Abs. 1 MDR „nur ein weit von einer einheitlichen Lösung entfernter Kompromiss“ in der MDR normiert wurde: die Aufbereitung und Weiterverwendung von Einmalprodukten ist dann zulässig, wenn das nationale Recht sie gestattet.[71]

---

63 Siehe dazu *Barth/Göldner/Spitzenberger*, in: Zukunftsfähigkeit durch Innovation, S. 223 (239).

64 *Mayr/Thiermann/Schrack/Kiesselbach,* Das neue Medizinprodukterecht, § 1 Rn. 5.

65 *Hill/Schmidt* WiKo MPR Bd. 2 Kap. A 1 Rn. 3.

66 *Hill*, MPR 2020, 122 (129).

67 *Mayr/Thiermann/Schrack/Kiesselbach,* Das neue Medizinprodukterecht, § 3 Rn. 27.

68 *Deutsch/Spickhoff* MedR Rn. 2043.

69 *Gassner*, Neue Medizinprodukteverordnung, S. 23.

70 *Esser*, Einmalprodukte, S. 178, m.w.N; *Gassner*, ZMGR 2018, 85.

71 *Gassner*, Neue Medizinprodukteverordnung, S. 31f.

Für In-vitro-Diagnostika waren die wesentlichen Änderungen, dass zum einen mit Einführung der IVDR nach deren Zweckbestimmung auch prädikative Gentests oder therapiebegleitende Diagnostika (sog. „companion diagnostics") als IVD gelten, zum anderen die Einführung eines risikobasierten Klassifizierungskonzept, welches es in dieser Form vorher nur für Medizinprodukte gab.[72]

IV. Verschiebung des Geltungsbeginns der MDR und der IVDR und Kritik an den Übergangsfristen

Bereits im März 2020 zeigte sich, dass aufgrund der Herausforderungen der Covid-19-Pandemie der Geltungsbeginn möglicherweise verzögert werden könnte.[73] Um die Gewährung von Rechtssicherheit sowie die Vermeidung von Marktstörungen während der Pandemie zu sichern, wurde daher bereits im April die Anwendung mehrerer Normen durch die MDR-Änderungsverordnung[74] um ein Jahr nach hinten verschoben. Zwar traten MDR und IVDR am 25.5.2017 in Kraft, galten aber erst ab 26.5.2021 (MDR) bzw. 2022 (IVDR).[75] Dies wurde auch vor dem Hintergrund begrüßt, dass zu dem Zeitpunkt Benannte Stellen in der EU fehlten. Hersteller befürchteten lange Wartezeiten und Angehörige der Branche warnten vor „Schmalspur-Consultants, die die knapp 600 Seiten starke MDR nur in Grundzügen verstanden hätten, aber in den Beratungsmarkt einstiegen – und damit (…) keine qualitativ hochwertigen Dienste erbringen könnten."[76]

Bereits 2017, noch lange vor der Covid-19-Pandemie, wurde beobachtet und kritisiert, dass sich hinsichtlich der Versorgungssicherheit „insgesamt eine echte Gefährdungslage" abzeichne, da durch den zusätzlichen bürokratischen und dokumentarischen Aufwand die Kosten für die Ersteinführung neuer Medizinprodukte auf dem Markt für Hersteller sowie für Benannte Stellen steige. Schon zu diesem Zeitpunkt wurden die „allzu eng gezogenen Übergangsfristen" bemängelt.[77] Dass 2023 ein „massiver Kapazitätsengpass" bei den Benannten Stellen

---

72 *Gassner*, RdM 2018, 124 (125).

73 *Knauer/Anton*, in: Prütting MedR MPDG Vorbem. Rn. 8.

74 Verordnung 2020/561 des europäischen Parlaments und des Rates vom 23. April 2020 zur Änderung der Verordnung (EU) 2017/745 über Medizinprodukte hinsichtlich des Geltungsbeginns einiger ihrer Bestimmungen.

75 *Semp*, in: Aigner/Kletečka/Kletečka-Pulker/Memmer Handbuch MedR V/2 Ziff. 1.1.

76 *Wallenfels*, Neue Medizinprodukteverordnung sorgt für Unruhe, in: ÄrzteZeitung 6.8.2018.

77 Zum Ganzen vgl. *Gassner*, Neue Medizinprodukteverordnung, S. 49f., *Ders.*, RdM 2018, 124 (129f.); vertieft s.a. *Stockbauer/Sauritschnig*, RdM 2020, 99 ff.

und daher ein Zertifikatsstau[78] besteht, zeigt, dass diese Befürchtung nicht ganz unbegründet war. Bezüglich der IVDR wurde ein Jahr vor Inkrafttreten kritisiert, dass die Infrastruktur für die Umsetzung nicht innerhalb eines Jahres geschaffen werden könne.[79] Sie galt aber dennoch wie geplant ab 2022. Statt einer Verschiebung des Geltungsbeginns wurde mit einer Entzerrung des Übergangs durch geeignete Übergangsregelungen reagiert. So konnten etwa Produkte, die bereits in der Warenkette befindlich waren, bis zu einem Jahr nach Ende der Übergangsfrist weiter vertrieben werden.[80] Später wurde mit der Änderungsverordnung zu den Übergangsbestimmungen[81] die Gültigkeit der Richtlinien-Zertifikate und die Übergangszeiten für den Erhalt einer MDR-Zertifizierung um mehrere Jahre weiter verlängert.[82]

§ 2 Medizinprodukte – Definition und Einordnung

Doch was sind überhaupt Medizinprodukte? Während diese vor der ersten EU-Richtlinie zum Thema im Jahr 1990 sogar noch verschiedene Bezeichnungen trugen, nämlich „(aktive) medizinische Geräte“ bzw. „medizinisch-technische Geräte“ oder auch nur „Geräte“, zeitweise auch „Medikal-“ oder „Medicalprodukt“[83] sowie „sogenannte Medizinprodukte“[84] hat sich 1990 mit der Bekanntmachung der deutschen Übersetzung der Richtlinie 90/385/EWG der Begriff des „Medizinproduktes“ durchgesetzt.[85] Medizinprodukte waren zunächst eine „Lücke“ zwischen den Arzneimitteln und den medizinischen Geräten.[86] Im Folgenden soll dazu zunächst erläutert werden, welche Produkte diesem Regelungsfeld unterfallen und wie sie von anderen Produkten abzugrenzen sind. Auf dem Markt gibt

78 *Ziegenberg/Marx*, MPR 2023, 85 (86).
79 *Parakenings*, MPR 2021, 81f.
80 *Parakenings/Wettmarshausen*, MPR 2022, 52.
81 VO (EU) 2023/607 des Europäischen Parlaments und des Rates vom 15.3.2023 zur Änderung der VO (EU) 2017/745 und (EU) 2017/746 hinsichtlich der Übergangsbestimmungen für bestimmte Medizinprodukte und In-vitro-Diagnostika, EU Amtsblatt Nr. L 80/24 v. 20.3.2023.
82 Vertieft und zurecht krit. vgl. *Ziegenberg/Marx*, MPR 2023, 85 ff.
83 Etwa 1988 in der Gesamtkonzeption des Bundesministerium für Jugend, Familie, Frauen und Gesundheit (BJFFG) für ein „Medical-Produkte-Gesetz“, s. Pressemitteilung BMJFFG Nr. 172, 8.9.1988.
84 *Jäkel*, in: HK-AKM 3590 Rn. 1.
85 *Jäkel*, MPR 2020, 144 (146); *Hill*, MPR 2020, 122.
86 *Deutsch/Spickhoff* MedR Rn. 2038.

es derzeit etwa 400.000[87] bis 500.000[88] verschiedene Medizinprodukte, zu denen auch die In-vitro-Diagnostika gehören.

A. Medizinprodukte nach der MDR

Nach dem heute geltenden Recht wird in Art. 2 MDR in den Nrn. 1-8 definiert, was Medizinprodukte sind und welche anderen Produkte rechtlich wie Medizinprodukte zu behandeln sind. Dabei gibt es eine große Vielfalt an Produkten, die dem Medizinprodukterecht unterfallen und es ist aufgrund des schnellen technischen und medizinischen Fortschrittes auch zu erwarten, dass dieser langen Liste im Laufe der kommenden Jahre viele weitere hinzugefügt werden. Das Medizinprodukterecht war stets und bleibt eine dynamische, entwicklungsgetriebene Rechtsmaterie. Medizinprodukte definieren sich – anders als die Arzneimittel, für die eine objektive Zweckbestimmung erforderlich ist – über die vom Hersteller zugeschriebene medizinische Zweckbestimmung,[89] solange diese objektiv und wissenschaftlich haltbar ist.[90] Was ein Medizinprodukt ist, bestimmt also grundsätzlich der Hersteller. Dennoch existieren auch verschiedene objektive Kriterien für sie, bei denen versucht wird, ihrer Fülle und Varianz gerecht zu werden. Die Produkte müssen dann nach der Zweckbestimmung des Herstellers unter diese subsumiert werden können. Insofern sind dem Hersteller freilich Grenzen gesetzt.[91]

So muss es sich bei Medizinprodukten im Allgemeinen um „Produkte, die in der Medizin angewendet werden und überwiegend auf physikalischem Wege wirken",[92] handeln. Sie werden sowohl zum Zwecke der Diagnose als auch der Therapie angewendet[93] und erfüllen verschiedene medizinische Zweckbestimmungen.[94] Sie wirken dabei hauptsächlich weder auf pharmakologische, metabolische oder immunologische Art und Weise.[95] Ferner grenzen die Angaben, die der Hersteller hinsichtlich der Anwendung seines Medizinprodukts machen muss, die

87 *Lücker*, in: Spickhoff MedR MPDG Rn. 9.
88 *Gassner*, Neue Medizinprodukteverordnung, S. 16.
89 *Erbs/Kohlhaas/Häberle*, MPDG § 3 Rn. 10.
90 OLG Frankfurt, Urt. v. 21.1.1999 – 6 U 71/98, PharmR 2000, 17.
91 Siehe dazu vertieft *Eickbusch*, MPR 2021, 52 (55 ff).
92 Statt aller *Schorn*, in: FS Gassner, S. 43.
93 Statt aller *Gassner*, RdM 2018, 124 (125).
94 Zum Erfordernis einer medizinischen Zweckbestimmung seitens des Herstellers s. EuGH, Urt. v. 22.11.2012– C-219/11, ECLI:EU:C:2012:742 – „Brain Products".
95 *Anhalt*, MPR 2020, S. 169 (170).

Zweckbestimmung ein. Dazu zählen beispielsweise die Indikationen, Kontraindikationen, Patientenzielgruppen, Anwenderprofile und der Verwendungskontext.[96]

I. Definition

In der MDR wird das Medizinprodukt wie folgt legal definiert: „Medizinprodukt" bezeichnet ein Instrument, einen Apparat, ein Gerät, eine Software, ein Implantat, ein Reagenz, ein Material oder einen anderen Gegenstand, das dem Hersteller zufolge für Menschen bestimmt ist und allein oder in Kombination einen oder mehrere der folgenden spezifischen medizinischen Zwecke erfüllen soll: Diagnose, Verhütung, Überwachung, Vorhersage, Prognose, Behandlung oder Linderung von Krankheiten, Diagnose, Überwachung, Behandlung, Linderung von oder Kompensierung von Verletzungen oder Behinderungen, Untersuchung, Ersatz oder Veränderung der Anatomie oder eines physiologischen oder pathologischen Vorgangs oder Zustands, Gewinnung von Informationen durch die In-vitro-Untersuchung von aus dem menschlichen Körper – auch aus Organ-, Blut- und Gewebespenden – stammenden Proben und dessen bestimmungsgemäße Hauptwirkung im oder am menschlichen Körper weder durch pharmakologische oder immunologische Mittel noch metabolisch erreicht wird, dessen Wirkungsweise aber durch solche Mittel unterstützt werden kann, vgl. Art. 2 Nr. 1 MDR.

Bereits an dieser Stelle darf ferner darauf hingewiesen werden, dass auch In-vitro-Diagnostika grundsätzlich unter diese Definition subsumierbar sind. Sie weisen eine hohe Ähnlichkeit zu den in der MDR geregelten Medizinprodukten auf. Dennoch wurde sich im neuen Unionsrecht dafür entschieden, sie durch unterschiedliche Verordnungen zu regulieren.[97] Sie unterfallen somit dem Anwendungsbereich der MDR nicht, sondern wurden explizit ausgeschlossen, vgl. Art. 1 Abs. 6 lit. a) MDR.

II. Einordnung anhand der Zweckbestimmung

Ausschlaggebend für die Einordnung ist die Zweckbestimmung des Herstellers, Art. 2 Nr. 1 MDR. Dies meint die Verwendung, „für die ein Produkt entsprechend dessen Angaben auf der Kennzeichnung, in der Gebrauchsanweisung oder dem Werbe- oder Verkaufsmaterial bzw. den Werbe- oder Verkaufsangaben und seinen Angaben bei der klinischen Bewertung bestimmt ist", vgl. Art. 2 Nr. 12 MDR.

---

96 Siehe dazu vertieft *Eickbusch*, MPR 2021, 52 (56 ff).

97 *Gassner*, Neue Medizinprodukteverordnung, S. 29.

Dabei sind grundsätzlich drei Fragestellungen relevant für die Zuordnung als Medizinprodukt: Zuerst muss das Produkt grundsätzlich die Definition eines Medizinproduktes erfüllen. Weiter muss die Zweckbestimmung medizinisch sein und zuletzt ist zur Abgrenzung von anderen Produkten wie beispielsweise Arzneimitteln relevant, auf welche Art und Weise die bestimmungsgemäße Hauptwirkung erfüllt wird.[98] Diese darf weder durch pharmakologische oder immunologische Mittel noch metabolisch erzielt werden.[99]

Dabei wurde vom Europäischen Gerichtshof bereits vor Inkrafttreten der MDR im „Active Two“ Urteil klargestellt, dass Gegenstände, die „theoretisch auch als Medizinprodukte benutzt werden können, obwohl sie als solche nicht in Verkehr gebracht und beworben werden“[100], keine Medizinprodukte sind.[101] Streitgegenständlich war vorliegend das nicht als Medizinprodukt CE-zertifizierte System „Active Two“, mit dem bioelektrische Daten gemessen und aufgezeichnet werden können. Im Umkehrschluss fällt ein solcher Gegenstand, der von seinem Hersteller zur Anwendung für Menschen zum Zwecke der Untersuchung eines physiologischen Vorgangs konzipiert wurde, nur dann unter den Begriff „Medizinprodukt“, wenn der Gegenstand für einen medizinischen Zweck bestimmt ist.[102] Von der „Active Two“ Rechtsprechung gemeint waren insbesondere Sportprodukte. Dieser Gedanke der Zweckbestimmung wurde mit Art. 2 MDR fortgeführt

Auch dabei ist eine Unterscheidung im Einzelfall schwierig. Beispielsweise Fitness-Armbanduhren, die über Sensoren zur Herzfrequenzmessung verfügen, können nach der nach Rechtsprechung des Europäischen Gerichtshofs relevanten Zweckbestimmung des Herstellers gemäß Art. 2 MDR Medizinprodukte sein, wenn sie über eine Warnfunktion für Vorhofflimmern verfügen (z.B. einige Versionen der „Apple Watch“ sowie der „Fitbit“). Ein Hersteller wirbt explizit mit den medizinischen Funktionen; die „Withings Scanwatch“ etwa schreibt in regelmäßigen Abständen selbständig und auf Kurzbefehl des Trägers ein einfaches EKG, das bei Ärzten vorgezeigt werden kann. In diesem Fall geht die Zweckbestimmung über bloßes Informieren über die Herzfrequenz beim Sporttreiben

---

98 *Harer/Baumgartner*, Anforderungen Medizinprodukte, S. 56.

99 Zur Abgrenzung siehe im B, insbes. I.

100 *Ratzel*, Medizinische Zweckbestimmung, in: GesR 2013, S. 722-723, (S. 723).

101 Siehe dazu ebenso zur Ablehnung der Einordnung als Medizinprodukt einer modischen Stoffmaske (Covid-19) mit der Begründung, sie diene nach der Bestimmung des Herstellers keinem medizinischen Zweck s. OLG Hamm, Beschl. v. 15.12.2020, I-4 W 116/20 –, PharmR 2021, 82 ff.

102 EuGH, Urt. v. 22.11.2012 – C-219/11, ECLI:EU:C:2012:742 – „Brain Products“.

hinaus, das dem Sportler dadurch dient, dass er gegebenenfalls erkennen kann, ob sein Training effektiv ist. Denn bei einer Uhr mit einer solchen Zweckbestimmung sollen pathologische Zustände erkannt und der Träger darauf aufmerksam gemacht werden.

III. Beispiele

1. Medizinprodukte im Allgemeinen

Als eindeutige Beispiele für Medizinprodukte sind z.B. Verbandstoffe, Kondome, ärztliche Instrumente, künstliche Gewebe, Herzschrittmacher, künstliche Gelenke, Beatmungsgeräte, Bestrahlungsgeräte, Arzneimittelpumpen, Rollstühle und Labordiagnostika[103] oder etwa Brillen, Implantate, Pflaster oder Hörgeräte[104] genannt worden. Diese unterfallen auch aus Laiensicht eindeutig der Definition in der MDR, wie etwa auch Heftpflaster oder Magnetresonanztomographen. Es gibt eine große Varianz von Produkten, die sich nach Funktionsweise, Technik und Design sehr unterscheiden. Die Aufzählung ist daher lediglich beispielhaft.

Der europäische Gesetzgeber hat aber in der MDR nicht nur Mittel zur Behandlung, Verhütung oder Diagnose von Krankheiten, Verletzungen oder Behinderungen als Medizinprodukte eingeordnet, sondern darüber hinaus etwa auch physikalisch wirkende Mittel zur Empfängnisverhütung bei Frauen, wie die „Spirale" oder das Diaphragma, obwohl diese nicht zur Verhütung einer Geschlechtskrankheit sondern vielmehr einer Schwangerschaft gedacht sind[105] und die Empfängnis bzw. die daraus resultierende Schwangerschaft an sich keine therapiebedürftige Krankheit oder Behinderung darstellt[106]. Diese werden, wie auch speziell für die Reinigung, Desinfektion oder Sterilisation bestimmte Produkte (wie etwa Arztseife), die früher „fiktive Arzneimittel" waren, von der MDR als fiktive Medizinprodukte erfasst und sind somit als Medizinprodukte zu behandeln.[107]

Stoffliche Produkte, die lebende Mikroorganismen enthalten wie beispielsweise Darmbakterienkapseln zur Unterstützung der Darmfunktion oder Vaginalkapseln mit Bakterien zur Verbesserung der Vaginalflora sind hingegen gemäß Art. 1 Abs. 6 lit. h) MDR dann keine Medizinprodukte, wenn die Mikroorganismen der Erreichung oder Unterstützung der Zweckbestimmung des Produktes

---

103 *Schorn*, in: FS Gassner, S. 43.

104 *Stockbauer/Sauritschnig*, RdM 2020, 99.

105 *Hill*, MPR 2020, 122 (124).

106 *Hill*, MPR 2020, 122 (124), m.w.N.; ebenso *Reinhard*, in: ErfK Arbeitsrecht EFZG § 3 Rn. 19, m.w.N.

107 *Gassner*, Neue Medizinprodukteverordnung, S. 27.

dienen. Dazu wird angeführt, dies dürfte in beinahe jedem Produkt mit lebenden Mikroorganismen der Fall sein.[108]

2. *Software als Medizinprodukt*

Ebenso kann Software[109] unter die Definition des Art. 2 MDR fallen,[110] wenn „eine der Funktionalitäten es ermöglicht, Patientendaten zu nutzen, um unter anderem Kontraindikationen, Wechselwirkungen von Medikamenten und Überdosierungen festzustellen, in Bezug auf diese Funktionalität ein Medizinprodukt im Sinne dieser Bestimmungen darstellt, auch wenn diese Software nicht unmittelbar im oder am menschlichen Körper wirkt."[111]

Software kann zum einen zu allgemeinen Zwecken in der Gesundheitspflege, wie zur Organisation von Terminen, zum Erstellen von Arztbriefen oder Rechnungen oder zur Einteilung von Personal für Schichten eingesetzt werden. Dies ist in etwa bei Textverarbeitungssystemen oder Tabellenkalkulationsprogrammen der Fall. Dabei handelt es sich bei der benutzten Software nicht um ein Medizinprodukt,[112] da sie nicht medizinischen, sondern buchhalterischen oder protokollarischen Zwecken dient und eben keine vom Hersteller gesetzte medizinische Zweckbestimmung besteht. Bereits in der 4. MPG-Novelle, mit der Software in die Definition des Medizinproduktes aufgenommen wurde, sollte auch verhindert werden, dass „neutrale" Software wie Excel oder Word als Medizinprodukt gelten.[113] Die Funktion darf dafür nicht über das bloße Speichern, Archivieren, Übermitteln oder die Datensuche hinausgehen.[114] Es reicht aber für die Bejahung der Medizinprodukteigenschaft nicht aus, dass diese Software in einem medizinischen Zusammenhang gebraucht wird.[115] Auch KI ist eine spezi-

---

108 *Flötotto/Karle/Plessl*, MPR 2016, 145; vertiefend zur Problematik s. gesamten Aufsatz, MPR 2016, 145-150.

109 Zur Vertiefung und hinsichtlich der Frage der Risikoklassifizierung von Software s. *Hofmann*, MPR 2021, 161 ff.

110 Zur Vertiefung s. *Gassner*, MPR 2016, 109 ff; sowie *Gassner/Schreiegg*, MPR 2019, 198 ff.

111 EuGH, Urt. v. 7.12.2017 – C-329/16, ECLI:EU:C:2017:947 – „Snitem".

112 So auch *Ratzel* in: Ratzel/Luxenburger, Handbuch Medizinrecht 33. Kap Rn. 10.

113 Vgl. BT-Drucks. 161/1225, 26; *Backmann*, in: Stellpflug/Hildebrandt/Middendorf, Gesundheitsrecht G 2000 Rn. 14; krit. Dazu s. *Kassner*, meditec Mai 2010, S. 27, abrufbar unter: *https://www.pr-hoch-drei.de/prhoch3/2018/08/20100915_MEDITEC_MPG_Novelle_1_deutsch_Teil-2.pdf*.

114 *Larcher*, RdM 2018, 130.

115 statt aller dazu EuGH, Urt. v. 22.11.2012– C-219/11, ECLI:EU:C:2012:742 – „Brain Products".

elle Form von Software und ist daher im entsprechenden medizinischen Kontext mit medizinischer Herstellerzweckbestimmung als Medizinproduktesoftware zu verstehen.[116]

Eindeutig als Medizinprodukte anzusehen sind somit z.B. Bildauswertungsprogramme für Computertomographiebilder sowie medizinische Therapieplanungsprogramme,[117] ebenso KI-Systeme, die etwa bei untergebrachten Personen Suizidprognosen erstellen und ein frühzeitiges Handeln ermöglichen,[118] oder die zur Erkennung von bösartigen Melanomen dienen[119].Der Hersteller hat diese gerade zu medizinischen Zwecken entwickelt.[120]

Die Eigenschaft, Medizinprodukt zu sein, wird auch für Teile der Software des Telenotarzt-Systems[121] bejaht.[122] Dieses übermittelt medizinisch relevante Daten wie Bild- und Tonaufnahmen oder Ultraschallbilder einem physisch nicht anwesenden Arzt. Ebenso muss dies etwa für eine Software für die standardisierte Notrufabfrage gelten, die bei der Hotline 116117 oder einer Rettungsleitstelle durch einen Abfragealgorithmus zu einem Vorschlag einer Einsatzentscheidung führt, z.B. ob ein Rettungswagen geschickt werden soll und ob dieser mit oder ohne Blaulicht zu dem Patienten kommen soll.[123] Die Software nimmt letztendlich eine Unterstützung bei medizinischen Beratungsleistungen vor. Dies dient einem medizinischen Zweck, den auch der Hersteller intendiert hat.

3. *Medical-Apps als Medizinprodukte*

Bei den sogenannten Medical-Apps handelt es sich um eine Unterform der Software. Dies sind Programme auf dem Mobiltelefon, die beispielsweise mit einem mobilen medizinischen Zusatzgerät zusammen zur Überwachung von Krankheiten wie Diabetes, Bluthochdruck oder Herzkrankheiten eingesetzt werden können. Hierbei erfassen die Geräte die relevanten gesundheitlichen Daten und

---

116 *Haftenberger*, Produkthaftung S. 39, m.w.N.

117 *Katzenmeier/Schrag-Slavu*, Telenotarzt, S. 78.

118 Vertieft zu Funktion und Verfassungskonformität s. *Paar*, RdM 2020, 278 ff.

119 *Larcher*, RdM 2018, 130.

120 Zur Schwierigkeit der Einordnung von Software als Medizinprodukt ist, s. vertieft *Larcher*, RdM 2018, 130 ff.

121 Vertieft zu Funktion und Zulässigkeit für Sanitäter s. *Aigner/Doppler/Willschke*, RdM 2021, 182 ff.

122 s. *Katzenmeier/Schrag-Slavu*, Telenotarzt, S. 78f.

123 Zur Funktionsweise s. *Stenzel*, Notruf 112 noch effizienter, abrufbar unter *https://www.wiesbaden112.de/notruf-112-noch-effizienter-feuerwehr-wiesbaden-fuhrt-standardisierte-notabfrage-ein.*

übertragen sie auf das Handy, welches mittels der Software diese Daten verarbeitet und sie bei Bedarf an Ärzte oder Kliniken weiterleitet.[124] Die Zweckbestimmung des Mobiltelefons selbst wird dabei aber nicht in eine medizinische geändert, selbst wenn das Handy als einziges Medium für eine medizinische Software dient. Die Zweckbestimmung des Handys bleibt das Telefonieren. Die App hingegen wird als Medizinprodukt eingeordnet.[125]

Kein Medizinprodukt ist gemäß der Bewertung der Koordinierungsgruppe für Medizinprodukte eine App, die ähnlich wie die „Corona-Warn-App" wirkt: Sie kann von positiv auf sexuell übertragbare Krankheiten getesteten Personen genutzt werden, um ihren Befund anzuzeigen und somit ihre potenziell infizierten, in der App vernetzten ehemaligen Sexualpartner anonym zu warnen. Dazu wurde argumentiert, dass die Anwendung nicht dazu diene, sexuell übertragbare Krankheiten vorzubeugen, sondern lediglich den Austausch von Informationen und die Kommunikation zwischen verschiedenen Nutzern erleichtere.[126]

IV. Zubehör und Produkte ohne medizinische Zweckbestimmung im Geltungsbereichs der MDR

Zudem erfasst die MDR Zubehör (vgl. Art. 2 Nr. 2 MDR) – dies war zu MPG-Zeiten als eigenständiges Medizinprodukt behandelt worden, vgl. § 2 Abs. 1 MPG a.F. – und sogenannte Geltungsmedizinprodukte, (vgl. Art. 2 Nr. 1 S. 2 MDR), sowie bestimmte Produktgruppen ohne medizinische Zweckbestimmung (vgl. Art. 1 Abs. 2 MDR).

Letztgenannte sind in Anhang XVI MDR aufgezählt; erfasst sind beispielsweise Kontaktlinsen zur Sehkorrektur, Produkte, die für chirurgisch-invasive Verfahren zur Modifizierung der Anatomie an oder im Körper eines Menschen angewendet werden, und Stoffe oder Artikel, die zur Verwendung als Gesichts- oder sonstige Haut- und Schleimhautfüller injiziert oder anders eingeführt werden.[127] Dabei sind auch bestimmte Produkte ohne jegliche medizinische Zweckbestimmung eingeschlossen, beispielsweise Spaß-Kontaktlinsen in bunten Farben oder Geräte zur Reduzierung von Fettgewebe.[128] Ferner sollen nach der Koordinierungs-

124 Zum Ganzen *Backmann*, MPR 2011, 73.

125 So zutreffend zum Ganzen *Backmann*, MPR 2011, 73 (74).

126 Zum Ganzen *MCDG*, Manual on borderline and classification, Nr. 1.1.9.1, abrufbar unter: *https://health.ec.europa.eu/system/files/2023-09/md_borderline_manual_en.pdf.*

127 *Mayr/Thiermann/Schrack/Kiesselbach,* Das neue Medizinprodukterecht, § 1 Grundlagen Rn. 19.

128 *Hill/Schmidt* WiKo MPR Bd. 2 Kap. A 1 Rn. 4.

gruppe Medizinprodukte[129] auch die sogenannten Zwischenprodukte, die nach ihrer Zweckbestimmung Bestandteile von Sonderanfertigungen oder anderen individuell angepassten Medizinprodukten werden sollen, wie etwa Dentalmaterialien für die Herstellung von Zahnersatz, Passteile für Orthesen oder Prothesen, optische Gläser und Brillengestelle[130], unter die Definition des Medizinprodukts subsumiert werden können. Der rechtliche Status dieser Zwischenprodukte waren im vorherigen EU-Recht nicht geregelt. Dabei handle es sich allerdings um eine „fakultative Kann-Regelung", da letztendlich die durch den Hersteller gegebene Zweckbestimmung dafür entscheidend sei. Der Hersteller kann diese Produkte auch als Rohstoffe oder allgemeine Komponenten vermarkten.

B. Abgrenzung der Medizinprodukte von anderen Produkten

Die Unterscheidung zwischen Medizinprodukten und Arzneimitteln stellt bis heute sowohl für Mediziner als auch Juristen eine Herausforderung dar. Auch die Abgrenzung von Medizinprodukten zu Kosmetika und Lebensmitteln ist häufig nicht eindeutig. Zwischen den Produktarten Medizinprodukt, Arzneimittel und Kosmetikum besteht ein „strenges Alternativverhältnis"[131], sodass es erforderlich ist, die Abgrenzungskriterien im Folgenden zu erläutern.

I. Abgrenzung von den Arzneimitteln

1. Arzneimittel

Sowohl Arzneimittel als auch Medizinprodukte sind – unter anderem – zur Behandlung von Krankheiten bestimmt.[132] Die Abgrenzung von Arzneimitteln ist in der Praxis neben der Frage nach der Anwendbarkeit der Arzneimittelhaftung auch in Wettbewerbssachen relevant. Ein fälschlicherweise als Medizinprodukt eingeordnetes und nach medizinprodukterechtlichen Vorschriften zugelassenes Arzneimittel kann gegebenenfalls durch einen Konkurrenten mit dem Vorwurf

---

129 MDCG 2021-3, Questions and Answers on Custom-Made Devices, März 2021, S. 4, abrufbar unter: *https://health.ec.europa.eu/system/files/2021-03/mdcg_2021-3_en_0.pdf*, orig: *„Accordingly, it is possible for „intermediate products" which are specifically intended for the manufacture of CMDs, adaptable medical devices or patient-matched medical devices to be also placed on the market as medical devices, as these products are specifically intended to become a part or component of a final CMD, adaptable medical device (finally adapted) or patient-matched medical device.*

130 *Knauer/Neumann*, MPR 2021, 1 (4f.), dort auch zum folgenden Text.

131 *Wulff*, PharmR 2015, 52.

132 *Zuck/Gokel*, in: Quaas/Zuck MedR § 43 Rn 4, 5.

des Inverkehrbringens eines nicht zugelassenen Arzneimittels (§ 96 Nr. 5 AMG) dauerhaft vom Markt beseitigt werden.[133]

a) Abgrenzung durch Wirkweise

Von Arzneimitteln abzugrenzen sind die Medizinprodukte durch die Wirkweise: Während Medizinprodukte überwiegend auf physikalischem Wege wirken,[134] erzielen Arzneimittel hingegen die gewünschte Wirkung auf pharmakologische, metabolische oder immunologische Art und Weise.[135] Hierzu entschied der Europäische Gerichtshof, dass Produkte, die eine physiologisch wirksame Substanz enthalten, nicht systematisch als Funktionsarzneimittel eingestuft werden können[136]; daher seien sie Medizinprodukte.

Zur Beurteilung der Frage, ob die Wirkung physiologisch oder pharmakologisch, metabolisch oder immunologisch erreicht wird, wird grundsätzlich auf den Schwerpunkt der Wirkweise (Hauptwirkung) abgestellt.[137] Insbesondere die Auslegung des Begriffs der „pharmakologischen Wirkweise" bereitete Medizinern und Juristen schon früh gleichermaßen Schwierigkeiten.[138] Zur Konkretisierung der Abgrenzung wurde ein MEDDEV-Dokument[139] entwickelt, das der Bundesgerichtshof als Leitlinie zur Anwendung der Richtlinien über Medizinprodukte einordnete.[140] Dafür ausschlaggebend ist es unter anderem, ob das Produkt im menschlichen Körper zur Beeinflussung der menschlichen physiologischen Funktionen bestimmt ist.[141]

Das Präparat „Lefax", das zur Verringerung von Gasbildung im Magen-Darm-Trakt eingesetzt wird, verdeutlicht die Unterscheidung: Ein Präparat dieser Reihe enthält nur die Substanz Simethicon, die auf physikalischem Weg im Magen-

---

133 *Ehmke/Saame*, MDR 2017, 181 (182).

134 *Schorn*, in: FS Gassner, S. 43.

135 *Anhalt*, MPR 2020, 169 (170).

136 EuGH, Urt. v. 15.1.2009 – C-140/07, NVwZ 2009, 439 (441) – „Hecht Pharma".

137 statt aller *Fleischfresser*, in: Fuhrmann/Klein/Fleischfresser Arzneimittelrecht § 2 AMG Rn. 127.

138 *Ehmke/Saame*, MDR 2017, 181 (182), zur Vertiefung s. *Dettling*, PharmR 2006, 578 ff; *Anhalt/Lücker/Wimmer*, PharmR 2007, 45 ff; krit. s. dazu *Dettling*, PharmR 2007, 104 ff.

139 S. MEDDEV 2. 1/3 rev 3: Medical devices: Guidance document – Borderline products, drug-delivery products and medical devices incorporating, as an integral part, an ancillary medicinal substance or an ancillary human blood derivative, abrufbar unter *https://ec.europa.eu/docsroom/documents/10328/attachments/1/translations.*

140 BGH, Urt. v. 24.06.2010 – I ZR 166/08, GesR 2011 62, (63).

141 So auch BGH, Urt. v. 24.06.2010 – I ZR 166/08, GesR 2011, 62.

Darm-Trakt die Gasbildung verringert und Gase beseitigt. Dabei handelt es sich um ein Medizinprodukt. Andere Präparate des selben Herstellers enthalten zusätzlich noch Fenchel-, Pfefferminz- und Kümmelöl. Diese wirken zusätzlich pharmakologisch und zählen somit zu den Arzneimitteln.[142]

b) Problematik der Ermittlung der Wirkweise in der Praxis

Vor der Umsetzung in das Medizinproduktegesetz führten stoffliche Medizinprodukte, wie beispielsweise Meerwasser-Nasensprays oder spezielle Mittel zur Gewichtsreduktion, die im Magen aufquellen und dadurch ein Sättigungsgefühl hervorrufen, zu einer Abgrenzungsproblematik.[143] Möglicherweise liegt dies laut *Anhalt* unter anderem an einer geringfügigen Abweichung in der damaligen deutschen Übersetzung der Richtlinie, die den Begriff „Stoffe“ anstelle von „Materialien“ verwendete, obwohl die Aufzählung in der Richtlinie 93/42/EWG darauf hindeutet, dass physische oder materielle Produkte gemeint waren.[144] Allerdings ist trotz verschiedener konkretisierender Normen, Urteile und der MEDDEV-Leitlinie in der Praxis weiterhin nicht immer eindeutig herauszufinden, wo denn genau der Schwerpunkt der Wirkweise liegt, auf den abzustellen ist. Problematisch ist dabei, dass auch ein zunächst physikalisch wirkendes Mittel eine pharmakologische Wirkung haben, denn es ist nicht erforderlich, dass die Substanz selbst die Reaktion eines Zellbestandteils unmittelbar hervorruft.[145] Dies ist häufig bereits medizinisch unklar, wodurch auch die rechtliche Zugehörigkeit unklar ist.

c) Beispiele für unklare Wirkweise

Als Beispiele für die nicht eindeutig zu ermittelnde Art der Wirkung können etwa Nasenspray-Präparate mit gefriergetrocknetem Pflanzenextrakt[146] oder mit Covid-19-Antikörpern[147] oder Darmreinigungsmittel[148] angeführt werden; bei diesen Präparaten ist bereits medizinisch unklar, ob sie physikalisch oder pharmakologisch wirken. Im Fall eines Nasentropfen-Präparats, bei dem medizinisch

---

142 So zum Ganzen freilich nicht ohne Kritik s. Schwierige Abgrenzung, pta Forum, v. 14.7.2017; abrufbar unter *www.ptaforum.pharmazeutische-zeitung.de/ausgabe-142017/schwierige-abgrenzung/*.

143 *Anhalt*, MPR 2020, 169 (170).

144 *Anhalt*, MPR 2020, 169 (170).

145 S. BGH, Urt. v. 24.11.2010 – I ZR 204/09, PharmR 2011, 299 (300).

146 Siehe dazu BVerwG, EuGH-Vorlage v. 20.5.2021 – 3 C 9/20, MPR 2021, 182 ff.

147 *MDCG,* Manual on borderline and classification, Nr. 1.1.2.1, abrufbar unter: *https://health.ec.europa.eu/system/files/2023-09/md_borderline_manual_en.pdf.*

148 , Urt. v. 24.11.2010 – I ZR 204/09, PharmR 2011, 299 ff.

nicht geklärt werden konnte, auf welche Art und Weise die Wirkung eintrat, wurde mit der „Präsentationsarzneimittellösung" eine Zugehörigkeit zum Arzneimittelrecht bejaht.[149] Dies wurde zurecht scharf kritisiert.[150] *Fulda* etwa führte dazu aus: „Konsequent ist auch, wenn man einen Holzweg bis zum Ende geht".[151] Der Rechtsstreit um das betroffene Produkt wurde dem Europäischen Gerichtshof vorgelegt, der mitteilte, das Erzeugnis sei weder unter die Definition des Begriffs „Medizinprodukt" noch unter die Definition des Begriffs „Funktionsarzneimittel" im europarechtlichen Sinne[152] subsumierbar. Es sei „Sache der nationalen Gerichte, im Einzelfall zu beurteilen, ob die Voraussetzungen für die Definition des Begriffs „Präsentationsarzneimittel" (...) erfüllt" seien.[153]

Weitere umstrittene Beispiele sind etwa Augenspüllösungen und Alkoholtupfer. Während bezüglich einer Mund- oder Augenspüllösung eher auf die physikalische Wirkweise des „Ausspülens" abgestellt wird (die Lösung selbst soll in der Regel keine Wirkung erzielen)[154] und diese als Medizinprodukt angesehen wird, wird bei dem Alkoholtupfer mehr auf die Wirkweise des Alkohols zur Desinfektion abgestellt und ein Arzneimittel angenommen. In beiden Fällen ist aber zudem die Wirkstoffkonzentration entscheidend.[155] Dies bestätigt auch A.2.1.1. der MEDDEV-Leitlinie 2.1/3, der eine Dosis-Wirkung-Beziehung als Indiz für den pharmakologischen Effekt ansieht.[156] Als physikalisch wirksam hingegen wurden Meerwasserpräparate zur Inhalation und für medizinische Bäder eigeordnet.[157] Hyaluron-Natrium-Fertigspritzen zur intraartikulären Anwendung bei Gelenkerkrankungen hingegen wurden vom Bundesgerichtshof zutreffend als Medizinpro-

---

149 so etwa VG Köln, Urt. v. 14.10.2009 – 24 K 4394/08, MPR 2009, 209; s. zum Ganzen auch *v. Czettritz/Strelow*, MPR 2020 135 ff.

150 s. etwa *v. Czettritz/Strelow*, MPR 2020 135 ff. m.w.N., *Fulda*, MPR 2018, 11 ff.

151 *Fulda*, MPR 2018, 11.

152 Nach der Richtlinie 2001/83/EG des Europäischen Parlaments und des Rates vom 6. November 2001 zur Schaffung eines Gemeinschaftskodexes für Humanarzneimittel.

153 EuGH, Urt. v. 19.1.2023 – verb. Rechtss. C-495/21 und C-496/21; MPR 2023, 104 ff. – „Nasentropfen"; dazu zurecht krit. Anm. v. *Gassner* (109 ff) sowie *Middeler*, MPJ 2023, 153 ff.

154 OVG NRW, Beschl. v. 27.6.2017 – 13 A 1253/16, PharmR 2017, 426 ff.

155 Zur Relevanz der Wirkstoffkonzentration bei Mundspüllösung mit Chlorhexidin s. BGH, Urt. v. 5.10.2010 – I ZR 90/08, BeckRS 2010, 26915, Rn. 15, zur Relevanz der Konzentration v. Ionen in Meerwasserpräparat vgl. OVG Münster, Beschl. v. 27.6.2017 – 13 A 1253/16, PharmR 2017, 42 (427).

156 Originalfassung: *„(...) the presence of a dose-response-correlation is indicative of a pharmacological effect"*.

157 OVG NRW, Beschl. v. 27.6.2017 – 13 A 1253/16, PharmR 2017, 426 ff.

dukte eingestuft, da sie auf physikalischem Wege wirkten und die Hyaluronsäure die nicht mehr ausreichend vorhandene körpereigene Gelenkflüssigkeit ersetze.[158]

Die Einordnung als Medizinprodukt, Arzneimittel oder sonstiges aufgrund der (wohl gänzlich) fehlenden Wirkstoffkonzentration ist auch bei Homöopathika, deren pharmakologische Wirkung die medizinische Wissenschaft gänzlich ablehnt,[159] umstritten. Das Verwaltungsgericht Köln stufte diese als Präsentationsarzneimittel ein, da eine nicht-pharmakologische Wirkung nicht nachgewiesen sei und die Wirkung zumindest „rechtlich pharmakologisch" sei. Diese Konstruktion wurde freilich zurecht scharf kritisiert, so etwa von *Fulda*, der eine „rechtliche Erstreckung" des Merkmals der pharmakologischen Wirkweise zu Recht als unzutreffend ablehnte mit der Argumentation, entweder gäbe es eine pharmakologische Wirkung und das Produkt sei ein Funktionsarzneimittel oder es gäbe keine und es handle sich um ein Medizinprodukt.[160]

2. Medizinprodukt-Kombinationen mit Arzneimitteln und deren Einordnung

Liegt bei festen Kombinationen von Arzneimitteln/Medizinprodukten der Hauptzweck des Produkts beim Arzneimittel, ist nach Art. 1 Abs. 8 S. 2 MDR eine Zulassung als Arzneimittel erforderlich. Dafür muss der Arzneimittelstoff mehr als eine Hilfsfunktion erfüllen. Dies ist bei einem Insulin-Pen der Fall, wenn der Pen eine feste Einheit mit der Insulinampulle bildet. Denn dann dient der Pen als „Primärverpackung eines Arzneimittels". Bei einem wieder befüllbaren Pen hingegen handelt es sich um ein gesondert zu betrachtendes Medizinprodukt.[161] Denn ein Medizinprodukt, das dazu bestimmt ist, ein Arzneimittel abzugeben, unterliegt wiederum der MDR, Art. 1 Abs. 9 MDR.

Ein Beispiel für solch eine Kombination aus einem Medizinprodukt und einem Arzneimittel ist ein Schmerzpflaster, bei dem das Pflaster Medizinprodukt ist und der durch das Pflaster langsam abgegebene Stoff, in der Regel Morphium oder ein

158 so BGH, Urt. v. 9.7.2009, I ZR 193/06, GesR 2010, 246 (247), a.A. etwa LSG Bayern, Urt. v. 7.5.2014 – L 15 VS 17/13, BeckRS 2013, 198477 das ohne große Erklärung ein Arzneimittel annimmt. Hierbei beschreibt ein Arzt die Hyaluronsäure in einer solchen Gelenkspritze als „langkettiges, lineares Polysaccharid (…)", das „viele Funktionen" erfülle, „wobei insbesondere die chemisch-physikalische Eigenschaft dieser Verbindung eine Rolle spiele", Rn. 12.

159 *Fulda*, MPR 2018, 11 (12).

160 VG Köln, Urt. v. 30.5.2017 – 7 K 2241/14, MPR 2017, 165-168, (165); krit. dazu *Fulda*, MPR 2018, 11 ff.

161 Zum Ganzen s. Schwierige Abgrenzung, pta Forum, v. 14.07.2017; abrufbar unter: *www.ptaforum.pharmazeutische-zeitung.de/ausgabe-142017/schwierige-abgrenzung/*.

ähnliches opioidbasiertes Analgetikum, ein Arzneimittel.[162] Dies führt dazu, dass auch die in § 84 AMG geregelte Gefährdungshaftung anwendbar ist. Ebenso gilt dies für die sogenannten drug-eluting-stents, die bei bestimmten Herzkatheteruntersuchungen zum Einsatz kommen.

Hat das Arzneimittel in der Arzneimittel-Medizinprodukt-Kombination nur eine Hilfsfunktion, handelt es sich insgesamt um ein Medizinprodukt, vgl. Art. 1 Abs. 8 S. 1 MDR. Ein Beispiel dafür wäre in etwa Knochenzement, der mit einem Antibiotikum versetzt ist. Das Antibiotikum bewirkt nur, dass es nicht zu einer Entzündung kommt, es soll aber nicht eine bestehende Entzündung behandelt werden. Das Hauptziel ist die sichere Verwendung des Knochenzements.[163] Ein weiteres Beispiel dieser Gruppe sind Katheter, die mit Antikoagulantien wie etwa Heparin beschichtet sind. Das Heparin soll nicht als Arzneimittel wirken, sondern der Katheter soll sicher verwendet werden können.[164] Das Antikoagulans dient dabei dazu, dem Risiko einer (In-)Stent-Restenose oder ischämischen Komplikationen wie Stentthrombosen vorzubeugen. Andere Katheter für bestimmte andere Katheteruntersuchungen sind etwa mit antiproliferativen Substanzen wie Immunsuppressiva oder Zytostatika beschichtet. Auch dabei ist die sichere Verwendung des Katheters Ziel, nicht die Wirkung des Arzneimittels per se.

Bereits bei diesen verschiedenen Typen der Kombination von Arzneimitteln und Medizinprodukten sind die Grenzen fließend.

II. Abgrenzung von Kosmetika und Lebensmitteln

Aber auch die Abgrenzung der Medizinprodukte von Kosmetika[165] konnte vor allem in der Vergangenheit nicht immer zweifelsfrei vorgenommen werden. Ausschlaggebend für die Einordnung als Kosmetikum ist eine überwiegend kosmetische Zweckbestimmung. Dabei wird zudem „genau genommen (...) in verbrämter Weise auf das Gefahrenpotenzial geschaut".[166] Heute sind gemäß Art. 1 Abs. 2 MDR auch einige Produkte ohne medizinische Zweckbestimmung wie etwa Kontaktlinsen, Geräte zur Fettentfernung sowie kosmetisch verwendete Laser zur Haar- oder Tattooentfernung (vgl. Anlage XVI) von der MDR erfasst. So

162 So auch *Jäkel*, in: HK-AKM 3590 Fn. 30; nicht aber, wenn das Pflaster mit Antiseptika dotiert ist, da dieses „durch seine keimreduzierende Wirkung den Hauptzweck des Heftpflasters als äußere Barriere (u.a. Schutz vor mikrobieller Kontamination) unterstützt", Rn. 34.

163 *Jäkel*, in: HK-AKM 3590 Rn. 33.

164 *Jäkel*, in: HK-AKM 3590 Rn. 34.

165 zur Vertiefung s. *Wulff*, PharmR 2015, 52 ff.

166 *Deutsch/Spickhoff* MedR Rn. 2042.

wird beispielsweise auch Zahnweißer als Medizinprodukt eingeordnet, nicht als Kosmetikum, da dessen Zweckbestimmung nicht überwiegend medizinisch ist; dies ergebe sich aus der Zusammensetzung der Inhaltsstoffe und aus der Wirkung am Zahn selbst.[167] Anders gestaltet sich dies etwa bei Tattoo-Cremes, die zur besseren Abheilung von frischen Tätowierungen verwendet werden. So haben etwa die Produkte der Marke Skin Stories eine Zulassung als Kosmetikum[168], obwohl auch ein „hautberuhigender Bio-Kamillenextrakt" sowie Panthenol enthalten sind, wobei letztgenannter Inhaltsstoff der Regenerierung von Hautzellen dient, entzündungshemmend und hautberuhigend wirkt. Obwohl diese auf Tätowierungen und somit auf großflächigen, oberflächlichen Wunden angewendet werden und durch das Eincremen und die Fettbarriere auch auf physikalischem Wege der Abheilung der Tätowierung förderlich sind, ist die Herstellerzweckbestimmung eine kosmetische: Die Tätowierung soll möglichst schön und ohne Farbverlust bzw. Farbverlauf unter der Haut abheilen; das Mittel soll aber nicht die Heilung per se unterstützen.

Zudem ist auch die Abgrenzung von Lebensmitteln nicht immer eindeutig, insbesondere bei Nahrungsergänzungsmitteln und Lebensmitteln, die mit Stoffen angereichert sind, die vor der Neuregelung der MDR als Arzneimittel galten.[169] Auch dabei ist auf den Schwerpunkt abzustellen.

III. Abgrenzung von weiteren Produkten

Ferner können Schwierigkeiten bei der Abgrenzung etwa von sicherer persönlicher Schutzausrüstung[170] auftreten. Ein Beispiel dafür ist die Frage nach den Eigenschaften einer Plexiglasbox, die den Kopf eines ansteckend erkrankten Patienten bis zu den Schultern umhüllt, während eine endotracheale Intubation, eine Tracheotomie oder eine andere medizinische Prozedur im Zusammenhang mit dem Atemweg durch ein seitliches Loch im Plexiglas durchgeführt wird. Der Hauptzweck ist dabei allerdings der Schutz des Behandelnden vor einer Ansteckung. Diese Schutzmaßnahme wurde daher als sichere persönliche Schutzaus-

---

167 VGH Baden-Württemberg, Urt. v. 2.1.2008 – 9 S 2089/06, PharmR 2008, 285 ff; *Deutsch/Spickhoff* MedR Rn. 2042.

168 Auskunft der Herstellerfirma Beiersdorf AG über Kontaktformular.

169 Zu Lebensmitteln vertiefend s. *Völker*, StoffR 2013, 218 ff.

170 Gemäß der Verordnung (EU) 2016/425 des europäischen Parlaments und des Rates vom 9. März 2016 über persönliche Schutzausrüstungen und zur Aufhebung der Richtlinie 89/686/EWG des Rates.

rüstung klassifiziert, während ein Medizinprodukt darauf abzielen müsste, die Gesundheit und Sicherheit des Patienten zu schützen.[171]

Abzugrenzen sind Medizinprodukte zudem auch von Bioziden,[172] zum Beispiel die bei einem antifungalen, antimikrobialen und antiviralen Textilspray, das zur Vermeidung menschlicher Infektionskrankheiten gedacht war. Mangels Einsatz auf Patienten wurde die Medizinprodukteeigenschaft verneint.[173]

IV. Fazit

Da die Abgrenzung von Medizinprodukten zu anderen Produktgruppen trotz vielerlei Definitionen und Vorschriften sowie Auslegungshilfen im Zweifelsfall trotzdem weiterhin schwierig ist, wurde in Art. 4 Abs. 1 MDR geregelt, dass die Kommission in Streitfällen mittels Durchführungsbeschluss über die Produkteinstufung entscheidet.[174] Die Abgrenzungsschwierigkeiten resultieren insbesondere auch daraus, dass in manchen Fällen der „Schwerpunkt" der Wirkweise gar nicht ermittelt werden kann, unter anderem weil dieser selbst innerhalb der Fachrichtung der Medizinwissenschaft nicht geklärt ist, vgl. beispielsweise Homöopathika.

Ferner abzugrenzen sind die Medizinprodukte von den In-vitro-Diagnostika, da beide in unterschiedlichen Verordnungen rechtlich geregelt werden. Die Abgrenzung erfolgt nach der Erläuterung und Definition von In-vitro-Diagnostika.

§ 3 In-vitro-Diagnostika – Definition und Einordnung

In-vitro-Diagnostika sind vom Anwendungsbereich der MDR nach Art. 1 Abs. 6 lit. a) MDR ausgenommen. Sie weisen zwar eine hohe Ähnlichkeit zu den in der MDR geregelten Medizinprodukten auf, denn beide wirken nicht schwerpunktmäßig auf pharmakologische, metabolische oder immunologische Art und Weise[175]; dennoch wurde sich im neuen Unionsrecht dafür entschieden, sie durch unterschiedliche Verordnungen zu regulieren.[176]

---

171 Zum Ganzen *MCDG*, Manual on borderline and classification, Nr. 1.1.7.2, abrufbar unter: *https://health.ec.europa.eu/system/files/2023-09/md_borderline_manual_en.pdf.*

172 Nach der Verordnung (EU) Nr. 528/2012 des Europäischen Parlaments und des Rates vom 22. Mai 2012 über die Bereitstellung auf dem Markt und die Verwendung von Biozidprodukten.

173 Zum Ganzen *MCDG*, Manual on borderline and classification, Nr. 1.1.3.1, abrufbar unter: *https://health.ec.europa.eu/system/files/2023-09/md_borderline_manual_en.pdf.*

174 Zur Schwierigkeit der Abgrenzung s. *v. Czettriz/Strelow*, MPR 2020, 135 ff.

175 *Anhalt*, MPR 2020, 169 (170).

176 *Gassner*, Neue Medizinprodukteverordnung, S. 29.

A. Definition eines In-vitro-Diagnostikums

Die IVDR definiert die In-vitro-Diagnostika als Medizinprodukte, die als Reagenz, Reagenzprodukt, Kalibrator, Kontrollmaterial, Kit Instrument, Apparat, Gerät, Software oder System – einzeln oder in Verbindung miteinander – vom Hersteller zur In-vitro-Untersuchung von aus dem menschlichen Körper stammenden Proben, einschließlich Blut- und Gewebespenden, bestimmt ist und ausschließlich oder hauptsächlich dazu dient, Informationen zu einem oder mehreren der folgenden Punkte zu liefern, a) über physiologische oder pathologische Prozesse oder Zustände, b) über kongenitale körperliche oder geistige Beeinträchtigungen, c) über die Prädisposition für einen bestimmten gesundheitlichen Zustand oder eine bestimmte Krankheit, d) zur Feststellung der Unbedenklichkeit und Verträglichkeit bei den potenziellen Empfängern, e) über die voraussichtliche Wirkung einer Behandlung oder die voraussichtlichen Reaktionen darauf oder f) zur Festlegung oder Überwachung therapeutischer Maßnahmen, vgl. Art. 2 Nr. 2 IVDR.

In-vitro-Diagnostika sind demgemäß eine besondere Art von Medizinprodukten.[177] Ferner wird klargestellt, dass auch Probenbehältnisse als In-vitro-Diagnostika gelten. Zudem erfasst ist Zubehör, vgl. Art. 2 Nr. 4 IVDR; auch Software kann darunter fallen. Grundsätzlich nicht erfasst sind die in Art. 1 Abs. 3 IVDR aufgezählten Produkte, so etwa diejenigen Produkte für den allgemeinen Laborbedarf oder Produkte, die ausschließlich für Forschungszwecke bestimmt sind, vgl. lit. a) IVDR.

Als Beispiele wurden etwa etablierte Nährmedien, Blutabnahmeröhrchen, Probenbehältnisse sowie histologische Färbestoffe genannt, mithilfe derer IVDs für die Diagnose verschiedener Krankheiten (etwa Tumor- oder Infektionsmarker) genutzt werden können, sowie patientennahe Tests (sog. „Point of Care Testing") und therapiebegleitende Diagnostika (sog. „Companion Diagnostics").[178] In-vitro-Diagnostika sind insofern eine „sehr heterogene Produktgruppe".[179]

B. Abgrenzung der In-vitro-Diagnostika von anderen Produkten

Medizinprodukte i.S.d. MDR und In-vitro-Diagnostika i.S.d. IVDR unterscheiden sich darin, dass In-vitro-Diagnostika ausschließlich zur Untersuchung im Reagenzglas gedacht sind. Sie sind insofern „nur Reagenzien zur Messung".[180]

---

177 *Gassner*, Neue In-vitro-Diagnostika-Verordnung, S. 24.

178 Zum Ganzen *Ecker*, Medizinprodukte und IVD, S. 213f., m.w.N.; ebenso *Gassner*, Neue In-vitro-Diagnostika-Verordnung S. 26, m.w.N.

179 *Ecker*, Medizinprodukte und IVD, S. 213.

180 *Ratzel*, in: *Ratzel/Luxenburger*, Handbuch Medizinrecht, 33. Kap. Rn. 23.

Sie kommen mit vom Körper eines Menschen erlangten, vom Körper getrennten menschlichen Substanzen[181] wie beispielsweise Blut oder Urin in Kontakt, die MDR-Medizinprodukte hingegen mit dem lebendigen Körper selbst. Sie sind daher zum Teil In-vivo-Diagnostika, zum Teil sind sie nicht zur Diagnose konzipiert und demgemäß schon gar keine Diagnostika.

In-vitro-Diagnostika sind aufgrund ihrer Berührung nur von vom Patienten getrennten Materialien grundsätzlich für diesen nicht im selben Umfang risikobehaftet; dies zeigt sich auch in den abweichenden Bestimmungen zur klinischen Prüfung und Leistungsbewertung.[182]

Auch dieser Aspekt ist zu beachten, wenn es später um die Frage der Schutzgesetzeigenschaft der verschiedenen Regelungen der MDR und der IVDR geht. Es besteht die Möglichkeit, dass bei In-vitro-Diagnostika falsche Ergebnisse auftreten, die schwerwiegende Folgen für den Patienten haben können, von dem die untersuchte Körperflüssigkeit oder -substanz entnommen wurde, oder für Dritte wie Empfänger von Bluttransfusionen. In-vitro-Diagnostika werden letztendlich zur Bestimmung von Blutgruppen sowie zur Diagnose von ansteckenden Krankheiten wie dem HI-Virus, den Hepatitisviren B-D und anderen gefährlichen Infektionskrankheiten genutzt.[183] Eine falsch bestimmte Blutgruppe eines Spenders kann zudem schwerwiegende gesundheitliche Auswirkungen für den Empfänger einer Bluttransfusion haben. Mangelhafte Produkte können bei der Weiterverwendung sowohl Dritte als auch den Behandler, Entnehmer und Prüfer der Proben schädigen. Auch für die betroffene Person, von der die Probe stammt, können sich schwerwiegende Gesundheitsverschlechterungen ergeben, wenn ein falsch-negatives Ergebnis beispielsweise bezüglich einer schweren Krankheit wie HIV mitgeteilt wird und keine Maßnahmen zur Eindämmung ergriffen werden.

Problematisch ist die Abgrenzung von In-vitro-Diagnostika zu In-vivo-Medizinprodukten insbesondere bei Diagnostika zur Bestimmung des Blutzuckerwertes und für Atemluft-Messgeräte.[184] Bei einer Kombination aus einem In-vitro-Diagnostikum und einem Medizinprodukt gilt unabhängig davon, welche Funktion dem IVD-Bestandteil im Rahmen des Gesamtprodukts zukommt,

---

181 Ergibt sich i.E. aus dem Gesetz, ebenso *Arbeitsgruppe „Geräte" im VDGH*, MPR 2017, 160 sowie *Gassner*, Neue In-vitro-Diagnostika-Verordnung, S. 25.

182 *Gassner*, Neue In-vitro-Diagnostika-Verordnung, S. 25.

183 so zu Recht zum Ganzen *v. Dewitz*, in: HK-AKM 2890 Rn. 90.

184 *Gassner*, Neue Medizinprodukteverordnung, S. 29f.; *ders.*, Neue In-vitro-Diagnostika-Verordnung, S. 25; dort auch zum folgenden Text.

stets die MDR[185]; dies liegt daran, dass diese ja zumindest auch Medizinprodukte sind und demnach zumindest auch zur In-vivo-Verwendung bestimmt sind. Daraus ergibt sich eine höhere potenzielle Gefährlichkeit, dementsprechend sind die höheren Anforderungen anwendbar, die für die MDR gelten. Für das In-vitro-Bestandteil gelten die Anforderungen der IVDR.

§ 4 Nationale und niederrangigere medizinprodukterechtliche Normen

MDR und IVDR gelten unmittelbar und müssen nicht in nationales Recht umgesetzt werden; sie haben als EU-Verordnungen Rechtssatzqualität, vgl. Art. 189 Abs. 2 EGV. Die MDR reglementiert trotz ihrer Komplexität und ihres Umfangs die Rechtsmaterie dennoch nicht ausreichend. Nicht abschließend geregelt wurde auf europäischer Ebene beispielsweise das Anwenden und Betreiben sowie die Abgabe der Medizinprodukte; dies unterfällt somit der Kompetenz der jeweiligen EU-Mitgliedsstaaten.[186] Es wurden daher umfängliche Anpassungen auf nationaler Ebene notwendig.[187] Mit dem MPDG nebst ausführender Rechtsverordnungen wurden die beiden EU-Verordnungen „noch einmal national aufgesattelt".[188] MDR und IVDR enthalten für den nationalen Gesetzgeber verbindliche Handlungsaufträge und möglichen Regelungsoptionen; beides wurde in das MPDG umgesetzt.[189]

Das MPDG löste durch das Medizinprodukte-EU-Anpassungsgesetz (MPEUAnpG) das MPG ab, da eine Überarbeitung des MPG das Ziel eines reibungslosen Zusammenspiels nicht in diesem Ausmaß hätte gewährleisten können; daher war ein neues Gesetz erforderlich.[190] Das MPDG galt zunächst nur für Medizinprodukte, während für In-vitro-Diagnostika bis zum Geltungsbeginn der IVDR ein Jahr nach dem der MDR noch das „alte" MPG galt, vgl. § 2 Abs. 1 S. 1 MPDG. Der Anwendungsbereich wurde dann mit Art. 3 MPEUAnpG auf In-vitro-Diagnostika ausgedehnt.[191] Ferner wurde 2022 eine neue Version des die Umsetzung

185 So auch *MCDG*, Manual on borderline and classification, Nr. 1.1.1, abrufbar unter: *https://health.ec.europa.eu/system/files/2023-09/md_borderline_manual_en.pdf.*

186 *Knauer/Anton*, in: Prütting MedR MPDG § 1 Rn. 3.

187 *Wissenschaftliche Dienste des Deutschen Bundestages*, Sachstand Marktzugangsvoraussetzungen, S. 8.

188 *Hill*, MPR 2020, 122 (132)

189 *Kindler/Menke* MPDG Vorwort zur ersten Lieferung S. 1.

190 *Knauer/Neumann*, MPR 2021, 1 (2).

191 *Knauer/Neumann*, MPR 2021, 1 (2).

der EU-Produktionsvorschriften konkretisierenden Leitfadens „Blue Guide“[192] der Kommission veröffentlicht.[193]

Um die Einhaltung der Vorgaben der MDR zu gewährleisten, sollen Mitgliedsstaaten laut der MDR „alle erforderlichen Maßnahmen ergreifen, (...) indem sie u.a. wirksame, verhältnismäßige und abschreckende Sanktionen für Verstöße festlegen“, vgl. Erwägungsgrund 87 der Verordnung. Art. 113 MDR statuiert für die Mitgliedsstaaten auch die Vorgabe, Vorschriften über Sanktionen für Verstöße gegen die Bestimmungen dieser Verordnung fest zu legen und alle zu ihrer Durchsetzung erforderlichen Maßnahmen zu treffen. Dabei wurde mit den §§ 92-94 MPDG ein differenziertes System von Sanktionen für Verstöße gegen Bestimmungen des MPDG und der MDR geschaffen, deren Trennlinie *Wostry* zutreffend bei der Unterscheidung der Stufen der Gefahr sowie bei der subjektiven Tatseite einordnet.[194]

Das MPDG enthält lediglich die Verordnungen ergänzende nationale Regelungen,[195] zu denen auch die Sanktionsvorschriften gehören. Alleinstehend weist es „erhebliche inhaltliche Lücken“ auf, die durch Heranziehung der entsprechenden Passagen der MDR bzw. IVDR gelöst werden können.[196] In § 88 MPDG findet sich eine Ermächtigungsgrundlage zum Erlass von Verordnungen. Diese ist Grundlage für die Medizinprodukte-Betreiberverordnung (MPBetreibV)[197], die Medizinprodukte-Abgabeverordnung (MPAV)[198], sowie die Medizinprodukte-Anwendermelde- und Informationsverordnung (MPAMIV)[199].

Ferner gibt es noch niedrigrangigere Vorschriften wie beispielsweise die ISO-Normen EN ISO 13485 und EN ISO 14971 sowie die IEC-Normen EN IEC 62366 und EN IEC 62304, die ebenso Anforderungen an Medizinprodukte regeln.

---

192 Zuvor: Bekanntmachung der Kommission – Leitfaden für die Umsetzung der Produktvorschriften der EU 2016, 2016/C 272/01.

193 Bekanntmachung der Kommission – Leitfaden für die Umsetzung der Produktvorschriften der EU 2022 („Blue Guide“), 2022/C 247/01.

194 Vertiefend s. *Wostry*, in: FS Gassner, S. 315 (321f.).

195 *Erbs/Kohlhaas/Häberle*, MPDG Vorbemerkungen Rn. 1.

196 *Kindler/Menke* MPDG Vorwort zur ersten Lieferung S. 1f.

197 Verordnung über das Errichten, Betreiben und Anwenden von Medizinprodukten.

198 Verordnung zur Regelung der Abgabe von Medizinprodukten.

199 Verordnung über die Meldung von mutmaßlichen schwerwiegenden Vorkommnissen bei Medizinprodukten sowie zum Informationsaustausch der zuständigen Behörden.

§ 5 Zur Haftung für Medizinprodukte und In-vitro-Diagnostika

Medizinprodukten wohnt naturgemäß ein hohes Gefährdungspotenzial inne. Fehler und Mängel oder eine falsche Bedienung können sowohl für Anwender als auch für Patienten oder auch für Dritte gefährlich sein. Zunächst können Mängel bei der Herstellung auftreten. Dabei werden Fehler bei der Konstruktion, Fabrikation (sog. „Ausreißer") und Organisationspflichtverletzungen unterschieden. Weitere Fehlerkategorien[200] sind die mangelhafte Instruktion (beispielsweise bei einer fehlerhaften Gebrauchsanweisung),[201], die Verletzung einer Produktbeobachtungs-[202] und Reaktionspflicht und die Verletzung von Pflichten im Zusammenhang mit dem Beobachtungs- und Meldesystem MEDDEV[203], wobei nicht alle dieser Fehler zu Schäden an Personen führen können.

Neben Mängeln bei der Herstellung können vor allem Kompatibilitätsprobleme von Zubehör und bei Kombinationen verschiedener Medizinprodukte, Unzulänglichkeiten bei der Aufstellung des Medizinprodukts am Einsatzort, falsch durchgeführte oder fehlende Instandhaltungsmaßnahmen sowie Fehler bei der Anwendung zu Zwischenfällen führen. Nach Untersuchungen in Krankenhäusern würden ungefähr zwei Drittel aller Zwischenfälle mit Medizinprodukten durch falsche Bedienung und Wartung hervorgerufen.[204] Auch in der MDR und der IVDR wird grundsätzlich mit der Möglichkeit von „Schäden, die durch ein fehlerhaftes Produkt verursacht wurden" gerechnet, vgl. Erwägungsgrund 31 der MDR sowie 30 der IVDR.

Als Beispiel für ein haftungsrelevantes Vorkommnis wäre zu nennen, dass einem Patienten ein fehlerhaft konstruierter Herzschrittmacher implantiert wird. Dabei ist allerdings auch stets an eine Gesamtschuld zusammen mit dem implantierenden Arzt als Anwender zu denken, falls dieser den Defekt erkennen hätte müssen und das Einsetzen somit sorgfaltswidrig erfolgte.[205] In diesem Zusammenhang ist auch ein Regress des in Anspruch genommenen Behandlers gegen

---

200 Vertiefend zu den einzelnen Fehlerkategorien s. *Dahm-Loraing/Koyuncu*, PHi 2010, 142 (143 ff).

201 *Weimer*, in: Medizinprodukte in der Anwendung S. 49 (51).

202 *Ratzel*, in: Ratzel/Luxenburger Handbuch Medizinrecht Kap. 33. F. Rn. 49.

203 *Dahm-Loraing/Koyuncu*, PHi 2010, 142 (147).

204 *Weimer*, in: Medizinprodukte in der Anwendung, S. 49, dort auch zum folgenden Text.

205 Zu den Voraussetzungen für und möglichen Problemen mit der Gesamtschuldnerhaftung v. Anwender und Hersteller s. *Kern*, in: Medizinprodukte in der Anwendung, S. 63 ff.

den Hersteller denkbar.[206] Beide Akteure werden nicht selten auch gemeinsam von Patienten in Anspruch genommen und sind bei der Erfüllung ihrer Pflichten auf eine wechselseitige Kooperation angewiesen.[207]

Auch In-vitro-Diagnostika bergen insbesondere aufgrund der Möglichkeit von falsch-positiven oder falsch-negativen Ergebnissen Risiken sowohl für die ehemaligen Träger der untersuchten Substanzen als auch für Dritte.[208] Für Betreiber und Anwender dürfte in dieser Konstellation das Risiko je nach Untersuchung oftmals ähnlich bleiben. Denn für den Betreiber eines Testlabors ist es irrelevant, ob er sich aufgrund eines defekten Medizinproduktes bereits bei der Blutabnahme am Patienten mit dem HI-Virus infiziert oder ob die Infektion bei der Durchführung des Tests mittels eines defekten In-vitro-Diagnostikums am vom Patienten getrennten Blut erfolgt.

Daher soll im Folgenden untersucht werden, wer unter welchen Umständen für Fehler bei Medizinprodukten und In-vitro-Diagnostika haftet.

A. Haftung für Medizinprodukte außerhalb § 823 Abs. 2 BGB

Zunächst soll ein Exkurs in die Haftung für Medizinprodukte außerhalb der Haftung aus Schutzgesetzverletzung gemacht werden.[209] Im deutschen Schadensersatzrecht dient dieser bereits seit jeher primär dazu, die erlittene Einbuße auszugleichen[210] sowie der Prävention.[211] Eine Pönalisierungsfunktion wird seit Ende des 19. Jahrhunderts bis heute konsequent abgelehnt.[212] Zwar erzielt das Haftungsrecht eine gewisse Vergeltungsfunktion; sie ist aber kein Ziel des Deliktsrechts.[213] Geschützt wird – im Vergleich zu anderen Rechtssystemen wie beispielsweise dem der USA – das Integritätsinteresse, also Interesse des Geschädigten

---

206 *Ratzel*, in: Ratzel/Luxenburger Handbuch Medizinrecht Kap. 33f. Rn. 50.

207 *Dahm-Loraing/Koyuncu*, PHi 2010, 108f., vertiefend zur Haftung des Arztes und des Krankenhauses im Einzelnen s. *dies.*, PHI 2009, 172-179 sowie *dies.*, PHi 2009, 218-224.

208 Siehe dazu Teil 1 § 2 B.

209 Vorl. soll nur auf die Ansprüche des Geschädigten eingegangen werden. Außen vor bleiben (Regress-)Ansprüche der Beteiligten der Lieferkette und des Anwenders oder Betreibers untereinander.

210 *Brand*, in: BeckOGK § 249 Rn. 42 m.w.N.

211 *Brand*, in: BeckOGK § 249 Rn. 47 m.w.N., vertieft zur Thematik s. *Koziol*, Schadenersatzrecht S. 75-83.

212 *Brand*, in: BeckOGK § 249 Rn. 45 m.w.N.

213 *Hager*, in Staudinger/Hager BGB Vorbemerkung zu §§ 823 ff Rn. 11.

an der Erhaltung seiner materiellen und immateriellen Güter.[214] Anders als im Arzneimittelrecht gibt es keine vorrangigen medizinprodukterechtlichen Spezialgesetze. Grundsätzlich besteht das Haftungssystem für die Folgen von Schäden durch Medizinprodukte größtenteils aus nationalem Recht,[215] wobei auch die spezielle Beschaffenheit und das Einsatzgebiet, mithin also die Besonderheiten dieser Produkte mit betrachtet werden müssen. Schließlich können in ihrem Einsatzgebiet, der Medizin, Risiken und Nebenwirkungen nie ganz ausgeschlossen werden.[216]

Hierbei kann sich gegebenenfalls eine strafrechtliche Verantwortlichkeit des zuständigen Wirtschaftsakteurs ergeben; ferner gibt es öffentlich-rechtliche Konsequenzen für Pflichtverletzungen. Bei diesen greifen die zuständigen Behörden ein, um den Eintritt eines Schadens abzuwenden (Vigilanz und Überwachung). Die wichtigste Säule allerdings ist die bürgerlich-rechtliche Haftung; diese zielt vor allem auf eine finanzielle Kompensation des Schadens im Rahmen des Schadensersatzes ab.[217] Dabei ist auch für etwaige immaterielle Schäden (Schmerzensgeld) eine monetäre Kompensation vorgesehen.

Mögliche Akteure, die eine anspruchsbegründende Handlung begehen können, sind nicht nur der behandelnde Arzt, das Krankenhaus bzw. der Hersteller oder weitere Glieder der Lieferkette. Auch die Benannte Stelle kann gegen ihre Pflichten verstoßen und gegebenenfalls schadensersatzpflichtig werden.[218]

I. Vertragliche Ansprüche

1. Gegen das Krankenhaus / den Arzt

Mit dem Krankenhaus bzw. dem behandelnden Arzt besteht in der Regel ein Vertrag, aus dem sich Ansprüche ergeben können.[219] Daher sind vertragliche Ansprüche auf direktem Wege möglich, wenn der Patient mit einem fehlerbehafteten Produkt behandelt wird. Dem Krankenhausträger als Betreiber obliegen Organisationspflichten im Hinblick auf die Auswahl, Anschaffung und Bereitstellung von

---

214 *Schulze*, in: HK-BGB § 249 Rn. 1.

215 *Baumann*, in: Lücker/Baumann MedProdR, Kap. B 16.0; dort auch zum folgenden Text.

216 *Heil/Mayer-Sandrock*, in: Anhalt/Dieners MedProdR § 23 Rn. 2.

217 Die vorliegende Abhandlung konzentriert sich ausschließlich auf die zivilrechtliche Haftung.

218 Die Haftung der Benannten Stelle soll nicht Gegenstand dieser Abhandlung werden.

219 Vertieft zur Haftung des Behandelnden aus Vertrag s. *Hoxhaj*, Medizintechnikhaftung S. 25 ff, 82 ff.

Medizinprodukten und Ärzten die Pflicht zur Beachtung der Sorgfaltspflichten zur „lege artis“ Behandlung sowie weitere Anwenderpflichten.[220] Eine Verletzung dieser Pflichten könnte einen Schaden verursachen und zu einer vertraglichen Haftung führen.

Über die Grundsätze der Schutzwirkung zugunsten Dritter können zumindest manche Dritte in den Schutzbereich miteinbezogen werden, sollten diese und nicht etwa der behandelte Patient selbst einen Schaden erleiden. So ist etwa der Partner – ob ehelicher oder nicht ehelicher – in den Schutzbereich eines auf die Verhütung einer Schwangerschaft gerichteten Vertrags einbezogen.[221] Auch Verhütungsmittel sind zum Teil Medizinprodukte.

Die genaue rechtliche Konstruktion der vertraglichen Schadensersatzansprüche im Falle eines fehlerhaften Medizinprodukts ist nicht ganz unumstritten: Im Falle der Implantation eines fehlerhaften Produktes könne der Patient laut *Brüggemeier*[222] wegen eines Mangelfolgeschadens gegen das implantierende Krankenhaus vorgehen. Dies sei möglich, da der Implantationsvertrag über einen Behandlungsvertrag hinausgehe, und sich aus dem Erwerb des Medizinprodukts und dem anschließenden medizinischen Eingriff zusammensetzte. Daher sei auch das Kaufrecht anwendbar.[223] Allerdings würde dies bei fehlendem Verschulden in ein „haftungsrechtliches Nirvana“ führen.[224] Nach zutreffenderer Ansicht ist der Implantationsvertrag wohl eher als Behandlungsvertrag zu beurteilen. Bei der Pflicht zur sorgfaltsgemäßen Behandlung, zu der es dazugehört, kein fehlerhaftes Produkt zu verwenden, handelt es sich um eine vertragliche Nebenpflicht in Form einer Verkehrssicherungspflicht.[225] Dies gilt auch für die Behandlung mit Medizinprodukten, die nicht zur Implantation gedacht sind, wie beispielsweise beim Röntgen mit einem Röntgengerät. Hier würde die vorgenannte Ansicht eine unsachgerechte Spaltung bewirken; denn in beiden Fällen erleidet der Patient Schaden, da ein fehlerbehaftetes Medizinprodukt verwendet wurde. Daher ergibt

---

220 *Baumann*, in: Lücker/Baumann MedProdR, Kap. B 16.1.3.

221 BGH, Urt. v. 14. 11. 2006 – VI ZR 48/06, NJW 2007, 989; *Fries/Schulze*, in: HK-BGB § 328 Rn. 20.

222 *Brüggemeier*, MedR 2014, 537-542; dort auch zum folgenden Text. Dort wurde speziell der Fall behandelt, dass ein Produkt aus einer bestimmten Serie mit häufigen Fehlfunktionen stammt, (bislang) aber keine Fehlfunktion bei diesem Patienten aufgetreten sei. Zu den einzelnen Anwenderpflichten s. Teil 2 § 3 und § 5.

223 Auch für die Anwendung des Kaufrechts s. *Zuck/Gokel*, in: Quaas/Zuck MedR § 47 Rn 1.

224 Krit. *Reich*, EuZW 2014, 898.

225 *Weimer*, in: Medizinprodukte in der Anwendung, S. 49 (54).

sich nach zutreffender Ansicht für den Patienten aus seinem Vertrag mit dem Behandelnden grundsätzlich kein Mängelanspruch; der Behandelnde hafte zwar aus positiver Vertragsverletzung; jedoch nicht für das defekte Produkt per se.[226]

Auch unter Annahme eines „reinen" Behandlungsvertrages ohne kaufrechtliche Mischelemente ergibt sich ebenfalls kein vertraglicher Anspruch ohne Verschulden.[227] Dies erscheint auch konsequent, da dem behandelnden Krankenhaus oder dem behandelnden Arzt nicht eine Art „Allwissenheit" für Produkte aufgebürdet werden kann, die er auch nur vom Hersteller oder einem Dritten erworben hat und deren Herstellungs-, Lagerungs-, und Transportprozesse er nicht kennt. Das Krankenhaus oder der Arzt haben keinen Einblick in sämtliche Fehlerquellen, aus denen sich ergeben kann, dass das Produkt nicht sicher ist. Sie haben nur Einblick in und Einfluss auf ihr eigenes Handling des Medizinprodukts. Gerade aus diesem Grund existiert letztlich mit dem CE-Kennzeichen eine Art „Beweis", dass das Produkt einwandfrei ist. Auf dies darf sich der Behandler grundsätzlich – wenn es keine für ihn erkennbaren Anhaltspunkte dafür gibt, dass dies nicht der Fall ist – verlassen.

2. *Gegen den Hersteller oder andere vorherige Glieder der Lieferkette*

Für den Fall, dass der Hersteller auch Verkäufer ist, ist eine Gewährleistung nach Kaufrecht möglich, wobei etwa eine unrechtmäßige CE-Kennzeichnung einen Mangel i.S.d. § 434 BGB darstellen kann; ferner sind sämtliche Gewährleistungsrechte des § 437 BGB denkbar.[228] Für alle anderen Konstellationen sind vertragliche Ansprüche eher selten anzunehmen: So hat der BGH die Drittwirkung des Kaufvertrags zwischen Herstellern und Händlern/Anwendern zugunsten des Endverbrauchers mit der „Wohl und Wehe"-Formel wegen des mangelnden Einbeziehungsinteresses ausgeschlossen.[229]

Im Medizinprodukterecht sei laut *Gassner*[230] ein Einbeziehungsinteresse hinsichtlich der zum Einsatz von Medizinprodukten am Patienten befugten Personen in einer Gesundheitseinrichtung (etwa für einen Mitarbeiter) denkbar; nicht aber mit Blick auf den Patienten. Der Kreis der von den Schutzpflichten eines Vertrages umfassten Personen dürfe nicht uferlos ausgeweitet werden; er müsse von vorne

226 *Heil/Mayer-Sandrock*, in: Anhalt/Dieners MedProdR § 23 Rn. 5, m.w.N.

227 So auch *Kern*, in: Medizinprodukte in der Anwendung, S. 63 (67).

228 *Bergstedt/Urbano Pardal*, MPR 2022, 12 (17f.).

229 BGH, Urt. v. 26.11.1968 – VI ZR 212/66, BGHZ 51, 91 (96) („Hühnerpest"); zust. *Gottwald*, in: MüKoBGB BGB § 328 Rn. 191, m.w.N. Die Argumentation überzeugt auch nach neuerer Ansicht zur Auslegung des Einbeziehungsinteresses weiterhin.

230 *Gassner*, in: Deutsch/Lippert MPG Haftung für Medizinprodukte, II 1 a) Rn. 8.

herein einschätzbar und schließlich auch versicherbar gehalten werden. Auch für den Fall, dass Medizinproduktehersteller als Dienstleister produktbegleitende Schulungen der Anwender in Form der Ersteinweisung, zur Auffrischung oder für Instandhaltungsmaßnahmen anbieten und es dabei zu Fehlern kommt, ist eine vertragliche Haftung des Herstellers wegen fehlerhafter Dienstleistung denkbar.[231] Dabei erscheint es konsequent, auch in diesem Fall nur Beschäftigte der betreffenden Einrichtung in den Schutzbereich miteinzubeziehen.

3. Gegen die Benannte Stelle

Der BGH hat klargestellt, dass der Vertrag zwischen Hersteller und Benannter Stelle kein Vertrag mit Schutzwirkung zugunsten der betroffenen Patienten ist.[232] Zum einen liege nicht die erforderliche Leistungsnähe vor, zum anderen fehle es auch seitens des Herstellers an einem Einbeziehungsinteresse des Patienten bzw. Dritten in den Schutzbereich des Vertrags mit der Benannten Stelle.[233] Somit ergibt sich für den geschädigten Patienten kein vertraglicher Anspruch gegen die Benannte Stelle, wenn diese ihre Pflichten nicht erfüllt und er dadurch mit einem fehlerhaften Medizinprodukt geschädigt wird.

II. Produkthaftungsgesetz

Eine Haftung für den Hersteller ergibt sich zum einen aus der Gefährdungshaftung aus §§ 1 ff ProdHaftG[234], welche kein Verschulden erfordert.[235] Dabei haftet der Hersteller, da er durch Inverkehrbringen eines fehlerhaften Produktes eine Gefahrenlage schafft, für die er verantwortlich ist.[236] Gegenüber dem behandelnden Arzt sind Produkthaftungsansprüche in der Rechtsprechung im Ergebnis zutreffend mit der Begründung ausgeschlossen worden, das Arzt-Patienten-Verhältnis sei durch speziell zugeschnittene Normen ausreichend geschützt.[237]

---

231 *Weimer*, in: Medizinprodukte in der Anwendung, S. 49 (59f.)

232 BGH, Urt. v. 27.2.2020 - VII ZR 151/18, BGHZ 225, 23; zust. *Sträter*, NZS 2020, 530 (532).

233 Ebenso LG Nürnberg-Fürth, Urt. v. 10.9.2013 –11 O 3900/13, MPR 2014, 14 ff; ausführlich besprochen von *Handorn*, MPR 2014, 14; zust. ebenso *Molitoris/Klindt*, NJW 2014, 1567 (1572).

234 Vertieft zur Haftung des Herstellers aus ProdHaftG s. *Hoxhaj*, Medizintechnikhaftung S. 130 ff.

235 *Heil/Mayer-Sandrock*, in: Anhalt/Dieners MedProdR § 23 Rn. 22.

236 Statt aller dazu *Kern*, in: Medizinprodukte in der Anwendung, S. 63 (66).

237 Vgl. Orientierungssatz zu KG Berlin, Urt. v. 17.10.2022 – 20 U 158/21, MPR 2023, 112.

1. *Die verschuldensunabhängige Produkthaftung*

Für die Anwendung des ProdHaftG sind drei zentrale Zurechnungskriterien[238] erforderlich: Die Produktverantwortung des Anspruchsadressaten (§ 4 ProdHaftG), das Inverkehrbringen (§ 1 Abs. 2 ProdHaftG) und die Fehlerhaftigkeit des Produkts. Letztere ergibt sich daraus, dass es nicht die Sicherheit bietet, die unter Berücksichtigung aller Umstände berechtigterweise erwartet werden durfte, vgl. § 3 Abs. 1 ProdHaftG. Dazu wurde recht zutreffend festgestellt, bei der Bewertung dieser „berechtigten Sicherheitserwartungen" seien dieselben objektiven Maßstäben wie bei der Bestimmung von Verkehrssicherungspflichten des Herstellers im Rahmen der deliktischen Haftung zugrunde zu legen.[239] Der Produktfehler sei als „negative Umschreibung" von Verkehrspflichten anzusehen; denn wo die Rechtsordnung aufgrund ihrer Wertentscheidung über die Schutzbedürftigkeit von Rechtsgütern ein Risiko (Produktfehler als Gefahrenquelle) sehe, begründe sie in aller Regelmäßigkeit auch Verhaltenspflichten, die der Kontrolle und Abwehr dieser Gefahren dienen. Die Zuwiderhandlung gegen diese wirke in Gestalt einer Unrechtshaftung wiederum anspruchsbegründend.[240]

2. *Allgemeine Fehlertypen und Beispiele aus dem Bereich der Medizinprodukte*

a) Konstruktionsfehler

Ein Konstruktionsfehler liegt nach Rechtsprechung des Bundesgerichtshofs dann vor, wenn das Produkt schon seiner Konzeption nach unter dem gebotenen Sicherheitsstandard bleibt; dabei ist der Stand der Technik zu berücksichtigen, nicht das, was in der Branche üblich ist.[241] Ein Konstruktionsfehler haftet der gesamten Serie an.[242] Als Beispiel eines solchen Fehlers wären chirurgische Latexhandschuhe, die so konstruiert sind, dass sie Punkturen aufweisen und somit durchlässig sind.[243] Als weiteres Beispiel kann der gesundheitsschädliche Metallabrieb in der Konussteckverbindung einer Hüfttotalendoprothese genannt werden, welcher

238 statt aller *Oechsler*, in: Staudinger/Oechsler BGB ProdHaftG Einleitung Rn. 1

239 So statt aller *Wagner*, in: MüKo BGB § 3 ProdHaftG Rn. 3 und 6; so auch der BGH etwa in den beiden folgenden Entscheidungen: BGH, Urt. v. 17.3.2009 - VI ZR 176/08, NJW 2009, 1669 (1670); BGH, Urt. v.16.6.2009 – VI ZR 107/08, NJW 2009, 2952 (2953).

240 So zum Ganzen *Oechsler*, in: Staudinger/Oechsler BGB ProdHaftG Einleitung Rn. 2.

241 BGH, Urt. v. 16.9.2009, VI ZW 107/08, BGHZ 181, 253.

242 Statt aller *Heil/Mayer-Sandrock*, in: Anhalt/Dieners MedProdR § 23 Rn. 34, m.w.N.

243 *Plum*, VersR 1986, 528 (530).

sich daraus ergibt, dass Großköpfe mit Konussteckverbindung im konkreten Fall mit zu kurzen Prothesenschäften kombiniert wurden; eine Verbindung, die Materialverschleiß und Korrosion durch unerwünschte Hebelkräfte nach sich zieht.[244]

b) Fabrikationsfehler

Der Fabrikationsfehler ist ein solcher Fehler, der während der Herstellung entsteht und die Abweichung des Produkts vom allgemeinen fehlerfreien Konstruktionsstandard bewirkt. Das eine, konkrete Produkt entspricht somit nicht dem vom Hersteller vorgesehenen Standard dieser Serie.[245] Der Hersteller haftet auch bei unvermeidbaren Fehlern an nur einem einzelnen Produkt (sog. „Ausreißer").[246] Ein Beispiel wären etwa die bereits genannten Latexhandschuhe, wenn nur vereinzelte Einzelstücke Punkturen aufweisen.

c) Instruktionsfehler

Ein Instruktionsfehler liegt hingegen vor, wenn der Anwender eines Produkts nicht oder nicht ausreichend über die Art und Weise der Verwendung und die damit verbundenen Gefahren aufgeklärt wird.[247] Ein Beispiel dafür wäre die die Angabe eines Herstellers zur Implantation seiner Hüfttotalendoprothese, sie müsse mittels eines „leichten Schlags" eingefügt werden, um einen festen Sitz zwischen Konusadapter und Prothesenschaft zu erreichen, obwohl ein stärkerer Schlag erforderlich gewesen wäre.[248]

d) Abstrakte Fehlerwahrscheinlichkeit

Zudem wurde im Medizinprodukterecht die Zugehörigkeit zu einer Medizinproduktgruppe mit erhöhter Fehleranfälligkeit (vorliegend: Bruchrate 4-5 %) als Produktfehler i.S.d. ProdHaftG eingestuft, ohne dass der Fehler bei dem konkret implantierten Produkt festzustellen sein muss (sog. abstrakte Fehlerwahrscheinlichkeit).[249] Die Zugehörigkeit zu einer Serie mit erhöhtem Ausfallrisiko begründe auch das Ausfallpotenzial des konkreten Produktes, weshalb

---

244 LG Freiburg, 2.8.2019 – 1 O 223/12, BeckRS 2019, 16655, Rn. 185.

245 BGH, Urt. v. 26.11.1968 – VI ZR 212/66, BGHZ 51, 91.

246 *Heil/Mayer-Sandrock*, in: Anhalt/Dieners MedProdR § 23 Rn. 21, m.w.N.

247 Statt aller *Wagner*, in: MüKoBGB ProdHaftG § 3 Rn. 46, m.w.N.

248 OLG Karlsruhe, Urt. v. 8.6.2020, 14 U 171/18, BeckRS 2020, 15041, Rn. 91-132. Dazu wurde auch zutreffend kritisiert, die Beschreibung „leichter Schlag" sei insbesondere ohne Angabe etwa des erforderlichen Gewichtes des Hammers zu ungenau.

249 Bspw. dazu OLG Hamm, Urt. v. 26.10.2010 – I-21 U 163/08, VersR 2011, 637-640; krit. s. *Oeben/Schiwek*, MPR 2011, 145 (147), differenzierend dazu unter Berufung auf

in diesem Fall berechtigte Sicherheitserwartungen nicht erfüllt würden.[250] Hierzu sei erwähnt, dass die aus der Zugehörigkeit zu einer solchen Gruppe folgende Beeinträchtigung, sich einmal jährlich einer ärztlichen Kontrolluntersuchung mit Durchführung einer Röntgenaufnahme zu unterziehen, und die bloße Sorge, es könnte möglicherweise ein Austausch einer implantierten Hüftprothese erforderlich werden, als nicht so erheblich eingestuft wird, als dass dies die Zuerkennung eines Schmerzensgeldes rechtfertigen würde.[251] Nach anderer Ansicht ist in diesem Fall nicht per se ein Fehler i.S.d. ProdHaftG anzunehmen, sondern es sind bestimmte Kriterien wie etwa Zweckbestimmung und Relevanz des Produkts (beispielsweise lebenserhaltende Funktion) heranzuziehen.[252]

3. *Haftungseinschränkungen im ProdHaftG*

Relevant sind hierbei die Einschränkungen in § 1 Abs. 1, Abs. 2, Abs. 3 ProdHaftG. Demnach sind Sachschäden nur bei anderen Sachen des privaten Ge- und Verbrauchs ersatzfähig und der Hersteller haftet nicht, wenn das Produkt nicht in Verkehr gebracht wurde und es sich somit um eine Eigenherstellung handelt, wenn der Fehler auf der Einhaltung seinerzeitiger zwingender Rechtsvorschriften beruht oder nach Wissenschaft und Technik im Zeitpunkt des Inverkehrbringens nicht erkennbar war oder wenn ein Teilprodukt auf Anleitung hergestellt wurde. Ferner ist das Produkthaftungsgesetz nicht als umfassend zu betrachten; es erfasst nicht alle Rechtsgüter, enthält Haftungshöchstgrenzen und keinerlei Regelungen für die Zeit nach dem Inverkehrbringen. Die Aufzählungen sowohl der Ausschlussgründe als auch der Nachteile gegenüber dem allgemeinen Deliktsrecht sind nicht abschließend.[253]

Daher ist das ProdHaftG zwar ein bedeutendes Instrument, das BGB-Deliktsrecht hat sich aber seine Vorreiterstellung bislang bewahren können. So etwa war

---

die verschiedenen Vorstellungen der Beteiligten über die Fehlerwahrscheinlichkeit *Oeben*, MPR 2014, 242 ff.

250 So auch EuGH, Urt. v. 5.3.2015, verb. Rechtss. 503/13 und 504/13, ECLI:EU:C:2015:148 – „Nasentropfen", damals zur Auslegung von Art. 6 Abs. 1 der Richtlinie 85/374.

251 Hierzu LG Freiburg, Urt. v. 24.2.2017, 6 O 359/10, NJOZ 2018, 736 (Leits. u. 751)

252 KG Berlin, Beschl. v. 14.2.2019 – 20 U 62/18, MPJ 2020, 328 ff.

253 Zu den Nachteilen des ProdHaftG im Vergleich zu § 823 Abs. 1 BGB s. *Oechsler*, in: Staudinger/Oechsler BGB ProdHaftG Einleitung Rn. 52; vertieft zur Produkthaftung und speziell bei KI-Medizinprodukten s. *Haftenberger*, Produkthaftung Kapitel 4 (S. 65-325)

für die meisten spektakulären Produkthaftungsfälle am Ende stets das allgemeine BGB-Deliktsrecht entscheidend, nicht das Deliktsrecht.[254]

4. CE-Kennzeichnung als Haftungsausschluss?

Zutreffend wurde festgestellt, dass die vorhandene CE-Kennzeichnung eines Medizinprodukts alleine noch keinen Ausschluss von Produkthaftungsansprüchen begründet. Sie besage nicht, dass eine potenzielle Gefährlichkeit des Produkts unter Zugrundelegung des im Zeitpunkt seiner Inverkehrgabe objektiv zugänglichen Gefahrenwissens nicht hätte erkannt werden können.[255]

III. § 823 Abs. 1 BGB

Auch eine Haftung aus § 823 Abs. 1 BGB ist bei Verletzung der dort genannten absolut geschützten Rechtsgüter möglich.[256] Dabei ist ein Verschulden erforderlich, um die Haftung zu begründen. Bei der behandlungsfehlerhaften Behandlung eines Patienten mit einem defekten Medizinprodukt ist demnach ein Anspruch gegen den Behandler durchaus denkbar.

In den anspruchsbegründenden Sachfragen bei der Haftung des Herstellers für sein fehlerhaftes Produkt bestehen zumeist keine Unterschiede zwischen § 1 Abs. 1 S. 1 ProdHaftG und § 823 Abs. 1 BGB.[257] Für beides wird in diesem Fall die Haftung an die Voraussetzungen Herstellereigenschaft, Fehlerhaftigkeit des Produkts, Eintritt eines relevanten Schadens und die Kausalität des Fehlers für den Schaden angeknüpft.[258]

B. Haftung aus § 823 Abs. 2 BGB und Gegenstand dieser Abhandlung

Im Folgenden soll die Haftung nach § 823 Abs. 2 BGB und damit die Frage welche Normen der MDR, der IVDR und der nationalen Gesetzgebung grundsätzlich geeignet sind, Schutzgesetze i.S.d. § 823 Abs. 2 BGB zu sein, untersucht werden. § 823 Abs. 2 BGB kommt eine „zunehmende Bedeutung für die Wechselwir-

---

254 Zum Ganzen s. *Heil/Mayer-Sandrock,* in: Anhalt/Dieners MedProdR § 23 Rn. 22, 58, m.w.N.

255 Zum Ganzen OLG Karlsruhe, Urt. v. 08.06.2020, 14 U 171/18, GesR 2020, 643.

256 Vertieft zur Haftung aus § 823 Abs. 1 BGB s. *Hoxhaj*, Medizintechnikhaftung S. 178 ff.

257 BGH, Urt. v. 16.06.2009 – VI ZR 107/08, NJW 2009, 2953; so auch *Dahm-Loraing/Koyuncu*, PHi 2010, 142, m.w.N.; *Wagner*, in: MüKoBGB ProdHaftG Einl. Rn. 19, m.w.N.; *Haftenberger*, Produkthaftung S. 37, m.w.N.

258 *Weimer*, in: Medizinprodukte in der Anwendung, S. 49 (52).

kung von produktsicherheitsrechtlicher Regulierung und Haftung“ zu.[259] Dabei ist zu beachten, dass bereits einige Normen der MDR (so Art. 5 Abs. 1 und Abs. 2 MDR)[260] und des Vorgängers MPG und der MPBetreibV als Schutzgesetze i.S.d. § 823 Abs. 2 BGB eingeordnet wurden[261], so etwa § 4 MPG,[262] ebenso § 14 S. 2 MPG, § 4 Abs. 1, Abs. 6 MPG, § 15 Abs. 1 MPBetreibV,[263] sowie §§ 9, 11 Abs. 2, 12, 20 und 21 MPG[264] da sie das Ziel verfolgten, die Gesundheit und Sicherheit der Patienten zu gewährleisten. Einschränkend gilt, dass der Schaden vom Schutzzweck der verletzten Norm erfasst sein muss. Dies führt *Deutsch* freilich zutreffend anhand des Beispiels der Implantation einer experimentellen Herzklappe aus, infolge derer der Patient körperliche Schäden erleidet, bei der allerdings das einzige Versäumnis das Einschalten der zuständigen Ethikkommission war. In diesem Fall sollte die verletzte Verhaltensnorm gerade nicht vor dieser Art von Verletzung schützen. Daher sei in diesem Fall eine Haftung aus Verletzung dieses Schutzgesetzes ausgeschlossen.[265]

Dazu soll im Folgenden zunächst abstrakt erläutert werden, welche generellen Voraussetzungen für die Anwendung des § 823 Abs. 2 BGB bestehen und ferner, ob die in Frage kommenden, die Materie regelnden Normen diese Anforderungen erfüllen. Anschließend werden Kriterien herausgearbeitet, die erfüllt werden müssen, damit eine Norm konkret im Zusammenspiel mit § 823 Abs. 2 BGB einen Anspruch verschaffen kann. Schließlich wird jede in Frage kommende Norm einzeln unter diese Kriterien subsumiert.

---

259 *Handorn/Juknat*, MPR 2022, 77 (81), m.w.N.

260 *Wagner*, in: MüKoBGB BGB § 823 Rn. 594, ebenso Rn. 1040.

261 Für „die Vorschriften des MPG“ ohne Einschränkung *Hoxhaj*, Medizintechnikhaftung S. 210.

262 *Gassner*, in: Deutsch/Lippert MPG § 4 Rn. 15; zust. *Ratzel*, in: Ratzel/Luxenburger Handbuch Medizinrecht Kap. 33f. Rn. 51.

263 *Sträter*, NZS 2020, 530 (532), m.w.N.

264 *Dahm-Loraing/Koyuncu*, PHi 2010, 142 (147f.).

265 vgl. zu dieser Konstellation *Deutsch*, PharmR 2001, 346 ff.

Teil 2: Die Voraussetzungen für die Anwendung des § 823 Abs. 2 BGB

Der folgende Teil befasst sich mit den Voraussetzungen für eine Haftung aus § 823 Abs. 2 BGB. Dazu wird zunächst beleuchtet, welche Voraussetzungen ein Gesetz erfüllen muss, um als Schutzgesetz i.S.d. § 823 Abs. 2 BGB betrachtet werden zu können, und wie dies in der Praxis bestimmt werden kann. Darauf folgend werden die weiteren Anforderungen für eine Haftung aus Schutzgesetzverletzung erläutert.

Die Konzeption und Funktion des § 823 Abs. 2 BGB war in vergangener Zeit und bleibt bis heute umstritten.[266] Die Norm stellt nach einer Ansicht die „zweite kleine deliktische Generalklausel“ des deutschen Deliktsrechts dar,[267] zum Teil wird auch vertreten, sie sei die eigentliche deliktsrechtliche Grundnorm.[268] Nach einer anderen Ansicht hingegen sei § 823 Abs. 1 BGB – nach einer weiteren Sicht sogar § 826 BGB[269] – die „Grundnorm“[270] bzw. „Zentralnorm“[271] des deutschen Deliktsrechts, die Vorrang habe und neben der sich für Abs. 2 wenig eigene Bedeutung ergebe[272]. Dazu komme dem Abs. 2 lediglich eine Ergänzungsfunktion zu, die teils so ausgelegt wird, dass sie nur Schutzlücken am Rande zu füllen habe. Dieses Zurückdrängen des Abs. 2 wird zurecht als der legislativen Konzeption zuwiderlaufend kritisiert.[273] Es erscheint daher passender, neben einer „bloßen“ Ergänzungsfunktion eine Erweiterungs- und Öffnungs-[274] bzw. Transformations-[275] oder Entwicklungsfunktion[276] anzunehmen.[277] Richtigerweise ist § 823 Abs. 2 BGB daher zwar nicht die „verkappte Generalklausel“, allerdings

---

266 *Spickhoff*, Gesetzesverstoß, S. 49; *Spickhoff*, in Soergel SchuR 10 § 823 Rn. 180.

267 *Medicus/Lorenz*, SchR II § 78 Rn. 1, so auch *Ahrens/Spickhoff* DelR § 12 Rn. 1; *Lorenz*, JuS 2020, 12.

268 So etwa *Rödig*, § 823 Abs. 1 und Schutzgesetzverstoß, S. 56 ff.

269 *Deutsch*, JZ 1963, 385 (389)

270 *Becker*, Unerlaubte Handlungen, S. 187.

271 *Larenz/Canaris* SchuR II § 76 I 2 a.

272 i.E. dies aber ablehnend *Spickhoff*, Gesetzesverstoß, *S.* 50f.

273 zum Ganzen *Ahrens/Spickhoff* DelR § 12 Rn. 2.

274 *Canaris*, in: FS Larenz S. 27 (49).

275 *Deutsch*, in: FS Schreiber S. 43 (45)

276 *Deutsch*, JZ 1963, 385 (388f.).

277 *Ahrens/Spickhoff* DelR § 12 Rn. 2; *Spickhoff*, in: Soergel SchuR 10 § 823 Rn. 181.

gibt es dennoch kein Rangverhältnis zwischen § 823 Abs. 1 und 2, da die Absätze sich ergänzen.

Grundsätzlich wird bei § 823 Abs. 2 BGB ein Gesetzesverstoß, also „die Verletzung außerdeliktischer Normen“[278] gefordert. Dabei handelt es sich regelmäßig um einen bestimmten „Verhaltensbefehl“[279] an den Schädiger, dessen Zuwiderhandlung eine sogenannte „konkrete Angriffsart“[280] gegen ein von der Norm geschütztes Rechtsgut oder Interesse darstellt. Die Voraussetzungen sind daher grundsätzlich enger zu verstehen als die von § 823 Abs. 1 BGB.[281] Denn während § 823 Abs. 1 BGB jedwede rechtswidrige und schuldhafte Verletzung der „absolut geschützten“ Rechtsgüter schadensersatzpflichtig macht, bezieht sich § 823 Abs. 2 BGB ausschließlich auf Verstöße gegen solche Normen, die darauf abzielen, Verletzungen von konkreten Interessen eines Individuums zu sanktionieren.[282] Der Schutz von Interessen im Vergleich zu den in § 823 Abs. 1 BGB genannten Rechtsgütern umfasst grundsätzlich mehr[283], zudem können allgemein Verhaltensweisen sanktioniert werden, wobei der Verstoß gegen das Schutzgesetz selbst bereits zum Schadensersatz verpflichtet, es muss nicht gegen das gesicherte Interesse selbst gehandelt werden.[284]

Gerade zur Ausfüllung von bestehenden Lücken im Hinblick auf neue Entwicklungen in der Gesetzgebung kommt § 823 Abs. 2 BGB die bereits beschriebene Entwicklungsfunktion zu.[285] Dies ist im Medizinprodukterecht auch vor dem Hintergrund wichtig, dass das ProdHaftG eine Haftung beispielsweise für unterbliebene oder nicht adäquate Reaktionen bei einem noch nicht bestätigten Fehlerverdacht eines Medizinprodukts nicht vorsieht.[286] Das bürgerliche Haftungsrecht nimmt durch diese Norm an gesetzgeberisch vorgegebenen Entwicklungen teil[287], so auch an Entwicklungen im Bereich des Medizinprodukterechts.

---

278 *Spickhoff*, Gesetzesverstoß, *S.* 59.

279 *Ahrens/Spickhoff* DelR § 12 Rn. 14, m.w.N.

280 *Teichmann*, in: Jauernig BGB § 823 Rn. 40.

281 *Teichmann*, in: Jauernig BGB § 823 Rn. 40.

282 *Teichmann*, in: Jauernig BGB § 823 Rn. 1.

283 Eine Diskussion der Ausweitung des Schutzes von § 823 Abs. 2 BGB auf reine Vermögensschäden unterbleibt aus Platzgründen. Im Medizinprodukterecht sind regelmäßig andere Schutzgüter zumindest mit betroffen.

284 *Teichmann*, in: Jauernig BGB § 823 Rn. 41.

285 *Deutsch*, JZ 1963, 385 (388f.).

286 *Dahm-Loraing/Koyuncu*, PHi 2010, 142 (145).

287 *Spickhoff*, Gesetzesverstoß, S. 72f.

§ 1 Schutzgesetzeigenschaft eines Gesetzes

Im Folgenden sollen Kriterien herausgearbeitet werden, wann ein Gesetz ein Schutzgesetz i.S.d § 823 Abs. 2 BGB darstellen kann. Diese werden sodann den Maßstab für diese Abhandlung darstellen und die in Frage kommenden Normen des Medizinprodukterechts werden anhand dieser Kriterien subsumiert werden. Gefordert wird dabei grundsätzlich, dass es sich um eine Rechtsnorm handelt, deren Zielrichtung und Inhalt es zumindest auch ist, einzelne Personen oder Personenkreise gegen die Verletzung eines bestimmten Rechtsguts zu schützen.[288] Sie muss subjektiv den konkret Verletzten schützen und der ausfüllend kausale Schaden muss objektiv im sachlichen Schutzbereich dieser Norm liegen.[289]

A. Zum Gesetzesbegriff im Sinne eines Schutzgesetzes

Zunächst ist zu fragen, welche Form der Rechtsnorm vorliegen muss, also welche Anforderungen an den Begriff „Gesetz" in „Schutzgesetz" gestellt werden. Weiter soll dann erläutert werden, welche der medizinprodukterechtlichen Normen diese erste Hürde überwinden.

1. Anforderungen

Als Gesetz im Sinne eines Schutzgesetzes ist jedes Gesetz i.S.d. Art. 2 EGBGB anzusehen.[290] Dabei ist von einem sehr weiten Gesetzesbegriff auszugehen, der neben Gesetzen im formellen Sinne u.a. auch Verordnungen, Ortssatzungen und Gewohnheitsrecht umfasst;[291] auch Verwaltungsnormen, die Eingriffsnorm bzw. Ermächtigungsgrundlage zum Erlass von Verwaltungsakten sind, können Schutzgesetz i.S.d. § 823 Abs. 2 BGB sein.[292] Ebenso können Grundgesetz-Normen sowie die AEUV[293] als Schutzgesetze qualifiziert werden.[294] Die jeweilige Norm muss im Inland unmittelbar gegenüber dem Bürger gelten.[295]

---

288 BGH, Urt. v. 14.5.2013 – VI ZR 255/11, NJW 2014, 64.
289 *Ahrens/Spickhoff* DelR § 12 Rn. 12.
290 statt aller *Ahrens/Spickhoff* DelR § 12 Rn. 9.
291 statt aller *A. Staudinger*, in: HK-BGB BGB § 823 Rn. 143.
292 Vgl. BGH, Urt. v. 26.2.1993 – V ZR 74/92, NJW 1993, 1580; BGH, Urt. v. 14.10.1994 – V ZR 76/93, NJW 1995, 132f. (134).
293 Vgl. zur Vorgängerregelung EGV: BGH, Urt. v. 12.5.1998, NJW-RR 1999, 189 (190).
294 statt aller *A. Staudinger*, in: HK-BGB BGB § 823 Rn. 143.
295 statt aller *Sprau*, in: Grüneberg BGB § 823 Rn. 57.

2. *Erfüllung durch EU-Verordnungen*

Bei der Beurteilung von EU-Recht ist zwischen Verordnungen und Richtlinien zu unterscheiden. Für Richtlinien ist die Fähigkeit zur Qualifikation als Schutzgesetz bislang verneint worden, da Richtlinien nur im Verhältnis zwischen der Union und den Mitgliedern unmittelbare Wirkung ausstrahlen.[296] Es können dann die nationalen Rechtsvorschriften potentielle Schutzgesetze i.S.d. § 823 Abs. 2 BGB sein, die diese Richtlinien umsetzen.[297]

Die Verordnungen MDR und IVDR hingegen sind unmittelbar anwendbares EU-Recht.[298] Dies wird als Gesetz i.S.d. Art. 2 EGBGB angesehen.[299] Unmittelbar anwendbares EU-Recht kommt als potentielles Schutzgesetz in Frage;[300] so werden auch Normen der MDR durch *Wagner* als Schutzgesetze eingeordnet.[301] Da die IVDR-Verordnung denselben Normcharakter hat, muss dies auch für sie gelten.

Die Normen der medizinprodukterechtlichen EU-Verordnungen MDR und IVDR können als Gesetz im Sinne eines Schutzgesetzes gelten.

3. *Erfüllung durch MPDG sowie darauf fußende Normen*

Das MPDG ist formelles Bundesgesetz und seine Normen können dementsprechend grundsätzlich als Schutzgesetze i.S.d. § 823 Abs. 2 BGB fungieren. Da auch Verordnungen umfasst sind, fallen auch MPBetreibV, MPAV, MPAMIV unter den Schutz-„Gesetz"-esbegriff des § 823 Abs. 2 BGB und es kommen somit auch Normen dieser Verordnungen als Schutzgesetze i.S.d. § 823 Abs. 2 BGB in Frage.

Die MPGVwV (Allgemeine Verwaltungsvorschrift zur Durchführung des Medizinproduktegesetzes) hingegen ist eine allgemeine Verwaltungsvorschrift an die für die Durchführung des Medizinprodukterechts zuständigen Behörden und Stellen.[302] Verwaltungsvorschriften sind keine Rechtsnormen i.S.d. Art. 2 EGBGB.[303] Sie dienen bloß dem behördeninternen Ablauf und haben grundsätzlich keine Außenwirkung, sie berechtigen oder verpflichten keine am

---

296 So etwa zum Ganzen *Röthel*, JURA 2001, 1297 (1298).

297 *Ahrens/Spickhoff* DelR § 12 Rn. 9.

298 Statt aller *Hill*, MPR 2020, 122 (129).

299 *Teichmann*, in: Jauernig BGB § 823 Rn. 43.

300 vgl. BGH, Urt. v. 10.2.2011 – I ZR 136/09, in: EuZW 2011, 440 (441 Rn. 17), m.w.N., ferner vgl. BGH, Urt. v. 12.05.1998 – KZR 23/96, in: GRUR 1999, 276 (227), m.w.N.

301 Für die grundlegenden Sicherheitsanforderungen an Medizinprodukte in Art. 5 Abs. 1 und 2 MDR i.V.m Anhang I Nr. 1 V MDR s. *Wagner*, in: MüKoBGB BGB § 823 Rn. 594, ebenso Rn. 1040.

302 *Lücker/Wunderlich*, in: Lücker/Baumann MedProdR, Kap. B 1/5.

303 BGH, Urt. v. 10.2.2015 – VI ZR 8/14, NJW 2015, 2248 (2255 Rn. 66).

Rechtsverkehr mit den jeweiligen Medizinprodukten beteiligten natürlichen oder juristischen Personen. Aus diesem Grund können sie keine Schutzgesetze i.S.d. § 823 Abs. 2 BGB sein.[304] Sie können allerdings herangezogen werden, um etwa die im Verkehr übliche Sorgfalt zu ermitteln.

4. *Erfüllung durch ISO- und IEC-Normen*

Bei der ISO handelt es sich um einen Verein nach Schweizer Recht, vgl. Art. 18.2 der ISO-Statutes. Zwar kommen auch ausländische Normen grundsätzlich als Schutzgesetze i.S.d. § 823 Abs. 2 BGB in Frage.[305] Jedoch sind ISO-Normen private Rechtsregeln. Sie haben keine Gesetzesqualität[306] i.S.d. Art. 2 EGBGB, da dafür eine Form staatlich gesetzten, allgemeingütigen Rechts erforderlich ist.[307] Die IEC ist laut Handelsregisterauszug des Kantons Genf ein Verein nach Schweizer Recht; bei ihr handelt es sich um eine gemeinnützige nichtstaatliche Organisation.[308] Bei ihren Vorgaben fehlt es somit ebenso die Gesetzesqualität. Die Normen beider Institutionen sind daher nicht als Gesetze im Sinne eines „Schutzgesetzes" zu bezeichnen und werden daher vorliegend nicht weiter untersucht. Sie können allerdings grundsätzlich zur Ermittlung des Fahrlässigkeitsmaßstabs zum Prüfpunkt des jeweiligen persönlichen Vertretenmüssens bzw. zum Verschulden herangezogen werden, ist aber nicht alleine maßgeblich für den Umfang etwaiger Verkehrssicherungspflichten.[309]

B. Enthalten eines Ge- oder Verbots

Ein potentielles Schutzgesetz muss ein Ge- oder Verbot enthalten[310], also das Einhalten von gewissen erwünschten Verhaltensweisen verbindlich machen oder

---

304 *Wagner,* in MüKoBGB BGB § 823 Rn. 553.

305 Siehe dazu *Spickhoff,* Gesetzesverstoß, S. 106 ff m.w.N.

306 Vgl. zum innerdeutschen Pendant der ISO-Normen, der DIN: BGH, Urt. v. 14.5.1998 – VII ZR 184–97, NJW 1998, 2814, ebenso für DIN-Normen abl. *Sprau,* in: Grüneberg BGB § 823 Rn. 66.

307 *Förster,* in BeckOK BGB § 823 Rn. 275.

308 *Registre du commerce du Canton de Genève:* International Electrotechnical Commission, (Commission Electrotechnique Internationale), abrufbar unter: *https://ge.ch/hrcintapp/externalCompanyReport.action?companyOfsUid=CHE-115.221.941.*

309 So können etwa die in DIN 15905 Teil 5 festgelegte Grenzwerte für die Lautstärke in Theatern und Mehrzweckhallen für einen erlittenen Hörsturz durch vermeintlich zu laute Musik bei einem Konzert herangezogen werden, s. BGH, Urt. v. 13.3.2001 – VI ZR 142/00, NJW 2001, 2019.

310 Statt aller *Sprau,* in: Grüneberg BGB § 823 Rn. 58.

das Ausführen von gewissen ungewollten Verhaltensweisen untersagen[311], wobei bei einem Verbot eine größere Anzahl an Verhaltensweisen offen gelassen wird, da nur vorgeschrieben wird, welche Verhaltensweise nicht gestattet wird.[312] Die Voraussetzung ergibt sich bereits aus dem Wortlaut der Norm.[313]

I. Verhaltensmaßstab

Das Schutzgesetz muss einen Verhaltensmaßstab setzen, da für den Anspruch aus § 823 Abs. 2 BGB ein bestimmtes Verhalten des Schädigers (konkrete Angriffsart) als Voraussetzung gefordert wird, das er zeigt, obwohl er nicht sollte (Verbot), oder eben nicht zeigt, obwohl er sollte (Gebot). Ein Verstoß gegen dieses Gebot muss bereits eine „konkrete Angriffsart" darstellen, also in einer kausalen Weise in einer Beeinträchtigung des betroffenen Rechtsguts des Geschädigten resultieren.[314] Dabei muss die Norm auch den potenziellen Anspruchsgegner als Adressaten des Handlungsge- oder -verbots einschließen, da dieser ansonsten nicht gegen diese Norm verstoßen kann.[315]

Dabei können Gebote im Umkehrschluss ebenso als eine Form von Verbotsnormen angesehen werden, da ihnen eine Verbotswirkung für das Unterlassen der durch sie gebotenen Handlung innewohnt. Insofern ist das Wort „Gebot" ein Überbegriff für beides.[316] *Schmiedel* führt dazu zutreffend aus, es ergebe sich aus einem Gebot eines bestimmten Verhaltens ein Verbot für „jedes Alternativverhalten, das dem Normadressaten neben dem gebotenen Verhalten an sich möglich wäre".[317]

II. Einschränkung je nach Schutzgut

Zudem kann laut der Rechtsprechung des Bundesgerichtshofs bei Normen, deren Verhaltensgebote einen bestimmten Bereich wie etwa den Straßenverkehr sicherer machen sollen, die Schutzgesetzeigenschaft anhand der Schutzrichtung aufgesplittet werden. So ist beispielsweise § 64 EBO als Schutzgesetz nur hinsichtlich Gesundheit und Eigentum, nicht aber hinsichtlich allgemeiner Vermögensin-

---

311 *Deutsch*, Haftungsrecht I S. 47.

312 *Deutsch*, Haftungsrecht I, S. 47.

313 *Spickhoff*, Gesetzesverstoß, *S.* 110.

314 zum Ganzen *Teichmann*, in: Jauernig BGB § 823 Rn. 40; vgl. ebenso *Schmiedel*, Deliktsobligationen, S. 32 ff mit dem Erfordernis eines „kausale(n) Gesetzesverstoß(es)".

315 Zum Ganzen *Schmiedel*, Deliktsobligationen, S. 34.

316 *Bistritzki*, Qualifikation als Schutzgesetz S. 16.

317 *Schmiedel*, Deliktsobligationen, S. 34.

teressen eingestuft worden[318]; der Schutz der Straßenverkehrsordnungsnormen wurde nur auf Verletzungen an Leib, Leben und Eigentum beschränkt, nicht erfasst seien Vermögensschäden.[319] Bei solchen Normen, „die absolute Rechte nur vor bestimmten Verletzungen schützen sollen, (…) lösen nur solche Schäden die Haftung aus, in denen sich die spezifischen Risiken realisiert haben, die durch die jeweilige Verkehrsregel vermieden werden sollten.“[320]

C. Erfordernis einer Straf- oder Bußgeldbewehrung

Weiter ist zu klären, ob für eine Geltung als Schutznorm auch erforderlich ist, dass eine Straf- oder Bußgeldvorschrift oder eine anders geartete Sanktion für das Zuwiderhandeln enthalten ist.

I. Strafbewehrung

Die Strafbewehrung halten manche für erforderlich, damit der Schutz des § 823 Abs. 2 BGB nicht ausufere und weiterhin eine Vergleichbarkeit mit § 823 Abs. 1 BGB hinsichtlich des Unrechtsgehalts bestünde,[321] andere aber lehnen dies als zu einengend ab.[322]

1. Für das Erfordernis einer Strafandrohung

Dafür wird angeführt, nur bei Strafgesetzen könne man „a priori erwarten, dass der potentielle Schädiger sie kennt und respektiert“[323]. Es ergebe sich auch ein gewisser Wertungswiderspruch, da bei Strafnormen, die grundsätzlich einen höheren Unrechtsgehalt aufweisen, nur Vorsatz zu einem Schadensersatzanspruch i.V.m. § 823 Abs. 2 BGB führen würde, beim Verstoß gegen andere Normen aber bereits Fahrlässigkeit. All dies sei demnach nur bei den absolut geschützten Rechten und Rechtsgütern des § 823 Abs. 1 BGB hinzunehmen. Mithin sei also grundsätzlich erforderlich, dass eine Strafbewehrung besteht, der Verzicht sei somit nur bei Rechten und Rechtsgütern des § 823 Abs. 1 BGB möglich. Bei allen anderen Schutzrichtungen sei jedenfalls „grundsätzlich vom Leitbild des Strafgesetzes auszugehen“ und „die Anerkennung der Schutzgesetzeigenschaft im Zweifel vom

318 so BGH, Urt. v. 11.1. 2005 – VI ZR 34/04, NJW-RR 2005, 673 ff.

319 statt aller s. BGH, Urt. v. 14.6.2005 – VI ZR 185/04, NJW 2005, 2923 ff.

320 BGH, Urt. v. 26.2.2013 – VI ZR 116/12, NJW 2013, 1679f.; *Wagner*, in MüKoBGB BGB § 823 Rn. 590.

321 So etwa und statt aller *Larenz/Canaris*, Schuldrecht BT, § 77 II 4c.

322 *A. Staudinger*, in: HK-BGB BGB § 823 Rn. 145, m.w.N., ebenso *Wagner*, in: MüKoBGB BGB § 823 Rn. 535.

323 So statt aller *Canaris*, in: FS Larenz, S. 27, (50), dort auch zum folgenden Text.

Vorhandensein einer Strafbewehrung abhängig zu machen", da nur Strafgesetze in ihrem Unrechtsgehalt mit § 826 BGB vergleichbar seien.

2. *Gegen das Erfordernis der Strafandrohung*

Die Gegenansicht lehnt das Erfordernis einer Strafandrohung auch bei anders gearteten Schutzgütern, die nicht zu den von § 823 Abs. 1 BGB geschützten absoluten Rechtsgütern zählen, ab, da die zumindest tendenzielle Forderung, die Haftung auf vorsätzliche Taten einzuschränken, weder den Intentionen des historischen Gesetzgebers noch der objektiven Teleologie entspräche.[324] Es sei von § 823 Abs. 2 BGB als selbstverständlich vorausgesetzt, dass auch solche Normen in Betracht kämen, die kein Verschulden fordern. Dies sei bei Strafgesetzen nicht denkbar.[325] Der gesetzgeberische Wille zeige sich auch darin, dass im Gesetzgebungsverfahren ein Antrag, „Strafgesetz" statt „Schutzgesetz" zu normieren, verworfen wurde.[326] Zudem sei es „rechtspolitisch unbefriedigend" sowie „deliktsrechtlich wenig einleuchtend", die haftungsrechtlichen Konsequenzen eines Gesetzesverstoßes davon abhängig zu machen, ob der Gesetzgeber diesen Verstoß auch als strafwürdig einordnet.[327]

Zutreffend merkt zu dieser Debatte *Knöpfle* an, dass ein Gesetz, das eine bestimmte Handlung mit Strafe oder Bußgeld bedroht, nicht automatisch eine andere Person als den potenziell dagegen Verstoßenden schützt. Beispielsweise diene ein Badeverbot wegen einer starken Strömung oder starker Wellen ausschließlich dem Schutz des Badenden selbst.[328] Dieses Beispiel zeigt, dass die Strafbewehrung kein geeignetes Indiz für den Schutz eines anderen ist, wie es für eine Schutzgesetzeigenschaft erforderlich wäre. Auch die Rechtsprechung nimmt bereits seit beinahe 100 Jahren an, dass auch nicht strafbewehrte Normen als Schutzgesetze in Frage kommen,[329] auch wenn das Kriterium der Strafbewehrung im Falle des Vermögensschutzes vereinzelt Einzug in die Rechtsprechung gefunden hat.[330]

---

324 *Spickhoff*, *Gesetzesverstoß*, S. 133.
325 i.E. ablehnend *Canaris*, in: FS Larenz, S. 27 (49), m.w.N.
326 *Mugdan* II S. 1072f.
327 *Schmidt*, in: FS Zeuner, S. 259 (265).
328 *Knöpfle*, NJW 1967, 697 (698).
329 Vgl. etwa RG, Urt. v. 20.3.1930 – VI 373/29, RGZ 128, 298 ff, ebenso RG, Urt. v. 1.10.1932 – IX 165/32, RGZ 138, 156 ff.
330 Vgl. etwa zu Ortssatzungen OLG Düsseldorf, Urt. v. 6.7.1979 – 4 U 18/79, NJW 1979, 2618.

Zudem wurde die Schutzgesetzeigenschaft auch bei Gesetzen mit Strafandrohung verneint, welche lediglich Vermögensinteressen schützen.[331]

3. Zwischenergebnis

Festzuhalten ist, dass eine Strafandrohung keine Voraussetzung für die Bejahung der Schutzgesetzeigenschaft ist. Ebenso zieht eine vorhandene Strafandrohung nicht automatisch die Schutzgesetzeigenschaft nach sich. Ihr kann lediglich eine Indizwirkung zukommen.

Im Medizinprodukterecht stehen grundsätzlich vor allem die Rechtsgüter Leben, Gesundheit und körperliche Unversehrtheit auf dem Spiel. Daher überschneidet sich die Schutzrichtung mit den absolut geschützten Rechten und Rechtsgütern, die in § 823 Abs. 1 BGB normiert sind. Aus diesem Grund würde selbst die Entscheidung des Meinungsstreits – zugunsten der letztgenannten Ansicht – zu keinem abweichenden Ergebnis führen, zumal auch erstgenannte Ansicht die Schutzgesetzbefähigung ohne Strafandrohung bejaht, wenn die absolut geschützten Güter des § 823 Abs. 1 BGB betroffen sind.

II. Erfordernis einer Bußgeld- oder anderen Sanktionsbewehrung?

Besonders bei Normen, die nicht einmal bußgeldbewehrt sind oder andere Sanktionen, etwa berufsständische, für den Schädiger bereithalten, wird aus den oben bereits für Strafnormen ausgeführten Gründen zur „größtmöglichen Zurückhaltung“ angewiesen.[332] Allerdings sei es auch nach dieser, restriktiven Ansicht nicht möglich, Normen ohne Bußgeldbewehrung vollständig auszuschließen.[333] Erforderlich sei dafür allerdings einschränkend erneut, dass die absoluten Rechtsgüter betroffen sein sollen.[334]

Dennoch gelten die zur Strafandrohung bereits erläuterten Gegenargumente genauso gegen das Erfordernis einer anderweitigen Sanktionsbewehrung. Daher wird auch dieses Erfordernis grundsätzlich abgelehnt. Schließlich sehen aber beide Meinungslager diejenigen Gesetze, die vor Verletzungen von absoluten

331 Vgl. etwa zu § 317 StGB: BGH, Urt. v. 25.1.1977 – VI ZR 29/75, NJW 1977, 1147f.

332 So *Canaris*, in: FS Larenz, S. 27 (64) im Hinblick auf Bußgeldandrohung.

333 So *Canaris*, in: FS Larenz, S. 27 (64), ebenso *Förster*, in BeckOK BGB § 823 Rn. 268 mit der Argumentation, Sanktionen gegen den Schädiger, die „zumindest auch indirekt dem Geschädigten zugutekommen mögen“, würden das Interesse des Geschädigten an einer Entschädigung mindern; a.A., jedoch ebenfalls nicht die Schutzgesetzeigenschaft für Normen ohne jegliche Sanktionswirkung gänzlich ausschließend *Wagner*, in MüKoBGB BGB § 823 Rn. 538.

334 So *Canaris*, in: FS Larenz 1983, S. 27 (64).

Rechtsgütern schützen sollen, auch ohne Sanktionsbewehrung als geeignet an, Schutzgesetz i.S.d. § 823 Abs. 2 BGB zu sein. Genau dieser Schutz soll aber im Medizinprodukterecht erwirkt werden.

III. Zwischenergebnis

Normen ohne Straf- oder Bußgeldandrohung können als Schutzgesetze in Betracht kommen, wenn sie dem Schutz der absolut geschützten Rechtsgüter des § 823 Abs. 1 BGB dienen. Die Schutzgesetzeigenschaft kann aber auch bei anderen Schutzrichtungen nicht vollständig und vor allem nicht alleine mit der Begründung, es gäbe keine Sanktionsandrohung, ausgeschlossen werden.

D. Individualschutz

Das nächste Kriterium zur Bestimmung der Schutzgesetzeigenschaft i.S.d. § 823 Abs. 1 BGB ist die Frage danach, ob die Norm ihrem Zweck nach nicht nur dem Schutz der Allgemeinheit, sondern dem eines abgrenzbaren Kreises individualisierbarer Dritter dient.[335] Es muss zumindest auch Zielrichtung und Inhalt der Norm sein, einzelne Personen oder Personenkreise gegen die Verletzung eines bestimmten Rechtsguts zu schützen.[336] Dabei muss nur die verletzte Vorschrift selbst zumindest auch Interessen des Einzelnen schützen, nicht das gesamte Gesetz per se oder der Rechtsakt.[337] Erforderlich dafür ist, dass es „zumindest auch dem Schutz eines anderen" dient und auch vom Gesetzgeber zu dienen gewollt ist.[338] Dieser Schutz wird gerade durch die Gewährung eines zivilrechtlichen Schadensersatzanspruches verwirklicht, da der konkrete Schadenseintritt auch gerade dem Schutzbereich der Vorschrift entspricht.[339]

I. Kriterien für die Beurteilung des Individualschutzes

Der Individualschutz muss vom Gesetzgeber beabsichtigt sein und darf nicht nur objektiv erreicht werden; es muss sich dabei aber nicht um den Hauptzweck des Gesetzes handeln.[340] Es reicht aus, dass neben dem primär verfolgten Zweck eben auch Rechte und Rechtsgüter sowie Interessen eines anderen geschützt werden sollen.[341]

---

335 statt aller *Sprau*, in: Grüneberg BGB § 823 Rn. 58.
336 BGH, Urt. v. 14.5.2013 – VI ZR 255/11, NJW 2014, 64.
337 *Röthel*,JURA 2001, 1297 (1298).
338 *A. Staudinger*, in: HK-BGB BGB § 823 Rn. 146.
339 statt aller *Medicus/Lorenz*, SchR II § 78 Rn. 10 ff.
340 Statt aller *Knöpfle*, NJW 1067, 697 (697).
341 Statt aller *Knöpfle*, NJW 1067, 697 (697).

1. Konkretisierbarkeit des persönlichen Schutzbereichs

Die Norm muss ein Ge- oder Verbot enthalten, in welchem der Kreis der vom Schutz erfassten Personen (persönlicher Schutzbereich), das geschützte Interesse (sachlicher Schutzbereich) und die Art der Verletzung, zu deren Schutz es existiert (funktionaler Schutzbereich) hinreichend bestimmt wird.[342] Sie muss subjektiv den konkret Verletzten schützen und der ausfüllend kausale Schaden muss objektiv im sachlichen Schutzbereich dieser Norm liegen.[343] Zum persönlichen Schutzbereich stellt zunächst auch die Frage, wie konkretisierbar die „individuell geschützte Person" zu welchem Zeitpunkt im Ablauf der Schädigung sein muss und wie unmittelbar die Person berührt sein muss. Das Reichsgericht hatte zur Unmittelbarkeit zunächst entschieden, dass nur Personen, die unmittelbar betroffen sind, vom Schutzbereich eines Gesetzes erfasst seien.[344] Dies wurde aber später verworfen. Auch mittelbare Schäden können ersetzt geltend gemacht werden.[345]

Auch gibt es keine besonderen Anforderungen an die Konkretisierung der betroffenen Personengruppen bereits im Vorhinein oder bei Konzeption der Norm. So reicht als „ein anderer" beispielsweise nach Rechtsprechung des Bundesgerichtshofs zum Fahren ohne Fahrerlaubnis bzw. Gestatten einer Fahrt ohne Fahrerlaubnis durch den Halter „Jeder, der durch ein Kraftfahrzeug gefährdet werden kann"[346], aus.[347] Insofern geht es weniger darum, dass beispielsweise schon vor Schädigung ein individueller Personenkreis ermittelt werden kann, der – und gegebenenfalls sogar der allein – von einer Schutzgesetzverletzung betroffen sein könnte, sondern darum, dass diejenige individualisierbare Person, die konkret betroffen ist, durch das Handlungsgebot der Norm hätte geschützt werden sollen. Dass beispielsweise bei auf dem Markt angebotenen Medizinprodukten zunächst jede Person mit ihnen in Berührung kommen könnte, somit also die „Allgemein-

342 *Sprau,* in: Grüneberg BGB § 823 Rn. 58.

343 *Ahrens/Spickhoff* DelR § 12 Rn. 12.

344 RG, Urt. v. 17.1.1940 – II 82/39, RGZ 163, 22, (33f.) über die Verkehrssicherheit von KFZ; es wurden nur Personen, die von dem in der Verordnung „unmittelbar" geregelten Verkehr berührt sind, als geschützt angesehen.

345 BGH, Urt. v. 23.11.1955 – VI ZR 193/54, in: BGHZ19, 114.

346 Vgl. zu § 24 StVG a.F., inhaltsgleich zum heutigen § 21 StVG, BGH, Urt. v. 26.1.1955 – VI ZR 254/53, BeckRS 1955, 31196994.

347 Vgl. ebenso BGH, Urt. v. 16.10.1990 – VI ZR 65/90, NJW 1991, 418 (419), zwar den persönlichen Schutzbereich des Fahrers bei § 21 I Nr. 2 StVG verneinend, grundsätzlich aber Individualschutz bejahend; BGH, Urt. v. 24.4.1979 – VI ZR 73/78, NJW 1979, 2309.

heit", ist nicht relevant dafür, dass dennoch für eine Person nach Schadenseintritt Individualschutz bezweckt sein kann.

2. *Das Allgemeininteresse als Summe der Individualinteressen?*

Knöpfle führt zu der Debatte an, das Allgemeininteresse sei in den meisten Fällen nichts anderes als die Summe der individuellen Interessen. Gerade in Einzelfällen, etwa bei einem Gesetz zur Reinhaltung der Luft, würde vielfach nicht einmal der Normerlasser selbst wissen, ob er Einzelne oder die Gesamtheit schützen wollte; er wollte schlichtweg die Reinhaltung der Luft bezwecken,[348] welche sowohl der Allgemeinheit als auch den individuellen Personen, die dieser Luft ausgesetzt sind, dienlich ist.[349] Es könne – so *Knöpfle* – grundsätzlich auch davon ausgegangen werden, dass ein tatsächlich vermittelter Schutz vom Gesetzgeber gewollt ist, wenn keine gegenteiligen Anhaltspunkte in der Entstehungsgeschichte, dem Inhalt oder der systematischen Stellung gefunden werden können. Denn aus Sicht eines „personifizierten verständigen Gesetzgebers" bestünden keine Anhaltspunkte, dass eine durch das Gesetz ausgelöste günstige Folge nicht auch zumindest nebenbei beabsichtigt sein sollte.[350] So wurde auch bereits im Rahmen der Schaffung der Norm gesehen, dass „Verfehlungen gegen Gesetze, die zunächst den Schutz der Allgemeinheit bezwecken, (...) zugleich ein Delikt gegen den Einzelnen enthalten" können.[351] Diese Ausführungen mögen zwar im Ergebnis zutreffen, dennoch kann selbstverständlich nicht uneingeschränkt gelten, dass ein allgemeinschützendes Gesetz immer auch die Individualinteressen schützt und dies immer vom Gesetzgeber zumindest auch gewollt wurde. Dies ließe beinahe jedes Gesetz als Schutzgesetz zu und im Ergebnis würde dies zu einem ausufernden Schutz aus § 823 Abs. 2 BGB führen.

3. *Kein Rechtsreflex*

Einschränkend wird angeführt, der Schutz der Individualinteressen dürfe lediglich kein bloßer Reflex sein.[352] Allerdings wird ein solcher Reflex von der Rechtspre-

---

348 *Knöpfle*, NJW 1067, 697 (699).

349 dies ebenso bejahend und statt aller *Sprau*, in: Grüneberg BGB § 823 Rn. 58.

350 Zum Ganzen *Knöpfle*, NJW 1067, 697 (698).

351 *Mugdan* II, S. 1078.

352 statt aller: st. Rsp. des BGH seit BGH, Urt. v. 27.1.1954 – VI ZR 309/52, NJW 1954, 675; etwa auch BGH, Urt. v. 3.2.1987 – VI ZR 32/86, NJW 1987, 1818; sowie in jüngerer Zeit BGH, Urt. v. 14.5.2013 – VI ZR 255/11, NJW 2014, 64.

chung tendenziell selten bejaht[353] und der Individualschutz nur selten verneint.[354] Es handelt sich also um eine Hürde, die leicht gerissen wird. Die Abgrenzung allein nach dem Kriterium des Individualschutzes wird aus diesem Grund als nicht ausreichend angesehen, da es für sich stehend nicht sehr aussagekräftig ist.[355]

II. Auslegung bei der Beurteilung von Individualschutz

Individualschutz wird durch Auslegung nach den üblichen Auslegungsregeln („Canones") nach *von Savigny* ermittelt. Dieser definiert die vier Elemente der Auslegung als das grammatische Element (Auslegung des Wortlauts bzw. Wortsinns[356]), das systematische bzw. logische (Auslegung aus dem Zusammenhang oder einer inneren Gliederung, auch „Bedeutungszusammenhang des Gesetzes"[357]), das historische (aus der Entstehungsgeschichte) und das systematische (heute: „teleologische").[358] Diese Auslegungsformen ergänzen sich stets. Die Wortlautauslegung führt aufgrund einer Vielzahl an Bedeutungen und Bedeutungsvarianten, die sich aus der Flexibilität, dem Nuancenreichtum und der Anpassungsfähigkeit der Sprache ergibt, selten zu einem eindeutigen Ergebnis.[359] Auch der Bedeutungszusammenhang kann nicht ohne Beachtung der anderen Auslegungsarten, beispielsweise ohne den Wortlaut, beurteilt werden.[360]

Vorliegend allerdings soll durch Auslegung gerade ermittelt werden, welchem Zweck die Vorschrift dient. Daher kann die teleologische Auslegung nicht zur Anwendung kommen, weil es gerade um die Ermittlung des Zwecks der Vorschrift geht.[361] Daher muss der Regelungszusammenhang wörtlich, historisch und systematisch umfassend gewürdigt und dabei entschieden werden, „ob es in der Tendenz des Gesetzgebers liegen konnte, an die Verletzung des geschützten Interesses die deliktische Einstandspflicht des dagegen Verstoßenden mit allen damit

353 Zum Rechtsreflex des Schutzes für Anleger am Kapitalmarkt durch das Verbot der Kurs- und Marktmanipulation (str.) in § 20a WpHG a.F. vgl. BGH, Urt. v. 13.12.2011 – XI ZR 51/10, NJW 2012, 1800 (1802 Rn. 20 ff).

354 *Canaris*, in: FS Larenz 1983, S. 27 (46).

355 zum Ganzen *Maier-Reimer*, NJW 2007, 3157, m.w.N.; ebenso *Canaris*, in: FS Larenz, S. 27 (46).

356 *Larenz/Canaris* Methodenlehre S. 141

357 *Larenz/Canaris* Methodenlehre S. 145

358 *v. Savigny*, Römisches Recht, § 33 A S. 213f.

359 *Larenz/Canaris* Methodenlehre S. 141.

360 *Larenz/Canaris* Methodenlehre S. 148.

361 *Wagner*, in MüKoBGB BGB § 823 Rn. 564; ebenso *Schmiedel*, Deliktsobligationen, 1974, S. 159; siehe dazu ebenso oben unter B.

zugunsten des Geschädigten gegebenen Beweiserleichterungen zu knüpfen"[362]. Dazu ist zu klären, ob das potenzielle Schutzgesetz die betreffende Person „gegen diesen Schaden und diese Art der Schädigung schützen soll", sog „Rechtswidrig keitszusammenhang".[363] Die Entstehungsgeschichte der zu behandelnden medizinprodukterechtlichen Normen wurde bereits eingangs erläutert und wird der Untersuchung so zugrunde gelegt.[364]

E. Geschütztes Rechtsgut und Schutzadressatenkreis

Im Hinblick auf die Verletzung eines tauglichen Rechtsguts braucht sich das zum Ersatz des Schadens verpflichtende Handeln generell nicht gegen das geschützte Interesse selbst zu richten, sondern es reicht aus, wenn die Norm verletzt wird, die das entsprechende Verhalten gebietet oder verbietet, und sich ein Schaden an einem bestimmten Rechtsgut ergibt.[365] Hierzu ist umstritten, ob § 823 Abs. 2 BGB bloßen Vermögensschutz gewährleisten „darf".[366]

I. Geschütztes Rechtsgut

1. Leben, Körper und Gesundheit

Im Zusammenhang mit fehlerhaft produzierten oder angewandten Medizinprodukten liegt der Fokus naturgemäß insbesondere auf Verletzung von Leib und Leben sowie Gesundheit einer Person. Ein Beispiel wäre etwa ein elektrischer Rollstuhl, dessen Bremsen nicht funktionieren und der dadurch unkontrolliert gegen ein Hindernis oder eine Person stößt. Dabei können sowohl der Rollstuhlfahrer als auch andere Personen verletzt werden. Weitere denkbare Beispiele wären auch ein Brand oder eine Explosion durch einen Defibrillator oder eine zu hohe Strahlenbelastung bei einem bildgebenden Verfahren. Auch dabei können sowohl die Patienten als auch Krankenhauspersonal oder Besucher verletzt werden. Die Verletzung von Leben, Körper und Gesundheit liegt bei Schäden durch

---

362 BGH, Urt. v. 29.6.1982 – VI ZR 33/81, VersR 1982, 947, m.W.N., vgl. BGH, Urt. v. 8.6.1976 – VI ZR 50/75, NJW 1976, 1740, vgl. BGH, Urt. v. 4.4.1978 -VI ZR 238/76 – BeckRS 1978, 30393543.

363 *Knöpfle*, NJW 1067, 697.

364 Siehe dazu § 1 C

365 *Teichmann*, in: Jauernig BGB § 823 Rn. 41.

366 S. dazu *Maier-Reimer*, NJW 2007, 3157; dafür *Teichmann*, in: Jauernig BGB § 823 Rn. 41; *Sprau*, in: Grüneberg BGB § 823 Rn. 56; grds. auch *Lorenz*, JuS 2019, 852. Für die vorliegende Abhandlung wird auf eine Erstreckung auf diese Thematik aus Platzgründen verzichtet.

Medizinprodukte gedanklich am nächsten. So wurde das Schutzgut „Gesundheit“ bzw. „öffentliche Gesundheit“ bereits in den Erwägungsgründen der MDR vier Mal erwähnt. Die Entstehungsgeschichte belegt das primäre Ziel des Gesundheitsschutzes bei Schaffung der MDR ebenso.

2. Eigentum/Beschädigung von Sachen?

Es ist auch denkbar, dass fehlerhafte Medizinprodukte Sachen beschädigen. Fraglich ist aber, ob dieses Schutzgut ebenso von der MDR betroffen ist. Eine Aufsplittung der Schutzgesetzeigenschaft, bei der für ein bestimmtes Schutzgut die Schutzgesetzeigenschaft bejaht, für ein anderes aber verneint wurde, ist möglich und wurde auch seitens höchstgerichtlicher Rechtsprechung mehrfach vorgenommen;[367] allerdings bislang insbesondere mit Blick auf das – bereits in seiner grundsätzlichen Konzeption umstrittene – Schutzgut Vermögen, gegen welches die Gefahr einer ausufernden Haftung angeführt wird.

Grundsätzlich spräche dagegen, dieses Schutzgut miteinzubeziehen, dass der Schutz des § 823 Abs. 2 BGB nicht ausufern darf. Es könnte die Gefahr bestehen, dass dieser weit ausgelegte Schutz in einer Art „versteckten Generalklausel“ mündet, wie sie für den § 823 Abs. 2 BGB gerade nicht gewollt ist. Die durch den Gesetzgeber intendierte Schutzrichtung schränkt insofern die Haftung aus § 823 Abs. 2 BGB ein. So wurde etwa im Hinblick auf Vermögensschäden zutreffend herausgearbeitet, der Vermögensschaden sei nur dann abgedeckt, wenn das verletzte Schutzgesetz dem Schutz des Vermögens dient.[368] Primär intendierte der MDR/IVDR-Gesetzgeber zweifelsohne den Schutz von Leben und Gesundheit der EU-Bürger. So kommt etwa die Möglichkeit der Beschädigung von Eigentum bzw. Sachen im gesamten Gesetzestext nicht direkt vor.

Gegen eine solche Aufsplittung und somit für eine grundsätzliche Möglichkeit der Einbeziehung des Eigentums spricht aber zum einen, dass grundsätzlich ein Gleichlauf mit dem ProdHaftG gewollt ist. Die „potenziellen Haftung gemäß der Richtlinie 85/374/EWG“ – welche mit dem deutschen ProdHaftG in deutsches Recht umgesetzt wurde – findet Erwähnung in der MDR (Art. 10 Abs. 16 S. 2 MDR). Im ProdHaftG ist der Sachschaden als „Beschädigung einer Sache“ normiert und ersatzfähig, was in der Praxis zur Folge hat,

367 Dazu siehe B. § 64 EBO ist etwa nur als Schutzgesetz nur hinsichtlich Gesundheit und Eigentum, nicht aber hinsichtlich allgemeiner Vermögensinteressen eingestuft worden, BGH, Urt. v. 11.1. 2005 – VI ZR 34/04, NJW-RR 2005, S. 673; ebenso StVO nicht für Vermögensschäden, BGH, Urt. v. 14.6.2005 – VI ZR 185/04, NJW 2005, 2923 ff.

368 *Lorenz*, JuS 2019, 852.

dass nicht etwa nur das Eigentum relevant ist, sondern auch Inhaber beschränkt dinglicher Rechte oder eines Anwartschaftsrechts sowie der rechtmäßige Besitzer Anspruchsinhaber sein können.[369].

All dies lässt den Schluss zu, dass je nach Einzelfall zumindest nicht von vornherein ausgeschlossen werden kann, dass auch der Schutz vor Sachbeschädigungen zumindest auch intendiert war. Im Ergebnis ist die Bejahung oder Verneinung der Schutzgesetzeigenschaft schlussendlich mitunter auch eine Frage des konkreten Einzelfalls. Wenn etwa der Träger einer Hüfttotalendoprothese stürzt, weil diese nachweislich materialfehlerhaft war, so spricht nichts dagegen, dass er auch seine beim Sturz zerbrochene Brille ersetzt verlangen kann.[370]

Heil und Mayer-Sandrock[371] führen zu dieser Frage recht zutreffend aus: „*So kompliziert und umstritten die Rechtsauffassungen über die Verletzung von Eigentum oder sonstigen Rechten im Rahmen der Produkthaftung sind, so selten dürften Verletzungen dieser Rechtsgüter im Medizinprodukterecht vorkommen. Daher wird hierauf nicht weiter eingegangen.*“ Dem wird sich für diese Abhandlung angeschlossen.

II. Geschützter Personenkreis im Medizinprodukterecht

1. Behandelter Patient

Der mit dem Medizinprodukt behandelte Patient ist der primäre Anspruchsinhaber im Medizinprodukterecht. Er ist der unmittelbar Geschädigte. Hierbei geht in der Regel der Anspruch qua Gesetz auf die jeweilige Krankenversicherung des Patienten über, die ein Interesse hat, den Verantwortlichen auf Ersatz der zunächst von ihr getragenen Behandlungskosten in Anspruch zu nehmen, vgl. § 116 SGB X bzw. § 86 VVG.[372]

2. Krankenhaus/Arzt bzw. medizinisches Fachpersonal

Primär betreffen fehlerhafte Medizinprodukte das behandelnde Krankenhaus bzw. den behandelnden Arzt finanziell: Dadurch, dass sie als primärer Vertragspartner des Patienten etwa ein Austauschgerät inkl. Austauschoperation schulden, werden sie am Vermögen geschädigt. Diesen Schaden können sie durch ihre vertraglichen

---

369 *Wagner*, in: MüKoBGB § 1 ProdHaftG Rn. 5, m.w.N.

370 *Heil/Mayer-Sandrock*, in: Anhalt/Dieners MedProdR § 23 Rn. 117.

371 *Heil/Mayer-Sandrock*, in: Anhalt/Dieners MedProdR § 23 Rn. 122.

372 Aus Gründen der Übersichtlichkeit wird im Folgenden dennoch auf den Patienten als primären Anspruchsteller abgestellt.

Ansprüche gegen den Verkäufer ausgleichen; dieser lässt seinen Schaden dann von seinem Verkäufer ersetzen, und der wiederum von seinem, bis der Hersteller erreicht wird (Regresskette). Dies ist aber nicht nach § 823 Abs. 2 BGB, welcher Gegenstand dieser Abhandlung ist, möglich.

Im Rahmen des klassischen Deliktsrechts kann aber auch der Arzt durch ein von ihm angewendetes Medizinprodukt selbst geschädigt werden, etwa, wenn er sich bei der Benutzung undichter Latexhandschuhe eine Infektion zuzieht[373], oder dies durch eine durchlässige, mangelhafte FFP-2-Maske erfolgt. Der Arzt ist als natürliche Person somit tauglicher Anspruchsinhaber, ebenso wie andere im medizinischen Bereich tätige Personen, die das Medizinprodukt anwenden.[374]

3. Dritter?

Ferner ist es möglich, dass Dritte durch das fehlerhafte Medizinprodukt geschädigt werden. In *Plums*[375] Beispiel mit den löchrigen Latexhandschuhen könnte dies etwa der Folgepatient oder ein Krankenpfleger sein, welche sich infolgedessen auch bei dem Arzt mit seiner Infektion anstecken, weil dieser außer den Latexhandschuhen, die als Maßnahme zur Infektionsprävention nach gängigem Standard ausreichen würden, keine weiteren Vorsichtsmaßnahmen traf. Ein Beispiel bei einem In-vitro-Diagnostikum wäre die Ansteckung des Partners einer Person mit HIV, nachdem ein HIV-Test ein falsch-negatives Ergebnis produziert hatte.

Zu der Frage, wer zum persönlichen Schutzbereich gehören kann, hat der Europäische Gerichtshof ausgeführt, dass die Normen zum Medizinprodukterecht nicht nur die Anwender von Medizinprodukten und die Patienten, sondern ganz allgemein „Dritte" betreffen.[376] Auch in der Literatur ist diese Ansicht weit verbreitet: Geschützter Personenkreis sei bei den Medizinprodukten nicht nur derjenige der Anwender und Patienten, sondern es sei ganz allgemein jeder „Dritte" damit gemeint, der mit dem Medizinprodukt in Berührung kommen kann.[377] Bei man-

---

373 *Plum*, VersR 1986, 528 (530); *Heil/Mayer-Sandrock*, in: Anhalt/Dieners MedProdR § 23 Rn. 119.

374 Der Einfachheit halber wird im Folgenden vom (behandelnden) Arzt referiert; gemeint ist damit aber auch sämtliches medizinisches Fachpersonal, das mit der Anwendung der Produkte betraut ist.

375 *Plum*, VersR 1986, 528 (530).

376 EuGH, Urt. v. 19.11.2009 – Rs C-288/08, ECLI:EU:C:2009:718 – „Nordiska Dental" Rn. 29; sich bestätigend EuGH, Urt, v. 16.2.2017 – C-219/15, ECLI:EU:C:2017:128 – „TÜV Rheinland" Rn. 50.

377 *Oeben*, MedR 2017, 42 (44); *Baumann*, in: Lücker/Baumann MedProdR, Kap. B 16/7; *Lippert*, in: Deutsch/Lippert, MPG §14 Rn. 5, ebenso Rn. 8.

chen der medizinprodukterechtlichen Normen ist der Dritte explizit als Schutzadressat genannt; so wird etwa in § 11 MPDG verboten, Produkte zu betreiben oder anzuwenden, „wenn sie Mängel aufweisen, durch die Patienten, Beschäftigte oder Dritte gefährdet werden können". Jedenfalls kann der Dritte als Schutzadressat nicht von vornherein ausgeschlossen werden, wobei darauf zu achten ist, dass der Schutz des § 823 Abs. 2 BGB nicht ausufern darf. Eine Einbeziehung – insbesondere in Fällen, in denen der Dritte nicht wie in § 11 MPDG explizit als Schutzadressat genannt wird – ist demnach nur mit Zurückhaltung anzunehmen.

F. Schadensersatzzweck des Schutzgesetzes

Vereinzelt wird vertreten, dass nach Konzeption des Gesetzgebers die geschädigte Person gerade durch die Gewährung eines zivilrechtlichen Schadensersatzanspruches geschützt werden sollte.[378] Nach dieser Vorstellung müsse das Gesetz gerade auf denjenigen Rechtsschutz abzielen der wegen der behaupteten Verletzung in Anspruch genommen wird.[379] Es müsste also explizit „die Schaffung eines – unter Umständen zusätzlichen – Schadensersatzanspruchs tatsächlich vom Gesetz erstrebt"[380] werden.

Zur Ablehnung dieser These wurde zutreffend ausgeführt, dass die Anwendung dieses Kriteriums systemwidrig wäre. Es sei geradezu kennzeichnend für die Haftung aufgrund des Verstoßes gegen ein Schutzgesetz, an Normen anzuschließen, die selbst keinen Schadensatz bezwecken.[381] Zudem sei es „selten der Wille und recht eigentlich auch nicht die Aufgabe des Gesetzgebers (...), von vornherein die zivilrechtlichen Konsequenzen eines öffentlichen oder strafrechtlichen Gesetzes zu überdenken".[382] Die Norm muss nur Individualinteressen vor einer näher bestimmten Art ihrer Verletzung schützen.[383]

---

378 BGH, Urt. v. 5.2.1980 – VI ZR 169/79, NJW 1980, 1792; zurecht krit. *Medicus/Lorenz*, SchR II § 78 Rn. 10 ff.

379 BGH, Urt. v. 27.1.1954 – VI ZR 309/52, NJW 1954, 675, (675).

380 BGH, Urt. v. 13.4.1994 – II ZR 16/93, NJW 1994, 1801 (1803).

381 *Ahrens/Spickhoff* DelR § 12 Rn. 19, m.w.N.; *Schmiedel*, Deliktsobligationen, S. 108 Fn. 10, m.w.N.

382 *Buxbaum*, Die private Klage, S. 44, m.w.N.

383 statt aller vgl. BGH, Urt. v. 3.2.1987 – VI ZR 32/86, NJW 1987, 1818f., m.w. Nennungen von Entscheidungen mit diesem Inhalt.

G. „Passen“ in das private Haftungsrecht

Relevant für die Vermeidung eines Wertungswiderspruchs ist, dass „ein solcher besonderer Schadensersatzanspruch sinnvoll und im Licht des haftungsrechtlichen Gesamtsystems tragbar erscheint“.[384]

In einem letzten Schritt wird sich gedanklich noch einmal der Frage gewidmet, ob eine Bejahung der Schutzgesetzeigenschaft „in das private Haftungsrecht passt“[385] oder ob sie einen Wertungswiderspruch kreieren würde. Dabei ist umfassend abzuwägen, ob der Schadensersatzanspruch, wenn er zugesprochen würde, „sinnvoll und im Licht des haftungsrechtlichen Gesamtsystems tragbar“ erscheint, denn er darf nicht allgemeinen Rechtsprinzipien widersprechen.[386] Denn unabhängig von seinem Schutzzweck kann es dem Inhalt und Sinn des Gesetzes widersprechen, wenn die Verletzung der Norm zivilrechtliche Schadensersatzansprüche nach sich zöge. Zu dieser Einschränkung wird allerdings angeführt, dies komme hauptsächlich im überstaatlichen Recht vor.[387]

Es kann also die Schutzgesetzeigenschaft trotz Erfüllung aller Merkmale dann wertungsmäßig verneint werden, wenn „Widersprüche und Unstimmigkeiten“ zu anderen Schadensersatzansprüchen bestehen würden, welche explizit normiert oder bewusst nicht normiert sind.[388] Dies kann als vertiefte Ausprägung der systematischen Auslegung der Norm gesehen werden.

H. Untersuchung eines potentiellen Schutzgesetzes im Einzelnen

Es gibt viele theoretische Überlegungen zur Schutzgesetzeigenschaft im Einzelnen. In der Praxis ist jedoch oft nicht eindeutig, ob es sich bei potenziellem Individualschutz um eine Nebenwirkung handelt und ob dies vom Gesetzgeber beabsichtigt wurde oder sich als „Reflex“ ergibt. Das „Grundanliegen“ könne meistens ermittelt werden, aber im Einzelfall sei eine eindeutige Auslegung im Einzelfall schwierig. Gewiss könne anhand der „objektiven Auslegungstheorie“

384 BGH, Urt. v. 8.6.1976 – VI ZR 50/75, NJW 1976, 1740f., (1740); dabei handelt es sich allerdings nicht um eine Frage nach der Qualität als Gebot/Verbot i.S.d. § 823 Abs. 2 BGB, sondern vielmehr um eine grundsätzliche Überlegung, die zur Bejahung jedes Merkmals eines Schutzgesetzes angestellt werden soll.

385 So *Deutsch* VersR 2004, 137.

386 BGH, Urt. v. 13.4.1994 – II ZR 16/93, NJW 1994, 1801 (1803), BGH, Urt. v. 8.6.1976 – VI ZR 50/75, NJW 1976, 1740f.; *Maier-Reimer*, Schutzgesetze, NJW 2007, 3157; *A. Staudinger*, in: HK-BGB BGB § 823 Rn. 147.

387 *Knöpfle*, NJW 1067, 697 (700).

388 *Spickhoff*, in: Soergel SchR 10 BGB § 823 Rn. 200.

aus dem objektiven Inhalt des Gesetzes abgeleitet werden, welche Positionen verfolgt werden und wer objektiv von der Regelung des Gesetzes profitiert. Jedoch kann nicht zweifelsfrei festgestellt werden, ob dies tatsächlich vom Gesetzgeber bei Erlass der Norm beabsichtigt war.[389]

Zudem fehle es auch an sichtbaren Anzeichen und Entscheidungskriterien dafür, dass ein bestimmter, sich tatsächlich ergebender Schutz eben nicht gewollt wäre.[390] Dazu sei ferner ausgeführt, dass der Bundesgerichtshof in einigen Fällen selbst nicht groß begründet, wieso er ein Gesetz als ein Schutzgesetz ansieht[391] oder er die Einordnung einer Norm als Schutzgesetz schlichtweg damit begründet, dass das Gesetz dem betreffenden Personenkreis zugutekomme.[392] Somit wurde zutreffend angeführt, das Erfordernis des Individualschutzes habe nur eine „negativ Filterfunktion".[393]

Für die einzelnen Normen wird eine Untersuchung auf die Eigenschaft, Schutzgesetz i.S.d. § 823 Abs. 2 BGB zu sein, wie folgt ablaufen:

Zunächst soll nach den oben festgestellten Kriterien geprüft werden, ob die Norm ein Ge- oder Verbot aufweist und ob dieses dazu bestimmt ist, Individualschutz zu gewährleisten. Die Frage nach dem Individualschutz wird durch Auslegung nach den üblichen Auslegungsregeln behandelt, wobei die teleologische Auslegung nicht zur Anwendung kommen soll, weil es gerade um die Ermittlung des Zwecks der Vorschrift geht.[394] Zunächst soll in einer solchen Prüfung nach den Kriterien von *Schmiedel*[395] die Struktur der Norm behandelt werden, womit der Wortlaut, nicht aber die Auslegung nach „Sprachregeln" gemeint ist, danach der Zusammenhang und fortan die Entstehungsgeschichte beurteilt werden. Ferner sei in einem letzten Punkt wertungsmäßig darauf geachtet, dass „ein solcher besonderer Schadensersatzanspruch sinnvoll und im Licht des haftungsrechtlichen Gesamtsystems tragbar erscheint".[396]

389 zum Ganzen *Knöpfle*, NJW 1967, 697.
390 *Knöpfle*, NJW 1067, 697 (698).
391 vgl. bspw. BGH, Urt. v. 29.1.1957 – I ZR 53/55, NJW 1957, 949.
392 *Knöpfle*, NJW 1067, 697 (701), m.w.N.
393 *Spickhoff*, in: Soergel SchR 10 § 823 BGB Rn. 195, m.w.N.
394 *Wagner*, in: MüKoBGB BGB § 823 Rn. 564.
395 *Schmiedel*, Deliktsobligationen, S. 159.
396 BGH, Urt. v. 8.6.1976 – VI ZR 50/75, NJW 1976, 1740.

§ 2 Weitere Voraussetzungen für Anspruch i.S.d. § 823 Abs. 2 BGB

Neben der Schutzgesetzeigenschaft des Gesetztes, das in Frage kommt, müssen für einen Anspruch aus § 823 Abs. 2 BGB in Verbindung mit diesem Gesetz weitere Voraussetzungen erfüllt sein.

A. Verletzung des Schutzgesetzes: persönlicher und sachlicher Schutzbereich

Zunächst muss das Schutzgesetz verletzt werden. Dabei muss der potentielle Anspruchsteller dem persönlichen Schutzbereich der Norm unterfallen, also zum geschützten Personenkreis gehören,[397] und das Interesse, das die Norm schützt, verletzt sein.[398] Die Zugehörigkeit zum persönlichen Schutzbereich könnte beispielsweise bei juristischen Personen als Anspruchsteller Probleme ergeben, da in der Regel der Schutz der Gesundheit und körperlichen Unversehrtheit der Patienten dient, an denen die Medizinprodukte verwendet werden. So zählt eine juristische Person auch nicht zum geschützten Personenkreis eines Rauchverbots.[399]

Ebenso muss der Verstoßende Adressat des Schutzgesetzes sein, das Schutzgesetz dementsprechend also für ihn gelten. In der MDR und der IVDR sind etwa die einzelnen Artikel streng nach dem jeweiligen Wirtschaftsakteur getrennt. So gibt es beispielsweise in Art. 14 MDR bzw. IVDR Normen, die nur für den Händler gelten. Im Umkehrschluss muss der Händler grundsätzlich nicht die Normen für den Hersteller (Art. 10 MDR bzw. IVDR) einhalten. Ferner muss für einen konkreten Anspruch das geltend gemachte Interesse auch dem sachlichen Schutzbereich unterfallen.[400] Dazu muss der Schadenseintritt die Realisierung desjenigen Risikos darstellen, dessen Verhinderung Ziel der Rechtsnorm ist.[401] Dies ist dann der Fall, wenn sich ein Zurechnungszusammenhang zwischen dem Gesetzesverstoß und dem konkreten Schaden herstellen lässt.[402]

---

397 *A. Staudinger*, in: HK-BGB BGB § 823 Rn. 143.

398 BGH, Urt. v. 3.7.2014 – III ZR 502/13 – NJW 2014, 2642 Rn. 7.

399 Vgl. OLG München, Beschl. v. 27.3.2012 – 32 U 4434/11, ZMR 2012, 702.

400 *Teichmann*, in: Jauernig BGB § 823 Rn. 45.

401 Vgl. Larenz/Canaris, Schuldrecht BT § 77 III 3 c).

402 So etwa OLG Frankfurt, Urt. v. 13.1.2015, 8 U 168/13, MPJ 2015, 353, das in diesem konkreten Fall einen Zurechnungszusammenhang zwischen der fehlenden CE-Kennzeichnung eines Titan-Cages zur Behandlung bei einem Bandscheibenvorfall und dem späteren Bruch des Cages im Folgemonat nach der Implantation verneinte.

B. Subsididarität zu § 823 Abs. 1 BGB

Ein Teil der Rechtsprechung nimmt zudem an, dass § 823 Abs. 2 BGB zu § 823 Abs. 1 BGB subsidiär sei. Kriterium sei die Frage, ob der Geschädigte auch ohne einen Anspruch aus § 823 Abs. 2 BGB ausreichend geschützt ist.[403] Auch ein Teil der Lehre erkennt es als überzeugender an, Normen, in denen die konkrete Gefährdung oder Rechts- oder Rechtsgutsverletzung von solchen Rechten verboten wird, die schon ausdrücklich § 823 Abs. 1 BGB schützt, aus dem Wirkungsbereich auszunehmen. Schließlich seien diese Normen weder konkretisierter noch ähnlich scharf konturiert hinsichtlich des Erfolgseintritts.[404] Insofern sei § 823 Abs. 1 BGB lex specialis,[405] nebenher käme § 823 Abs. 2 BGB „oft (…) keinerlei eigenständige praktische Bedeutung zu,[406] er scheint nach einer Ansicht gar „im Vergleich zu § 823 Abs. 1 BGB forensisch weitestgehend vernachlässigbar zu sein".[407]

Diese Ansicht wird zum Teil dahingehend eingeschränkt, dass die Subsidiarität nur dann gelten soll, wenn es sich bei dem potenziellen Schutzgesetz nicht um eine Strafnorm handelt.[408] Hierzu sei auf die oben stehenden Ausführungen verwiesen, wonach eine Unterscheidung allein anhand des sanktionsrechtsfolgentechnischen Charakters wenig zielführend ist.[409] Es kommt vielmehr auf eine Gesamtschau und insbesondere auf die Vermeidung eines Wertungswiderspruches an.

Andere Stimmen der Literatur lassen zutreffend beide Absätze des § 823 BGB nebeneinander stehen[410] und alternativ sowie kumulativ zur Anwendung gelangen.[411] Dabei wird § 823 Abs. 2 BGB grundsätzlich als weiter gefasst angesehen, da ja gerade Interessen individuell geschützt werden, nicht „nur"

---

403 BGH, Urt. v. 5.2.1980 – VI ZR 169/79, NJW 1980, 1792; BGH, Urt. v. 29.6.1982 – VI ZR 33/81, NJW 1982, 2780; BGH, Urt. v. 19.2.1990 – II ZR 268/88, NJW 1990, 1725.

404 i.E. ablehnend *Spickhoff*, Gesetzesverstoß, S. 152, m.w.N.

405 *Becker*, Unerlaubte Handlungen, S. 187 („Zentralnorm"); s.a. *Rödig*, § 823 Abs. 1 und Schutzgesetzverstoß, S. 56 ff.

406 *Larenz/Canaris* SchR II § 77 I 1. a).

407 *Hoxhaj*, Medizintechnikhaftung S. 50.

408 Vgl. u.a. BGH, Urt. v. 5.2.1980 – VI ZR 169/79, NJW 1980, 1792f.; BGH, Urt. v. 29.6.1982 – VI ZR 33/81, NJW 1982, 2780; BGH, Urt. v. 21.10.1991 – II ZR 204/90, NJW 1992, 241; zuvor Schutzgesetzeigenschaft bejaht für die bußgeldbewährte Meldepflicht nach § 27 Abs. 3 StZVO, s. BGH, Urt. v. 21.2.1974 – VI ZR 234/72, NJW 1974, 1086f.

409 Siehe dazu C. I. 2 sowie C. II.

410 *Larenz/Canaris* SchR II § 77 I 2. b).

411 *Deutsch*, VersR 2004,137 ff; *Ders.*, in: FS Schreiber S. 43 (44f.), m.w.N., ebenso *Spickhoff*, Gesetzesverstoß, S. 55 ff, (57) m.w.N.; *Pollack*, Schutzgesetzverletzung S. 18f., m.w.N.; *Canaris*, in: FS Larenz S. 27 (36).

die Schutzgüter wie in § 823 Abs. 1 BGB.[412] Es sei ja gerade Zielrichtung von § 823 Abs. 2 BGB, umfangreicher zu schützen als § 823 Abs. 1 BGB[413], denn wären Verstöße nur gegen die in Abs. 1 ohnehin geschützten Rechtsgüter erfasst, so bliebe wenig Anwendungsbereich für § 823 Abs. 2 BGB. Ferner wird das vielseitig als Argument für die Subsidiarität eines Anspruch aus § 823 Abs. 2 BGB aufgeführte Kriterium der ausreichenden anderweitigen Absicherung des Geschädigten zutreffend als „petitio principii" eingeordnet: Wenn eine anderweitige Ersatzmöglichkeit bestünde, wäre kein Grund ersichtlich, aus welchem eine zusätzliche Anspruchgrundlage „schaden" solle, wenn nicht, leuchte nicht ein, warum eine Ersatzpflicht aus § 823 Abs. 2 BGB „(geradezu deswegen) per se ausscheiden" solle.[414]

Letztgenannte Ansicht überzeugt; es besteht zwischen § 823 Abs. 1 und Abs. 2 BGB grundsätzlich eine freie Anspruchskonkurrenz; der Geschädigte kann selbständig wählen, nach welcher Haftungsnorm er vorgehen möchte.[415]

C. Kausalität, Folgenzurechnung und Verschulden

Die Verletzung des Schutzgesetzes muss ferner kausal für die Schädigung sein. Die Zurechnung der Folgen der Schutzgesetzverletzung ergibt sich nach § 249 BGB. Die Formulierung, der Schädiger habe „den Zustand herzustellen, der bestehen würde, wenn der zum Ersatz verpflichtende Umstand nicht eingetreten wäre" bedeutet auch, dass dem Schädiger sämtliche durch das haftungsbegründende Ereignis (hier also die Schutzgesetzverletzung) verursachten Schadensfolgen zuzurechnen sind.[416] Dies entspricht der heute als Äquivalenztheorie bekannten Anwendung der „conditio sine qua non"-Formel. Jedoch wird diese durch die wichtigsten herkömmlichen Lehren wie durch die Adäquanztheorie und die Schutzbereichslehre[417], die nach dem Schutzzweck der Norm fragt, eingeschränkt.[418] Nach letzterer muss ein Schaden in Rede stehen, der aus dem Bereich derjenigen Gefahren stammt, zu deren Abwendung die verletzte Norm erlassen worden ist.[419] Daher muss der geltend gemachte Schaden zu der vom Schädiger

412 statt aller *Sprau*, in: Grüneberg BGB § 823 Rn. 56.

413 *Spickhoff*, in: Soergel SchR 10 BGB § 823 Rn. 180.

414 Zum Ganzen *Spickhoff*, in: Soergel SchR 10 § 823 Rn. 199.

415 *Sprau*, in: Grüneberg BGB Einf. v. § 823 Rn. 8; *A. Staudinger*, in: HK-BGB BGB § 823; *Lorenz*, JuS 2020, 12.

416 *E. Lorenz*, in: FS Deutsch, S. 251 (252).

417 Später auch BGH, Urt. v. 8.1.1958 -IV ZR 173/57, BGHZ 26, 217 (224).

418 *E. Lorenz*, in: FS Deutsch, S. 251 (253 ff.).

419 statt aller BGH Urt. v. 14.10.1971 – VII ZR 313/69, BGHZ 57, 137(142).

geschaffenen Gefahrenlage in einem inneren Zusammenhang stehen. Eine rein zufällige äußere Verbindung reicht nicht aus.[420] Im Medizinrecht gilt etwa, dass der erstbehandelnde Arzt grundsätzlich für alle Schadensfolgen aufzukommen hat, die mit dem von ihm zu verantwortenden schlechten Zustand des Patienten in adäquatem Kausalzusammenhang stehen. Er haftet deshalb auch für Fehler bei der Nachbehandlung durch einen weiteren Arzt, wenn die Nachbehandlung wegen des vom erstbehandelnden Arzt verursachten Behandlungsfehlers erforderlich wird. [421]

Gerade vorliegend bei der Beurteilung der Schutzgesetzeigenschaft einzelner Normen muss ein besonderes Augenmerk darauf gelegt werden, dass potenzielle Schäden, die durch die Verletzung der Norm entstehen könnten, auch in deren Schutzbereich liegen.

Gemäß § 823 Abs. 2 S. 2 BGB setzt der Schadensersatzanspruch wegen Schutzgesetzverletzung ferner ein Verschulden voraus. Dies gilt auch, wenn der Verstoß gegen die Gesetzesnorm auch ohne Verschulden möglich ist.[422] Bei solchen Schutzgesetzen, welche das ge- oder verbotene Verhalten selbst beschreiben, muss das Verschulden nicht gesondert festgestellt werden.[423] Relevant wird dies vor allem bei Normen, die einen gewissen Erfolg verbieten, nicht aber per se die Handlung, die zu diesem Erfolg führt. In diesem Fall muss das Handlungsunrecht gesondert festgestellt werden, da die Norm per se nicht an die Pflichtwidrigkeit in einem konkret-situationsspezifischen Sinn anknüpft. Dazu wird von *Wagner* das Beispiel des Verbots der Herstellung gesundheitsschädlicher Lebensmittel aus Art. 14 Abs. 1, Abs. 2 lit. a) Lebensmittelverordnung[424], § 5 LFGB zu behandeln oder in den Verkehr zu bringen, angeführt. Mit der Verwirklichung eines solchen Verbotstatbestands sei die Pflichtwidrigkeit des schädigenden Verhaltens noch nicht erwiesen; sie bedürfe in diesem Fall

---

420 statt aller BGH Urt. v. 6.5.1999 – III ZR 89/97, NJW 1999, 3203.

421 *Terbille/Feifel*, in: Münchener Anwaltshandbuch MedR § 1 Rn. 227.

422 vgl. etwa zu § 95a Abs. 3 UrhG: BGH, Urt. v. 17.7.2008 – I ZR 219/05, NJW 2008, 3565 Rn. 25; *Wagner*, in: MüKoBGB § 823 Rn. 606.

423 *Wagner*, in: MüKoBGB § 823 Rn. 606, m.w.N., dort auch zum folgenden Text; ebenso *Spickhoff*, Gesetzesverstoß S. 204f., m.w.N.

424 Verordnung (EG) Nr. 178/2002 des Europäischen Parlaments und des Rates vom 28. Januar 2002 zur Festlegung der allgemeinen Grundsätze und Anforderungen des Lebensmittelrechts, zur Errichtung der Europäischen Behörde für Lebensmittelsicherheit und zur Festlegung von Verfahren zur Lebensmittelsicherheit.

daher einer eigenständigen Begründung.[425] Das Verschulden bezieht sich dabei ausschließlich auf die Schutzgesetzverletzung, nicht dagegen auf einen darüber hinaus gehenden Verletzungserfolg, sofern er nicht zum Tatbestand des Schutzgesetzes gehört.[426]

425 BGH, Urt. v. 19.11.1991 – VI ZR 171/91, BGHZ 116, 104 (115); *Spickhoff*, Gesetzesverstoß S. 205, m.w.N.

426 BGH, Urt. v. 25.9.1952 – III ZR 322/51, NJW 1953, 700 (701), *Wagner*, in: MüKoBGB § 823 Rn. 607 m.w.N.

Teil 3: Die Untersuchung der einzelnen Normen

Im Folgenden werden die einzelnen Normen der jeweiligen aktuell gültigen medizinprodukterechtlichen Vorschriften auf ihre Fähigkeit untersucht, Schutzgesetz i.S.d. § 823 Abs. 2 BGB zu sein. Dabei werden die im vorhergehenden Teil herausgearbeiteten Kriterien zugrundegelegt. Die Normen des vorher gültigen Medizinproduktegesetz (MPG) wurden von einigen generell als tauglich angesehen, Schutzgesetz zu sein.[427] Andere benannten nur eine Handvoll konkreter Normen, welche Schutzgesetze seien.[428] Ebenso wurden bereits Normen der MDR als grundsätzlich taugliche Schutzgesetze eingestuft.[429]

§ 1 Zu den Normen aus der Medizinprodukteverordnung

Für die Untersuchung der einzelnen Normen aus der MDR werden diese der Übersichtlichkeit halber in unterschiedliche Gruppierungen je nach Normadressat bzw. potenziellem Schädiger unterteilt. Auch die Normen der MDR und der IVDR unterscheiden bereits in ihrer Gliederung streng nach den einzelnen Wirtschaftsakteuren.

A. Normen für den Hersteller

Der „Hersteller" wird in Art. 2 Nr. 30 MDR legal definiert und bezeichnet demnach eine natürliche oder juristische Person, die ein Produkt herstellt oder als neu aufbereitet bzw. entwickeln, herstellen oder als neu aufbereiten lässt und dieses Produkt unter ihrem eigenen Namen oder ihrer eigenen Marke vermarktet. Es ist dabei nicht zwingend erforderlich, dass derjenige Akteur das Medizinprodukt im wörtlichen Sinne herstellt, um als Hersteller anerkannt zu werden. Es genügt, wenn er die rechtliche Verantwortung übernimmt. Aus diesem Grund wird auch häufig die Bezeichnung „rechtlicher Hersteller" („legal manufacturer") verwendet.[430]

---

427 so etwa *A. Staudinger*, in: HK-BGB, BGB § 823 Rn. 187; ebenso *Sprau*, in: Grüneberg BGB § 823 Rn. 68; sowie *Baumann*, in: Lücker/Baumann MedProdR, Kap. B 16/7.

428 Siehe dazu ausführlich auch *Dahm-Loraing/Koyuncu*, PHi 2010, 142 (147f.).

429 So etwa ohne weitere Begründung *Willhöft/Hundemer*, in: Lücker/Baumann MedProdR EU 1-14/5 Rn.13.

430 *Mayr/Thiermann/Schrack/Kiesselbach*, Das neue Medizinprodukterecht, § 3 Rn. 9.

Der Begriff „Hersteller“ fällt rund 580 Mal im gesamten Text der MDR, was zeigt ein eng gewobenes Geflecht von Pflichten und Verantwortungen des Herstellers zeigt.[431] Welche Person rechtlicher Hersteller eines Medizinprodukts ist, soll sich auch nach der Ansicht eines durchschnittlichen Verbrauchers i.S.d. europäischen Verbraucherleitbildes bemessen.[432] Der Behandler kann dabei auch Hersteller sein, etwa der prothetisch tätige Zahnarzt als Hersteller bei Sonderanfertigungen.[433] Ein Arzt, der im Rahmen seiner ärztlichen Therapiefreiheit Produkte verschiedener Hersteller off-label im Rahmen eines sogenannten Mix and Match kombiniert (etwa Prothesenschaft, Pfanne und Inlay einer Prothese), soll hingegen nach neuester Rechtsprechung kein Hersteller sein. Es handle sich dabei nur um die Produktkomplettierung,[434] nicht um die Anfertigung eines neuen Produkts. Dies blieb freilich nicht ohne Kritik.[435]

Zur Erfüllung der Herstellerpflichten, die im Folgenden einzeln erläutert und eingeordnet werden, muss der Hersteller über eine für die Einhaltung der Regulierungsvorschriften verantwortliche Person verfügen, s. Art. 15 Abs. 1 MDR.

I. Die Pflicht zur Konformität mit der MDR

Um die höchstmögliche Produktsicherheit zu erreichen, sind Hersteller verpflichtet, bestimmte regulatorische Schritte zu befolgen, bevor ein Medizinprodukt zum ersten Mal in den Verkehr gebracht werden kann.[436] In Art. 5 Abs. 1 Alt. 1 MDR wird daher als Zentralpflicht geregelt, dass ein Medizinprodukt nur dann in Verkehr gebracht werden darf, wenn es bei sachgemäßer Lieferung, korrekter Installation und Instandhaltung und seiner Zweckbestimmung entsprechender Verwendung den Anforderungen der MDR entspricht. Gemäß Alt. 2 gilt dies

---

431 *Plaßmann*, in: FS Gassner, S. 273 (274).

432 *Mayr/Thiermann/Schrack/Kiesselbach*, Das neue Medizinprodukterecht, § 3 Rn. 10., m.w.N.

433 So subsumiert zutreffend *Fehn*, ZMGR 2021, 78 (v.a. 79 u.81)

434 KG Berlin, Urt. v. 17.10.2022 – 20 U 158/21, MPR 2023, 112 (113); hierzu wies der BGH die Nichtzulassungsbeschwerde gegen das Urteil zurück; a.A. OLG Koblenz, Beschl. v. 26.2.2013 –5 U 1574/12, NJOZ 2015, 845 (846) mit der Auffassung, die Herstellung „ließe sich allenfalls dann verneinen, wenn die zusammengefügten Teilstücke von ein und demselben Produzenten bezogen und dann nach dessen vorgezeichneter Anleitung miteinander kombiniert worden wären“.

435 s. die Anm. v. *Seubert*, MPJ 2023, 116f., die m.w.N. zutreffend ausführt, das Mix and Match müsse als „Montage also Assembling“ angesehen werden, durch welche ein Produkt geschaffen würde, welches als verändertes Sicherheitsrisiko aufweise und daher als neu zu bewerten sei.

436 *Lücker/Wunderlich*, in: Lücker/Baumann MedProdR, Kap. B 6.0.

ebenso für die Inbetriebnahme des Medizinprodukts. Dies bezieht sich nicht auf eine Produktart, sondern auf jedes einzelne Produkt.[437]

In Art. 10 MDR, in dem die allgemeinen Herstellerpflichten zum ersten Mal in einem eigenen Artikel normiert sind,[438] wird diese Pflicht nochmal aufgegriffen: Art. 10 Abs. 1 MDR verpflichtet den Hersteller bei Inverkehrbringen oder Inbetriebnahme zur Gewährleistung dafür, dass die Produkte nach den Anforderungen der MDR hergestellt wurden.

1. Inverkehrbringen/Inbetriebnahme

Das Inverkehrbringen ist gemäß Art. 2 Nr. 28 MDR die erstmalige Bereitstellung eines Produkts, mit Ausnahme von Prüfprodukten, auf dem Unionsmarkt. Das erneute Überlassen eines Medizinprodukts nach seiner Inbetriebnahme beim Anwender an andere ist somit kein Inverkehrbringen i.S.d. Art. 2 Nr. 28 MDR. Im Gegensatz zum AMG (vgl. § 4 Nr. 17 AMG) ist auch das Vorrätighalten zum Verkauf oder zur Abgabe, das Feilhalten oder Feilbieten kein Inverkehrbringen. Das Inverkehrbringen setzt ein Angebot oder eine Vereinbarung in Bezug auf die Eigentumsübertragung voraus, aber nicht zwingend die physische Übergabe, (vgl. „Blue Guide" Abschn, 2.3.); letzteres ist freilich nicht unbestritten.[439]

Inbetriebnahme bezeichnet gemäß Art. 1 Nr. 29 MDR den Zeitpunkt, zu dem ein Produkt, mit Ausnahme von Prüfprodukten, dem Endanwender als ein Erzeugnis zur Verfügung gestellt wird, das erstmals als gebrauchsfertiges Produkt entsprechend seiner Zweckbestimmung auf dem Unionsmarkt verwendet werden kann.

2. Konformitätsbewertung nach Risikoklassen

Welche Anforderungen in Art. 5 Abs. 1 Alt. 1 MDR gemeint sind, regeln die Art. 51 ff. MDR. Art. 51 MDR legt fest, dass Produkte unter Berücksichtigung ihrer Zweckbestimmung und der damit verbundenen Risiken in die Klassen I, IIa, IIb und III einzustufen sind. Die Klassifizierung von Medizinprodukten erfolgt gemäß Anhang VIII der MDR. Dabei ist vor allem die vorgesehene Verwendung, die vom Hersteller angegeben wird, entscheidend (vgl. Art. 51 Abs. 1 MDR sowie Anhang VIII Nr. 3.1). Es lassen sich insgesamt vier verschiedene Klassen anhand des Grundstufe des Gefahrenpotenzials eines Medizinprodukts unterscheiden.

---

437 *Wiring*, in: Lücker/Baumann MedProdR, Kap. EU 1-5/3 Rn. 6.

438 *Mayr/Thiermann/Schrack/Kiesselbach*, Das neue Medizinprodukterecht, § 3 Rn. 27.

439 *Wiring*, in: Lücker/Baumann MedProdR, Kap. EU 1-5/4 Rn. 6, m.w.N.

Je nach Einstufung des Medizinprodukts in eine dieser Klassen gibt es verschiedene Anforderungen, die in Art. 52 MDR normiert sind, wobei die risikoärmsten Produkte grundsätzlich die niedrigsten Anforderungen zu erfüllen haben und die risikoreichsten die höchsten. Abschließend wird die Konformitätserklärung i.S.d. Art. 19 MDR abgegeben und das Produkt mit der CE-Kennzeichnung gemäß Art. 20 MDR versehen. Diese Bescheinigung dient als Nachweis, dass die Konformität des Produkts gemäß den Anforderungen der MDR geprüft wurde und die Prüfung zu dem Ergebnis geführt hat, dass das Produkt den Anforderungen entspricht. Zur hier geforderten Konformität mit der MDR gehört zudem das Erfüllen der grundlegenden Sicherheits- und Leistungsanforderungen gemäß Art. 5 Abs 2, Abs. 3, Art. 10 Abs. 1, Abs. 3 MDR.[440]

Im Folgenden werden die Grundregeln der Einstufung für das Konformitätsbewertungsverfahren anhand der Nrn. bzw. Regeln des Anhang VIII skizziert, um einen kurzen Überblick zu verschaffen. Es gilt zu beachten, dass es für beinahe jede Einordnung einen langen Katalog an Ausnahmen gibt. Die Aufzählung ist somit nicht als abschließend, sondern als beispielhaft zu sehen.

a) Risikoklasse I

In der Risikoklasse I sind die Medizinprodukte mit niedrigem Risiko eingeordnet. Diese umfassen hauptsächlich nicht-invasive Medizinprodukte gemäß Nr. 4.1, invasive Medizinprodukte zur vorübergehenden Anwendung gemäß Nr. 5.1, wiederverwendbare chirurgische Instrumente gemäß Nr. 5.2 sowie alle aktiven Medizinprodukte, die nicht bereits anderen Klassen gemäß Nr. 6.1 bis 6.4 zugeordnet sind, vgl. Nr. 6.5. Die Klasse I kann noch Zusätze enthalten, nämlich „m" für „Messfunktion", „s" für „steril" oder „r" für wiederverwendbare chirurgische Instrumente der Klasse I. Die Klasse I umfasst die größte Gruppe von Medizinprodukten, zu der Tupfer, Fixierbinden, OP-Kleidung, Krankenpflegeartikel oder orthopädische Hilfsmittel gehören.[441] Grundsätzlich[442] ist bei Produkten der Risikoklasse 1 die Einbindung der Benannten Stelle zum Nachweis der Konformität noch nicht erforderlich.

---

440 Aus Gründen der Übersichtlichkeit: Dazu sogleich im Folgenden unter II.

441 *Ratzel* in: *Ratzel/Luxenburger*, Handbuch Medizinrecht, Kap. 33 D Rn. 39.

442 Ausnahmen sind Medizinprodukte mit Messfunktion, sterile Produkte und wiederverwendbare chirurgische Produkte, vgl. Art. 52 Abs. 7 S. 2, 3 MDR.

b) Risikoklasse IIa

Ein Produkt der Klasse IIa birgt grundsätzlich ein mittleres Risikopotenzial. Dabei handelt es sich primär um nicht-invasive Produkte für die Durchleitung oder Aufbewahrung von Blut, anderen Körperflüssigkeiten, -zellen oder -gewebe, Flüssigkeiten oder Gasen zum Zwecke einer Infusion, Verabreichung oder Einleitung in den Körper, vgl. Nr. 4.2., nicht invasive sowie invasive Produkte, die mit verletzter Haut oder Schleimhaut in Berührung kommen, vgl. Nr. 4.4., invasive Produkte im Zusammenhang mit Körperöffnungen zur kurzzeitigen Anwendung oder zum Anschluss an ein aktives Produkt der Klasse IIa, IIb oder III, vgl. Nr. 5.1., chirurgisch-invasive Produkte zur vorübergehenden oder kurzzeitigen Anwendung, vgl. Nr. 5.2., Nr. 5.3., die aktiven Produkte zu Diagnose- und Überwachungszwecken, vgl. Nr. 6.2., Software mit diagnostischen oder therapeutischen Zwecken, vgl. Nr. 6.3., alle aktiven Produkte, die Arzneimittel, Körperflüssigkeiten oder andere Stoffe an den Körper abgeben und/oder entfernen, vgl. Nr. 6.4., Produkte zum Desinfizieren oder Sterilisieren von Medizinprodukten, vgl. Nr. 7.3. Produkte für die Aufzeichnung von durch Röntgenstrahlung gewonnenen Diagnosebildern, vgl. NR. 7.4., sowie invasive Produkte im Zusammenhang mit Körperöffnungen für die Verabreichung von Arzneimitteln durch Inhalation, vgl. Nr. 7.7.

Produkte der Klasse IIa sind beispielsweise TENS-Geräte oder elektronische Thermometer, Trachealtuben,[443] die meisten Katheter[444] sowie luftgefüllte OP-Matratzen[445], die etwa zur Vermeidung einer Auskühlung des Patienten während einer Operation verwendet werden.

c) Risikoklasse IIb

Medizinprodukte der Klasse IIb haben ein erhöhtes Risikopotenzial.[446] Dies sind in der Regel die nicht-invasiven Produkte zur Veränderung der biologischen oder chemischen Zusammensetzung von menschlichen Geweben oder Zellen, Blut, anderen Körperflüssigkeiten oder Flüssigkeiten zur Implantation oder Verabreichung in den Körper, vgl. Nr. 4.3., ferner invasive Produkte im Zusammenhang mit Körperöffnungen sowie implantierbare und chirurgisch-invasive Produkte jeweils zur langzeitigen Anwendung, vgl. Nr. 5.1., Nr. 5.4., manche aktiven Produkte, vgl. Nr. 6.1., Produkte zur Empfängnisverhütung oder zum Schutz vor sexuell übertragbaren Krankheiten, vgl. Nr. 7.2. und Produkte zum Desinfizieren,

---

443 *Jäkel,* in: HK-AKM 3590 Rn. 99.

444 *Ratzel,* in: *Ratzel/Luxenburger,* Handbuch Medizinrecht, Kap. 33 D Rn. 40.

445 VG Köln, Urt. v. 24.5.2013 – 7 K 1500/1, BeckRS 2013, 51593.

446 *Ratzel,* in: *Ratzel/Luxenburger,* Handbuch Medizinrecht, Kap. 33 D Rn. 40.

Reinigen, Abspülen oder gegebenenfalls Hydratisieren von Kontaktlinsen, vgl. Nr. 7.3.

Produkte der Klasse IIb sind etwa Defibrillatoren, diagnostische Röntgenapparate oder Urinkatheter für die Langzeitanwendung ab 30 Tagen[447].

d) Risikoklasse III

In Klasse III befinden sich die Medizinprodukte mit der höchsten potenziellen Gefährlichkeit. Darin werden z.B. Produkte eingeordnet, zu deren Bestandteilen ein Stoff gehört, der für sich allein genommen als Arzneimittel gelten kann, vgl. Nr. 7.1., ferner implantierbare Produkte oder invasive Produkte zur langzeitigen Anwendung zum Zwecke der Empfängnisverhütung oder der Verhütung sexuell übertragbarer Krankheiten, vgl. Nr. 7.2., Produkte, die unter Verwendung von nicht lebensfähigen oder abgetöteten Geweben oder Zellen menschlichen oder tierischen Ursprungs oder ihren Derivaten hergestellt wurden, vgl. Nr. 7.5., sowie aktive therapeutische Produkte mit integrierter oder eingebauter diagnostischer Funktion.

Produkte der Klasse III sind etwa Derivate von Blut, Dialysemaschinen oder Herzkatheter[448] sowie Brustimplantate, Herzklappen, Implantate wie beispielsweise Gelenkersatz für Hüfte, Knie und Schulter,[449] zudem Implantate zum Ersatz der Bandscheiben und implantierbare Produkte, die mit der Wirbelsäule in Berührung kommen.[450] An sie werden die höchsten Anforderungen gestellt.

3. *Ablauf des Nachweises des Einhaltens der Voraussetzungen*

Um den Nachweis zu führen, dass das Produkt den für diese Risikoklasse entsprechenden Vorgaben der MDR entspricht, muss grundsätzlich ein Konformitätsbewertungsverfahren i.S.d. Art. 52 MDR i.V.m. Anhängen IX bis XI durchgeführt werden. In Art. 51 MDR wird detailliert niedergelegt, welches Verfahren für welche Risikoklasse einschlägig ist. Bei Produkten der Klasse I reicht es aus, nach Anfertigung der technischen Dokumentation die Konformität des Produktes durch Ausstellung einer EU-Konformitätserklärung gemäß Art. 52 Abs. 7 S. 1 MDR i.V.m. Art. 19 Abs. 1 S. 1 MDR zu bestätigen. Bei den übrigen Risikoklassen muss der Hersteller das Konformitätsbewertungsverfahren hingegen durchführen, Art. 52 MDR. Erst danach erfolgt die Abgabe einer Konformitätserklärung i.S.d.

---

447 *Jäkel*, in: HK-AKM 3590 Rn. 99.

448 *Jäkel*, in: HK-AKM 3590 Rn. 99.

449 *Ratzel*, in: *Ratzel/Luxenburger*, Handbuch Medizinrecht, Kap. 33 D Rn. 441.

450 *Schweikard*, Medizinprodukterechtliche Konformität, S. 216.

Art. 19 MDR und das Anbringen der CE-Kennzeichnung gemäß Art. 20 MDR, vorausgesetzt, der Ausgang des Konformitätsbewertungsverfahrens war positiv. Im Rahmen dieses Verfahrens[451] muss beispielsweise für implantierbare Produkte der Klasse III und aktive Produkten der Klasse IIb, die dazu bestimmt sind, ein Arzneimittel an den Körper abzugeben und/oder aus dem Körper zu entfernen, ein Konsultationsverfahren (sog. „Scrutiny-Procedure“[452]) gemäß Art. 54 MDR auch mit anderen Experten abgehalten werden, vgl. Erwägungsgrund der MDR Nr. 56.

Durch die Konformitätserklärung übernimmt der Hersteller die Verantwortung dafür, dass das Produkt den Anforderungen der MDR sowie allen anderen für das Produkt geltenden potenziell einschlägigen Rechtsvorschriften der Union entspricht, vgl. Art. 19 Abs. 3 MDR. Das Anbringen der CE-Zertifizierung markiert den Abschluss des Konformitätsbewertungsverfahrens und bestätigt das Einhalten der jeweils anwendbaren grundlegenden Sicherheits- und Leistungsanforderungen.[453] Ohne CE-Kennzeichnung führen ausschließlich vereinzelte „Sonderwege“ zum Zugang zum Markt.[454]

4. *Die Pflicht im Rahmen der Lieferkette*

Bei Art. 5 Abs. 1 Alt. 1 MDR handelt es sich um die erste Regelung für den ersten Wirtschaftsakteur in der Lieferkette, bei dem das Produkt zum ersten Mal den Unionsmarkt und somit in den Regelungsbereich der Verordnung gerät. In der MDR finden sich Pflichten und Verbote für jeden Wirtschaftsakteur, der innerhalb der Lieferkette mit dem Produkt befasst ist. Diese Pflichten ergänzen sich alle gegenseitig, sodass – wenn jeder Akteur seine Pflichten einhält – die größtmögliche Sicherheit für die Medizinprodukte besteht.

So regelt Art. 5 Abs. 1 MDR zunächst die „Grundvoraussetzungen“ für das Produkt beim Ersteintritt in den europäischen Markt. Es muss bei sachgemäßer Lieferung, korrekter Installation und Instandhaltung und seiner Zweckbestimmung entsprechender Verwendung der Verordnung entsprechen, also „sicher sein“. Weitere Normen der MDR schützen zum Beispiel vor Fehlern bei der Lieferung und Lagerung (etwa die Händlerpflicht Art. 14 Abs. 3 MDR) sowie bei der Instandhaltung (etwa in § 7 MPBetreibV für den Medizinproduktebetreiber, in

451 Die Einzelheiten des Konformitätsbewertungsverfahrens ergeben sich aus dem Gesetz. Aus Platzgründen werden diese nicht vertieft aufgeführt.

452 *Dieners/Povel*, MPR 2012, 145 (155).

453 *Lücker, in: Spickhoff MedR* MPDG Vorbemerkung Rn. 7.

454 Vgl. *Ecker*, Medizinprodukte und IVD, S. 28

Art 13 Abs. 1 i.V.m. Anhang I Kap. 1 Nr. 6 MDR[455] etwa für den Importeur). Dabei wird grundsätzlich gefordert, dass das Medizinprodukt entsprechend den Anweisungen des Herstellers behandelt wird. Voraussetzung ist dafür allerdings auch, dass der Hersteller diese Anweisungen, die einzuhalten sind, dem Produkt beifügt. Dies wird ihm durch Art. 10 Abs. 11 MDR i.V.m. Anhang I Abschnitt 23, insbesondere Abschnitt 23.2. lit. k), (vgl. zudem ebenso Anhang I Kap. 1 Nr. 4 lit. c)) sowie Nr. 6 MDR, aufgetragen.[456]

Ist die Grundvoraussetzung eingehalten und halten alle weiteren Glieder der Lieferkette ihrerseits deren Anforderungen an Lagerung, Transport etc. ein, so sollten in der Theorie sämtliche grundsätzlich denkbaren Fehlerquellen des Medizinprodukts bis hin zum Endabnehmer eliminiert sein. Bei dieser „allerersten Pflicht" handelt es sich um eine gewichtige Zentralnorm. Schließlich hat nur der Hersteller Einfluss darauf, wie sicher das Produkt hergestellt wird. Ein Verstoß gegen diese Norm alleine könnte Schaden anrichten.

5. *Ge- oder Verbot*

Bereits der Wortlaut „darf nur" i.S.v. „nur dann", deutet darauf hin, dass ein Gebot enthalten ist. Hierbei wird das Einhalten derjenigen Vorschriften der MDR, die für den jeweiligen Wirtschaftsakteur vorgesehen sind, verbindlich vorgeschrieben und es werden dabei die Punkte Lieferung, Installation, Instandhaltung und zweckbestimmte Verwendung ausgeklammert, da bei Ersteintritt auf den europäischen Markt derjenige Wirtschaftsakteur, der diesen Ersteintritt veranlasst, dies noch nicht absehen kann. Aus diesem Grund kann man ihm sinnvollerweise in diesem Abschnitt nur das Erfüllen von Grundvoraussetzungen aufbürden. Es können zudem weitere Normen für den Hersteller einschlägig sein, die seine Pflichten noch weiter konkretisieren. Beispielsweise könnte der Hersteller auch über eine eigene Lieferinstitution verfügen, sodass er dementsprechend auch die Voraussetzungen für eine sichere Lieferung zu erfüllen hätte.

Aus dem Gebot ergibt sich dementsprechend auch das Verbot, mit Medizinprodukten die in Art. 5 Abs. 1 MDR genannten Handlungen durchzuführen, wenn ein begründeter Verdacht zu der Annahme führt, dass sie die Sicherheit und Gesundheit von Patienten oder Anwendern bei sachgemäßer Anwendung, Instandhaltung und bestimmungsgemäßem Gebrauch unmittelbar oder mittelbar über ein nach den Erkenntnissen der medizinischen Wissenschaft vertretbares

455 Siehe dazu C.I.

456 Siehe dazu XI.

Maß hinaus gefährden könnten. Dabei sind für diesen begründeten Verdacht konkrete Anhaltspunkte erforderlich.[457]

Ist das Produkt nicht MDR-konform, kann es mangelhaft und somit gefährlich sein. Dementsprechend kann in einem Verstoß auch eine „konkrete Angriffsart" gesehen werden. Bereits zu Zeiten der Vorgängerregelung MPG wurde es als Schutzgesetzverletzung i.S.d. § 823 Abs. 2 BGB angesehen, wenn ein Medizinprodukt ohne CE-Kennzeichnung in Verkehr gebracht wurde und sich ein kausaler Zurechnungszusammenhang zwischen dem Gesetzesverstoß (Inverkehrbringen ohne CE-Kennzeichnung) und dem konkreten Schaden herstellen lässt.[458] So wurde auch Art. 5 Abs. 1 MDR als Schutzgesetz eingeordnet.[459] Nicht ausreichend sei es allerdings, wenn lediglich die CE-Kennzeichnung fehlt, das Produkt aber verordnungskonform ist.[460]

6. *Strafvorschriften*

Der nationale Gesetzgeber hat für das Inverkehrbringen oder die Inbetriebnahme eines Medizinprodukts sowie für das Anbringen einer CE-Kennzeichnung ohne das jeweils einschlägige vorherige verpflichtende Vorgehen in § 92 Abs. 3, Abs. 4, 93 Abs. 3 MPDG Strafvorschriften normiert. Das Gesetz unterscheidet hierbei zwischen Medizinprodukten, die den Vorschriften des Strahlenschutzgesetzes oder einer auf dessen Grundlage erlassenen Rechtsverordnung unterliegen oder bei deren Herstellung ionisierende Strahlen verwendet wurden (§ 92 MPDG mit höherer Strafandrohung) und solchen, die dies nicht erfüllen (§ 93 MPDG).

Die Nichtbeachtung der Übergangsbestimmung in Art. 120 Abs. 3 S. 1 MDR und Art. 110 Abs. 3 S. 1 IVDR wird in § 92 Abs. 2, Abs. 3 bzw. § 93 Abs. 2 Nr. 3 MPDG unter Strafe gestellt. Demnach darf ein Produkt, für das vor Inkrafttreten der MDR/IVDR eine gültige Bescheinigung gemäß der Richtlinie 90/385/EWG oder der Richtlinie 93/42/EWG erteilt wurde, nur in Verkehr gebracht oder in Betrieb genommen werden, sofern es ab dem Tag des Geltungsbeginns der vorliegenden Verordnung weiterhin einer dieser Richtlinien entspricht und sofern keine wesentlichen Änderungen der Auslegung und der Zweckbestimmung vorliegen. Dabei handelt es sich um einen konkreten Verstoß gegen die Verpflichtung zur Konformität.

---

457 Zum Ganzen *Ratzel*, in: Ratzel/Luxenburger, Handbuch Medizinrecht, Kap. 33 C Rn. 35.

458 s. OLG Frankfurt, Urt. v. 13.1.2015 – 8 U 168/13, MPJ 2015, 353, m.w.N.

459 *Wagner*, in: MüKoBGB BGB § 823 Rn. 594, ebenso Rn. 1040.

460 So zu Zeiten des MPG OLG Frankfurt, Urt. v. 13.01.2015, 8 U 168/13, MPJ 2015, 353.

Bestraft wird ferner das Fehlen des Konformitätsbewertungsverfahrens (§ 92 Abs. 4 Nrn. 1-3, 5, 7-10 MPDG sowie § 93 Abs. 3 Nrn. 3-5, 7, 9-12; für Sonderanfertigungen das Fehlen der für sie vorgesehenen Feststellung des Entsprechens der Verordnung in dem Verfahren nach Art. 52 Abs. 1, 2 oder 8 MDR: § 92 Abs. 4 Nr. 6 bzw. § 93 Abs. 3 Nr. 8 MPDG) für Medizinprodukte, § 92 Abs. 5 Nrn. 1-3, 5 sowie § 93 Abs. 5 Nrn. 3-5, 7 für In-vitro-Diagnostika) und das Fehlen der Konformitätserklärung (§ 92 Abs. 4 Nr. 4 bzw. § 93 Abs. 3 Nr. 6 für Medizinprodukte, § 92 Abs. 5 Nr. 4 bzw. § 93 Abs. 5 Nr. 6 für In-vitro-Diagnostika). Dabei wird die vorsätzliche Begehung unter Strafe gestellt, vgl. § 15 StGB. Dies ergibt sich zum einen daraus, dass keine ausdrückliche Strafbarkeit der fahrlässigen Begehung normiert ist[461]; zum anderen daraus, dass die fahrlässige Begehung gemäß § 94 Abs. 1 MPDG als Ordnungswidrigkeit eingeordnet ist.[462]

7. *Individualschutz*

Aus dem Zusammenhang insbesondere mit den weiteren Pflichten der weiteren Akteure der Lieferkette ergibt sich ein Schutz vor fehlerhaften Medizinprodukten. Nun bleibt zu ermitteln, ob dieser Schutz individuellen Personengruppen oder der Allgemeinheit gilt. Der Gesetzestext der MDR stellt in Erwägungsgrund 2 klar, dass die MDR ein hohes „Gesundheitsschutzniveau für Patienten und Anwender" erzielen soll. Die Nichteinhaltung steigert klar das Gefährdungspotenzial des Medizinprodukts und kann direkt darin resultieren, dass ein gefährliches Medizinprodukt an einer Person Schaden anrichtet. Auch bei der „regulären" Produkthaftung für Nicht-Medizinprodukte nach dem Produkthaftungsgesetz handelt es sich um eine Haftung für das Steigern oder Hervorrufen des Gefährdungspotenzials, sog. Gefährdungshaftung.[463]

Daher ergibt sich daraus auch der Schutz der individuellen Person. Denn all diese Pflichten und Verbote dienen dazu, potenziell gefährliche, mangelverdächtige Medizinprodukte vom EU-Markt fernzuhalten, bevor sich deren abstrakte Gefährlichkeit möglicherweise an Patienten oder sonstigen Anwendern realisieren könnte. Auch die Historie der Entstehung dieser Pflichten spricht dafür, dass dieser Schutz der individuellen Personen vom Gesetzgeber gewollt ist. Denn nach mehreren Skandalen um fehlerhafte Medizinprodukte (z.B. „PIP-Skandal") galt es, die Wiederholung solcher Vorkommnisse dringend weitestgehend zu vermeiden. Dazu wird jeder Wirtschaftsakteur in der gesamten Lieferkette zu eigenen

---

461 *Lücker,* in: Spickhoff MedR MPDG § 93 Rn. 2.
462 *Lücker,* in: Spickhoff MedR MPDG § 94 Rn. 1.
463 *A. Staudinger*, in: HK-BGB BGB § 823 Rn. 162.

Überprüfungen verpflichtet, sodass jedes Medizinprodukt mehrere Prüfungen durch mehrere Akteure durchläuft. Der Hersteller aber ist der erste Akteur, dem damit die größte Rolle zukommt. Denn nur er überblickt und überwacht den kompletten Herstellungsprozess und somit auch dessen potenzielle Fehlerquellen.

Der Grund dafür, dass die Anforderungen zur Konformität erfüllt werden müssen, ist der Schutz des Patienten und der Behandelnden, die mit dem Medizinprodukt in Berührung kommen. Diese Norm dient daher dem Individualschutz. Bereits die Vorgängernorm § 6 Abs. 1 und Abs. 2 MPG, in der in Abs. 2 S. 1 Alt. 2 auch die Pflicht zur Konformitätsbewertung als Voraussetzung für das Anbringen der CE-Kennzeichnung enthalten ist, wurde vom Bundesgerichtshof als Schutzgesetz i.S.d. § 823 Abs. 2 BGB eingeordnet.[464]

8. *Geschütztes Interesse*

Sinn und Zweck des Konformitätsbewertungsverfahrens in Zusammenhang mit der Einstufung in einzelne Risikoklassen ist es, Medizinprodukte je nach ihrem Gefährdungspotenzial einem angemessenen Verfahren zur Bewertung ihrer Konformität mit den jeweils einschlägigen grundlegenden Anforderungen zu unterziehen. Dies dient dem Schutz einzelner Personen und der Allgemeinheit vor den Gefahren mangelhafter Medizinprodukte. Der Schutz wird insbesondere dadurch gewährleistet, dass größtmögliche zumutbare Anforderungen an das Medizinprodukt gestellt werden, bereits bevor es auf den EU-Markt gelangt und dort dem Endanwender zur Verfügung gestellt wird.

9. *Zur Vorverlagerung der Haftung*

Dabei findet, wie ebenso bei anderen abstrakten Gefährdungen von Rechtsgütern, die von § 823 Abs. 1 BGB geschützt sind, eine Vorverlagerung der Haftung statt.[465] Schließlich wird nicht erst der Schädigungserfolg, also die tatsächliche Verletzung des Rechtsguts, mit einem zivilrechtlichen Schadensersatz sanktioniert, sondern bereits das Zuwiderhandeln gegen das Gebot, die allgemeinen Anforderungen der Verordnung einzuhalten.[466] Tatbestandlich ist für den Anspruch aus § 823 Abs. 2 BGB dann nur die Schutzgesetz-, nicht aber die Rechtsgutverlet-

---

464 BGH, Art. v. 27.02.2020 – VII ZR 151/18, BGHZ 225, 23.

465 zur abstrakten Gefährdung in § 906 BGB vgl. BGH, Urt. v. 26.02.1993 – V ZR 74/92, NJW 1993, 1580 (1581); bestätigend BGH, Urt. v. 27.09.1996 – V ZR 335/95, NJW 1997, 55; zu § 227 a.F. StGB vgl. BGH, Urt. v. 02.02.1988 – VI ZR 133/87, NJW 1988, 1383; BGH, Urt. v. 23. 3. 1999 – VI ZR 53–98, NJW 1999, 2895.

466 *Förster*, in: BeckOK BGB § 823 Rn. 266.

zung erforderlich[467], wobei das Zuwiderhandeln abstrakt gefährliches Verhalten darstellt. Dieses muss sich aber für den Anspruch, für den ein haftungsausfüllend kausaler Schaden erforderlich ist, konkret realisieren.[468]

10. Ergebnis

Bei Art. 5 Abs. 1, Art. 10 Abs. 1 MDR handelt es sich somit um ein Schutzgesetz i.S.d. § 823 Abs. 2 BGB.

II. Die Pflicht zur Einhaltung der grundlegenden Sicherheits- und Leistungsanforderungen und der klinischen Bewertung

Nach Art. 5 Abs. 2 MDR muss ein Produkt unter Berücksichtigung seiner Zweckbestimmung den in Anhang I festgelegten für das Produkt geltenden grundlegenden Sicherheits- und Leistungsanforderungen genügen. Auch dies gehört zur Herstellerpflicht, dass das Medizinprodukt „der Verordnung entsprechen" muss, (vgl. Art. 5 Abs. 1, Art. 10 Abs. 1 MDR) da es sich dabei auch um eine Anforderung der MDR an das Medizinprodukt handelt. Dennoch wurde dies gesondert nochmal als Anforderung an das Medizinprodukt in Art. 5 MDR normiert.

Teil des „New Approach" war es, zu den jeweiligen Produktgruppen auch abstrakte, grundlegende Vorgaben zu Leistungsfähigkeit und Sicherheit zu machen.[469] Art. 5 Abs. 3 MDR konkretisiert dazu, dass ein Nachweis der Einhaltung der grundlegenden Sicherheits- und Leistungsanforderungen auch eine klinische Bewertung gemäß Art. 61 MDR erfassen muss. So ist grundsätzlich gemäß Art. 10 Abs. 1 MDR der Hersteller zur Einhaltung, gemäß Art. 10 Abs. 3 MDR zur klinischen Bewertung verpflichtet. Art. 10 MDR regelt die grundlegenden Herstellerpflichten und ist „Ausgangspunkt" für die einzelnen an anderen Stellen der MDR normierten Herstellerpflichten[470] wie Art. 5 Abs. 2, 3 MDR mit dem Risikomanagement. Auch Art. 5 Abs. 2 MDR wurde bereits als Schutzgesetz eingeordnet,[471] ebenso deren Vorgängernorm des MPG, nämlich § 6 Abs. 1, Abs. 2 MPG, in der in Abs. 2 S. 1 Alt. 1 die Pflicht zur Einhaltung der „Grundlegenden Anforderungen" (im MPG geregelt in § 7 MPG) als Voraussetzung für das Anbringen der CE-Kennzeichnung enthalten war.[472]

---

467 BGH, Urt. v. 2.2.1988 – VI ZR 133/87, NJW 1988, 1383; *Förster*, in: BeckOK BGB § 823 Rn. 266.

468 vgl. *Wagner*, in: MüKoBGB BGB § 823 Rn. 614.

469 *Lücker/Wunderlich*, in: Lücker/Baumann MedProdR, Kap. B 5.0.

470 *Plaßmann*, in: FS Gassner, S. 273.

471 Wagner, in: MüKo BGB § 823 BGB Rn. 594, ebenso Rn. 1040.

472 BGH, Urt. v. 27.2.2020 – VII ZR 151/18, BGHZ 225, 23.

1. Grundlegende Sicherheits- und Leistungsanforderungen

In Anhang I werden die grundlegenden Sicherheits- und Leistungsanforderungen konkretisiert. Sie unterscheiden nicht nach der Risikoklasse des Produkts sondern gelten grundsätzlich für alle Produkte.

a) Einzuhaltende Anforderungen

Gemäß Anhang I Kapitel I Nr. 1 müssen die Produkte so ausgelegt und hergestellt werden, dass sie sich unter normalen Verwendungsbedingungen für ihre Zweckbestimmung eignen. Es gilt, gemäß Nr. 2 die Risiken so weit zu reduzieren, wie dies ohne negative Auswirkungen auf das Nutzen-Risiko-Verhältnis möglich ist. Die Zweckbestimmung des Medizinprodukts erhöht dabei die Anforderungen, da grundlegende Sicherheits- und Leistungsanforderungen beispielsweise für ein Gerät zur Strahlentherapie von Krebsgeschwüren schwerer zu erfüllen sind als für ein Pflaster oder Verbandsmaterial. Im Anhang III ist zudem eine Beschreibung der Risikomanagement- und Risikokontrollanforderungen (vergleiche Nrn. 3 und 4) enthalten. Die Pflicht zur Implementierung eines Risikomanagementsystems für Hersteller wird gemäß Art. 10 Abs. 2 MDR ebenfalls festgelegt und wird zu einem späteren Zeitpunkt gesondert behandelt. Zusätzliche Anforderungen sind in den Nrn. 5-9 festgelegt. Hierbei zeigt sich erneut die enge Verflechtung der Pflichten der einzelnen Akteure entlang der Lieferkette, die ähnlich einem Zahnradsystem bis hin zum Endverbraucher ineinander greifen. Die Gewährleistung größtmöglicher Sicherheit ist nur durch die Einhaltung aller Pflichten durch jeden Akteur gewährleistet.

b) Stellung im Normgefüge

Dem Hersteller werden dabei alle „ersten" Pflichten zugewiesen, in Art. 10 Abs. 1 MDR generell die Pflicht zur Einhaltung aller Anforderungen der MDR, in Art. 10 Abs. 3 MDR die Einhaltung und Durchführung der klinischen Bewertung. Er trägt die Verantwortung für das Produkt unter der Prämisse, dass die restlichen Akteure ebenso ihre Pflichten erfüllen, beispielsweise „normale Verwendungsbedingungen" geschaffen werden (vgl. Anhang I Kapitel I Nr. 1). Vom Hersteller wird in diesem Zusammenhang verlangt, dass sein Produkt auch dann den grundlegenden Sicherheits- und Leistungsanforderungen entsprechen muss, wenn es „normalen Verwendungsbedingungen" ausgesetzt wird und es ordnungsgemäß entsprechend den Anweisungen des Herstellers instand gehalten wurde, vgl. Anhang I Kapitel I Nr. 6. Im Umkehrschluss gilt, dass der Hersteller dann nicht mehr für sein Produkt garantiert, wenn es nicht (mehr) so behandelt wird, wie er es vorschreibt.

Dies zeigt sich auch beispielsweise in Anhang I Kapitel I Nr. 7, in dem vom Hersteller verlangt wird, dass Produkte so ausgelegt, hergestellt und verpackt werden, dass ihre Merkmale und ihre Leistung während ihrer bestimmungsgemäßen Verwendung unter Berücksichtigung der Gebrauchsanweisung und der sonstigen Hinweise des Herstellers während des Transports und der Lagerung, z. B. durch Temperatur- oder Feuchtigkeitsschwankungen, nicht beeinträchtigt werden.

Der Hersteller muss auch die Risiken in den Sphären von anderen Wirtschaftsakteuren und anderen Beteiligten soweit zumutbar minimieren. So muss er beispielsweise das Produkt so sicher herstellen und auslegen, dass die Risiken minimal sind (vgl. Nr. 4a, vgl. auch Nr. 8), bei nicht mehr weiter minimierbaren Restrisiken gegebenenfalls Schutzmaßnahmen ergreifen (vgl. Nr. 4b), für Sicherheitsinformationen sorgen (Warnungen, Vorsichtshinweise, Kontraindikationen) sowie gegebenenfalls Schulungen für Anwender bereitstellen, (vgl. Nr. 4c). Dies schließt ebenso mit ein, dass er Anforderungen z.B. für Lagerung und Lieferung, zur Wartung und gegebenenfalls Montage, etc. bereitstellt.

Ferner müssen geeignete Schritte ergriffen werden, um Anwenderfehler auszuschließen oder zu minimieren. Hierzu muss der Hersteller beispielsweise den durchschnittlichen Kenntnisstand des Endverbrauchers bei der Konzeption des Produkts zugrundelegen, vgl. Nr. 5. Wenn sein Produkt allerdings für eine bestimmte Nutzergruppe mit besonderen Bedürfnissen konzipiert ist, hat der Hersteller deren durchschnittlichen Kenntnisstand bzw. etwaige körperliche Einschränkungen zu berücksichtigen. Dies gilt etwa dann, wenn das Produkt primär für Menschen mit einer bestimmten Behinderung gedacht ist. So kann erreicht werden, dass das Risiko einer Gefährdung durch einen Anwender mit jeweils durchschnittlichem Kenntnisstand der geplanten Anwendergruppe minimiert wird, da das Produkt auf genau diesen Kenntnisstand zugeschnitten ist.

c) Ergebnis

Halten die weiteren Glieder der Lieferkette bzw. der Endverbraucher die vom Hersteller vorgegebenen Anforderungen beispielsweise an Lagerung, Lieferung, Montage, Verwendung etc. ein, so muss das Produkt „sicher" sein und die Leistung bringen können, zu der es konzipiert ist.

2. Klinische Bewertung

Ferner ist gemäß Art. 5 Abs. 3 MDR als Teil des Nachweises der Einhaltung der grundlegenden Sicherheits- und Leistungsanforderungen eine klinische Bewertung i.S.d. Art. 61 MDR vorzunehmen. Bei der klinischen Bewertung handelt es sich um die Bestätigung der Erfüllung der einschlägigen grundlegenden Sicherheits- und Leistungsanforderungen gemäß Anhang I, vgl. Art. 61 Abs. 1 MDR, bei normaler bestimmungsgemäßer Verwendung des Produkts. Sie ist eine „wesentliche Herstelleraufgabe"[473] und hat nach Maßgabe des Art. 51 MDR i.V.m. Anhang XIV Teil A über den gesamten Lebenszyklus des Produkts geplant, durchgeführt und dokumentiert zu werden, vgl. Art. 51 Abs. 1 MDR. Sie wird daher auch als „Lifecycle-Process" bezeichnet.[474] Dieses Thema wurde mit Einführung der MDR deutlich verschärft.[475] Die klinische Nachbeobachtung, die die klinische Bewertung in der Zeit nach dem Inverkehrbringen aktuell hält, wird Post-Market Clinical Follow-Up genannt. Diese ist Bestandteil der Post-Market Surveillance und eine Fortführung der Pflicht zur Erfüllung der grundlegenden Sicherheits- und Leistungsanforderungen nachdem das Produkt die Herstellersphäre verlassen hat; sie wird in der MDR gesondert im Anhang XIV beschrieben. Für die genauen Modalitäten gibt es einen von der Europäischen Kommission bereitgestellten Leitfaden der Medical Device Coordination Group (MDCG).[476]

Die klinische Bewertung wurde in der MDR neu definiert mit einem Hinweis auf den „klinischen Nutzen", welcher gemäß Art. 2 Abs. 1 Nr. 37 lit. d) MDR die positiven Auswirkungen des Medizinprodukts auf die Gesundheit einer Person bezeichnet; Anforderung ist dabei also, dass das Risiko-Nutzen-Verhältnis positiv sein soll.[477]

Auch bei der klinischen Bewertung gibt es Unterschiede je nach Gefahrenpotenzial des entsprechenden Medizinprodukts. Dabei stellen Art. 62-66 MDR[478] und die Norm DIN EN ISO 14155:2020 (zuvor: 2011[479]) „Klinische Prüfung von Medizinprodukten an Menschen – Gute klinische Praxis" gewisse Standards und Anforderungen an die Durchführung einer solchen klinischen Prüfung von Medizinprodukten dar. Sie gewährleisten beide die Sicherheit der Teilnehmenden an einer solchen klinischen Prüfung, des Anwenders und weiterer an der Prüfung beteiligten Personen zum einen und schützt zum anderen die Qualität der erho-

---

473 *Plaßmann*, in: FS Gassner, S. 273 (286).

474 *Handorn/Holzapfel*, GuP 2017, 188.

475 *Ratzel*, in: *Ratzel/Luxenburger*, Handbuch Medizinrecht, Kap. 33 E Rn. 43.

476 *MDCG*, MDCG 2020-8 Post-market clinical follow-up (PMCF) Evaluation Report Template A guide for manufacturers and notified bodies (v. April 2020) abrufbar unter: *https://ec.europa.eu/docsroom/documents/40906.*

477 *Graf*, MPR 2016, 186.

478 Siehe dazu unter 5.

479 Die MDR verweist in Erwägungsgrund 64 auf die ISO-Version von 2011, die durch die Version von 2020 abgelöst wurde, s. ISO-Website zu ISO 14155:2011: *„This standard has been revised by ISO 14155:2020"*.

benen klinischen Daten.[480] Die IS- Norm hat die Europäische Kommission durch Normungsauftrag erarbeiten lassen, „um ein freiwilliges Mittel zur Erfüllung der grundlegenden Anforderungen der Richtlinie 93/42/EWG und der Richtlinie 90/385/EWG des Rates bereitzustellen"[481]. Sie wurde somit bereits für die europäischen Vorgängerregelungen der MDR und der IVDR erstellt und infolgedessen mehrfach überarbeitet und den Regelungen der MDR angepasst.[482]

Das Verfahren zur klinischen Bewertung ist exakt definiert und methodisch solide.[483] Bei der klinischen Bewertung handelt es sich um eine Konkretisierung der Anforderungen in Art. 5 Abs. 2 MDR. Dabei gibt Art. 5 Abs. 2 vor, was einzuhalten ist, (das Produkt muss den grundlegenden Sicherheits- und Leistungsanforderungen genügen), Abs. 3 erklärt in Verbindung mit den Vorgaben in Art. 61 MDR und Anhang XIV Teil A, wie der Hersteller bestätigen kann, dass diese eingehalten sind.[484]

3. *Ge- oder Verbot, Individualschutz, geschütztes Rechtsgut*

a) Grundlegende Sicherheits- und Leistungsanforderungen

Der Händler muss dafür sorgen, dass das Produkt die grundlegenden Sicherheits- und Leistungsanforderungen erfüllt. Bei der Norm handelt es sich um eine Vorgabe eines Tuns in Gestalt eines Gebots. Im Umkehrschluss ergibt sich auch ein Verbot: Der Händler darf das Produkt dann nicht in Verkehr bringen, wenn die Anforderungen nicht erfüllt sind. Gerade bei Fragen der Sicherheitsanforderungen an Medizinprodukte stehen gewichtige Rechtsgüter auf dem Spiel. Bei einem Verstoß sind insbesondere die absoluten Rechtsgüter, die auch § 823 Abs. 1 BGB schützt, betroffen. Auch die Entstehungsgeschichte der gesamten MDR lässt auf einen Gesetzgeberwillen schließen, der durch Minimierung von Risiken in sämt-

---

480 *Roos-Pfeuffer/Kraus-Lauth*, in: Klinische Prüfung von Medizinprodukten, S. VII.

481 *Roos-Pfeuffer/Kraus-Lauth*, in: Klinische Prüfung von Medizinprodukten, S. 7.

482 *Schuh*, Was die aktuelle Norm ISO 14155:2020 für die Klinische Prüfung bedeutet, Medizin & Technik (online), abrufbar unter: *https://medizin-und-technik.industrie.de/recht/was-die-aktuelle-norm-iso-141552020-fuer-die-klinische-pruefung-bedeutet*, abger. 7.9.2023.

483 *Graf*, MPR 2016, 186.

484 Vertiefend zu den verschiedenen Vorgehensweisen s. *Penn*, MPJ 2023, 92 ff; Die genauen Modalitäten der klinischen Bewertung ergeben sich aus dem Gesetz. Es wird aus Platzgründen darauf verzichtet, sie im Einzelnen aufzuführen. Für die vorliegende Frage nach der Schutzgesetzeigenschaft reicht es aus, dass es die Vorgabe einer klinischen Bewertung gibt.

lichen Sphären sämtlicher Wirtschaftsakteure Schutz für all diejenigen Personen schaffen wollte, die mit Medizinprodukten in Berührung kommen können.

In den persönlichen Schutzbereich fallen Patienten und Anwender, die mit dem Medizinprodukt auf irgendeine Weise in Berührung kommen können. Durch die Anforderung an Medizinprodukte, sie sollen den grundlegenden Sicherheits- und Leistungsbestimmungen entsprechen, sinkt die Wahrscheinlichkeit, dass diese geschützten Personengruppen durch ein fehlerhaftes Medizinprodukt geschädigt werden. Erfüllt ein Produkt nicht die grundlegenden Sicherheits- und Leistungserwartungen, ist damit zu rechnen, dass es mangelbehaftet ist und schädlich für eine Person sein kann.

b) Klinische Prüfung

Dass eine klinische Prüfung durchgeführt werden muss, dient ebenso der Sicherheit des Produkts. Allerdings kann ein Verstoß alleine gegen diese Anforderung nicht unmittelbar ohne weitere Zwischenschritte zu einer Schädigung führen. Denn wenn die klinische Prüfung nicht durchgeführt wurde und das Produkt dementsprechend nicht den grundlegenden Sicherheits- und Leistungsanforderungen entspricht, ist die Verletzung der Pflicht zur Einhaltung ebendieser grundlegenden Sicherheits- und Leistungsanforderungen „näher am Schaden".

Ohne diese kann die Verletzung der Pflicht zur klinischen Prüfung nicht zu einem Schaden führen. Sie ist somit kein Schutzgesetz i.S.d. § 823 Abs. 2 BGB. Allerdings ist sie ein gesetzlich vorgeschriebenes Mittel, um das Risiko zu minimieren, ein Produkt in den Verkehr zu bringen oder in Betrieb zu nehmen, das nicht den grundlegenden Sicherheits- und Leistungsanforderungen entspricht. Sie stellt zudem eine Konkretisierung der „im Verkehr erforderliche Sorgfalt" dar. Ein Verstoß gegen diese Norm kann somit im Rahmen des Verschuldens in Gestalt der Fahrlässigkeit relevant werden. Es ist ein kennzeichnendes Merkmal des auch in der MDR fortgeführten „New Approach", dass am Ende nur zählt, dass die wesentlichen Anforderungen in Bezug auf Produktsicherheit erfüllt sind, nicht, wie der Hersteller dies erreicht hat.[485] Dementsprechend fehlt es an der Fähigkeit der Zuwiderhandlung, eine „„konkrete Angriffsart" zu sein, um die Gebotseigenschaft nach Maßgabe des § 823 Abs. 2 BGB zu bejahen.

4. Schutzgesetzeigenschaft von Normen im Zusammenhang

In den Art. 62-66 MDR ist geregelt, welche Voraussetzungen und Anforderungen für die klinische Prüfung zu beachten sind. So definieren Art. 62 Abs. 1 und

---

485 *Kapoor/Klindt*, EuZW 2008, 649 ff.

Abs. 4 MDR, wann und zu welchem Zweck eine solche Prüfung überhaupt durchgeführt werden kann und darf und welche Bedingungen dabei zu erfüllen sind. Abs. 6 und 7 der Norm legen ferner Anforderungen an die Person des Prüfers sowie an die Räumlichkeiten fest, in denen die Prüfung durchgeführt werden darf. Art. 62 Abs. 3 MDR stellt den Grundsatz auf, dass der Schutz der Rechte, der Sicherheit, der Würde und des Wohls der an der Prüfung teilnehmenden Personen gewährleistet sein und Vorrang vor allen sonstigen Interessen haben muss. Ferner gibt es mit den Art. 63f. MDR besondere Regelungen zur Einwilligung in die Teilnahme. Mit den Art. 65 f. MDR werden besonders hohe Hürden für die Teilnahme von Minderjährigen, Schwangeren und Stillenden an der Prüfung aufgestellt. National werden im MPDG in §§ 24-31b sowie § 47 MPDG noch weitere Vorschriften für klinischen Prüfungen, Leistungsstudien und sonstige klinische Prüfungen aufgestellt.[486]

All diese Anforderungen existieren, um die Teilnehmenden an solchen Prüfungen in erhöhtem Maße zu schützen. Sie sind ebenso Schutzgesetze i.S.d. § 823 Abs. 2 BGB im Bezug auf die Teilnehmenden.

5. *Ergebnis*

Die Anforderung an Produkte, den grundlegenden Sicherheits- und Leistungsbestimmungen zu entsprechen, ist Schutzgesetz i.S.d. § 823 Abs. 2 BGB (vgl. Art. 5 Abs. 2, Abs. 3 MDR). Ferner existieren mit Art. 62 Abs. 1, Abs. 3-7, Art. 63-66 MDR weitere vertiefende Regelungen zum Schutz von Personen bei der klinischen Bewertung. Diese sind ebenso als Schutzgesetze i.S.d. § 823 Abs. 2 BGB anzusehen. Die Pflicht, eine klinische Bewertung überhaupt durchzuführen hingegen, ist lediglich gesetzlich vorgeschriebenes Mittel, wie die Konformität mit den grundlegenden Sicherheits- und Leistungsanforderungen hergestellt werden kann – und somit, wie ein Verstoß gegen dieses Schutzgesetz vermieden werden kann. Sie ist kein eigenes Schutzgesetz.

III. *Die Pflichten bei der Eigenherstellung*

Eine Sonderform ist der Hersteller des Medizinprodukts in „Eigenherstellung". Auch die Pflichten für Eigenhersteller sind Herstellerpflichten. Die Eigenherstellung von Medizinprodukten ist zwar nicht begrifflich so in der MDR erwähnt, wie in § 3 Nr. 21 des alten nationalen MPG, aber in Art. 5 Abs. 5 MDR finden sich besondere Regelungen für sie.[487]

---

486 Siehe dazu unter § 3 H.

487 *Oeben*, MPR 2020, 215 (216).

Bevor sich mit der Einordnung der Norm beschäftigt werden kann, soll zunächst erläutert werden, wann eine solche Eigenherstellung vorliegt.

1. Begriff der Eigenherstellung und Abgrenzung

Bei Eigenherstellungen handelt es sich um Produkte, die innerhalb der Union von in der Union ansässigen Gesundheitseinrichtungen hergestellt und verwendet werden, vgl. Art. 5 Abs. 5 MDR. Die Herstellung ist dann als Eigenherstellung gestattet und unterfällt nicht dem gesamten Regulierungsrahmen der Verordnung (z.B. nicht den Pflichten zur klinischen Prüfung), wenn sie bestimmte Anforderungen an Nutzung, Dokumentation, Bewertung, Offenlegung und Überwachung erfüllt.[488] Dabei handelt es sich in Art. 5 Abs. 5 MDR um eine Privilegierung für Medizinprodukte, die als Eigenherstellungen gefertigt wurden, gegenüber anderen Medizinprodukten.

a) Begriff der „Herstellung"

Erforderlich dafür ist begrifflich die „Herstellung". Diese wird in der MDR nicht legal definiert, nur der „Hersteller" in Art. 2 Nr. 30 MDR. Dazu stellt sich die Frage, ob es sich beim Herstellen im Sinne einer Eigenherstellung nur um das eigenhändige, neue Erschaffen durch die Verbindung aus Rohstoffen handelt oder ob das Versetzen eines grundsätzlich bereits existenten Produkts in einen „gebrauchsfertigen Zustand" vor der Anwendung am Patienten ausreicht, wie beispielsweise beim Anrühren von Knochenzement oder der Zubereitung von Dialysekonzentrat aus Pulver.[489] Das bloße Zubereiten reicht nicht aus, um „Eigenhersteller" i.S.d. Art. 5 Abs. 5 MDR zu sein.[490] In der Praxis sind die Grenzen allerdings fließend.

b) Zur Beurteilung der Einordnung als Eigenherstellung

Besonders deutlich zeigt sich die Abgrenzung beim Anrühren von Medizinprodukten nach Anweisung, wie etwa bei Dialysekonzentrat, welches häufig in eigens konzipierten Mischanlagen im betreffenden Dialysezentrum angemischt wird.[491]

Bei einigen dieser automatischen Mischanlagen hat der Bediener des Zubereitungssystems keinen Einfluss auf die Zusammensetzung der Mischung oder auf den Verdünnungsgrad. Das Produkt wird dann in einer solchen Mischanlage

---

488 *Oeben*, MPR 2020, 215 (216).
489 *Oeben*, MPR 2020, 215 (217).
490 statt aller *Oeben*, MPR 2020, 215 (217f.).
491 zum Ganzen *Oeben*, MPR 2020, 215.

lediglich zubereitet, so wie es vom Hersteller auch vorhergesehen war. *Oeben* verneint die Eigenherstellung in diesem Fall zutreffend mit der Begründung, es würde ein bereits CE-zertifiziertes Medizinprodukt lediglich in einen gebrauchsfertigen Zustand versetzt. Das Endprodukt, das durch das Vermischen entsteht, sei bereits im Rahmen der Konformitätsbewertung des Herstellers des „Sets“ geprüft und bewertet worden.[492] Hingegen stelle es dann eine Eigenherstellung dar, wenn „ein eigenes Produkt mit einer selbst vorgegebenen Zweckbestimmung“ erstellt würde oder die Zweckbestimmung des Herstellers für dieses Produkt verfehlt würde.[493] Anders zu beurteilen ist dies auch, wenn das aufbereitete Medizinprodukt durch den Aufbereiter anschließend in den Verkehr gebracht wird.[494]

c) Zwischenergebnis

Die Zuordnung im Einzelnen als Eigenherstellung ist nicht immer eindeutig festzustellen. Als Anhaltspunkt kann nach *Wiring* unter anderem auch der Produktionsumfang betrachtet werden. Durch die Unbestimmtheit des Begriffs könnten Landesbehörden flexibel reagieren und den Begriff passend auslegen.[495]

2. Ge- oder Verbot

Fraglich ist, ob Art. 5 Abs. 5 MDR, der in erster Linie eine Haftungsprivilegierung darstellt, auch ein Ge- oder Verbot i.S.d. § 823 Abs. 2 BGB enthält.

a) Ge- oder Verbote in den lit. a) – h)

In den lit. a) bis h) werden gewisse Anforderungen an die Eigenherstellung gestellt, beispielsweise dass die Produkte nicht an eine andere rechtlich eigenständige Einrichtung abgegeben werden (lit. a)) oder die die Herstellung und die Verwendung der Produkte im Rahmen geeigneter Qualitätsmanagementsysteme erfolgt, (lit. b). Dabei könnte es sich um Ge- oder Verbote im Sinne einer Verbotsnorm handeln.

Dafür spricht, dass es sich grundsätzlich um Anweisungen an das Verhalten für den Umgang mit solchen Produkten handelt, beispielsweise dass sie nicht an

---

492 *Oeben*, MPR 2020, 215 (217f.).

493 *Oeben*, MPR 2020, 215 (219).

494 Dies ist allerdings nicht von Art. 5 Abs. 5 MDR erfasst: lit. a) verbietet die Weitergabe einer Eigenherstellung an eine andere rechtlich eigenständige Einrichtung. Daraus ist zu folgern, dass der Aufbereiter, der das aufbereitete Medizinprodukt in den Verkehr bringt, Hersteller ist. Vertieft s. dazu *Knauer*, MPR 2016, 37 ff.

495 Zum Ganzen *Wiring*, in: Lücker/Baumann MedProdR, Kap. EU 1-5/9 Rn. 27, m.w.N.

eine andere rechtlich eigenständige Einrichtung abgegeben werden „dürfen“ (lit. a)) oder dass die Herstellung und die Verwendung der Produkte im Rahmen geeigneter Qualitätsmanagementsysteme erfolgen (lit. b)).

Allerdings handelt es sich dabei vielmehr um eine Konkretisierung, wann ein Medizinprodukt ein solches ist, das als Eigenherstellung privilegiert ist. Produkte, bei denen die Anforderungen in lit. a) bis h) nicht erfüllt werden, sind keine Eigenherstellungen und haben dann andere Anforderungen zu erfüllen. Sie dürfen dann nicht als Eigenherstellungen gelten sondern sind reguläre, nicht-privilegierte Medizinprodukte. Wird beispielsweise entgegen lit. a) ein Produkt doch an eine andere rechtlich eigenständige Einrichtung abgegeben, so ändert sich lediglich der Status des Produkts dergestalt, dass es nun keine Eigenherstellung mehr ist. In diesem Fall müsste die Gesundheitseinrichtung, die nun doch nicht privilegierter Eigenhersteller ist, sämtliche Herstellerpflichten übernehmen.[496]

Wenn ein Medizinprodukt fälschlicherweise als privilegierte Eigenherstellung dem vereinfachten Verfahren unterworfen wurde, obwohl strengere Anforderungen zu stellen gewesen wären, kann dies dennoch Auslöser für eine Schadensersatzpflicht aus § 823 Abs. 2 BGB in Verbindung mit einem Schutzgesetz sein. Verletztes Schutzgesetz wäre dann aber die bei dem vermeintlich privilegierten Medizinprodukt nicht eingehaltene Anforderung selbst.

b) Erfüllung grundlegender Sicherheits- und Leistungsanforderungen

Gebot hingegen ist, dass auch bei Eigenherstellungen die grundlegenden Sicherheits- und Leistungsanforderungen erfüllt werden müssen. Dazu muss es sich tatsächlich tatbestandlich um Eigenherstellungen i.S.d. Art. 5 Abs. 5 MDR handeln, d.h. die lit. a) – h) müssen erfüllt sein. Ansonsten fällt das Medizinprodukt begrifflich nicht unter den privilegierten Tatbestand für Eigenherstellungen, sodass es wie ein ganz reguläres Medizinprodukt zu beurteilen ist. Es müsste zwar auch den grundlegenden Sicherheits- und Leistungsanforderungen gemäß Anhang I sowie den weiteren Voraussetzungen entsprechen; diese Verpflichtung ergäbe sich aber dann für das nicht privilegierte Produkt aus Art. 5 Abs. 2 MDR.

3. *Schutzgesetzeigenschaft*

Bei der Erfüllung der grundlegenden Sicherheits- und Leistungsanforderungen gemäß Anhang I handelt es sich um ein Gebot i.S.d. § 823 Abs. 2 BGB, das Indi-

---

496 *Eickbusch*, Zweckbestimmung S. 83.

vidualschutz vermittelt und als Herstellerpflicht dem Schutz von Patienten und Anwendern gilt.[497]

4. *Ergebnis*

Zwar kommt nicht das Erfüllen der Anforderungen aus lit. a) – h) als Schutzgesetz in Betracht, aber die Verpflichtung, den grundlegenden Leistungs- und Sicherheitsanforderungen zu entsprechen. Art. 5 Abs. 5 MDR kann somit Schutzgesetz i.S.d. § 823 Abs. 2 BGB sein.

IV. Das Risikomanagementsystem

Art. 10 Abs. 2 MDR besagt, dass der Hersteller ein Risikomanagementsystem wie in Anhang I Abschn. 3 beschrieben eingerichtet, dokumentiert, angewandt und aufrechterhält. Diese Pflicht ist der Pflicht zur Erfüllung der grundlegenden Sicherheits- und Leistungsanforderungen zuzuordnen. Ferner muss sie erfüllt werden, damit das Produkt verordnungskonform i.S.d. Art. 5 Abs. 1 MDR ist. Es handelt sich dabei um eine Erweiterung und Konkretisierung dieser Anforderungen an Medizinprodukte.

Das System ist erforderlich, um Risiken zu erkennen und zu minimieren, sodass das Medizinprodukt dadurch die grundlegenden Sicherheits- und Leistungsanforderungen erfüllen kann. Das Risikomanagement wird im Anhang I beschrieben als „kontinuierlicher iterativer Prozess während des gesamten Lebenszyklus eines Produkts, der eine regelmäßige systematische Aktualisierung erfordert," (vgl. Abschn. 3). Es wird dazu ausgeführt, dass das Risikomanagement einen entscheidenden Schritt über das reine Fehlermanagement hinausgehe, da es ergänzend die vorausschauende Analyse möglicher zukünftiger Probleme beinhalte.[498] Die Anforderungen an das Risikomanagement des Herstellers wurden in der MDR bedeutend erweitert.[499] So wurde ein Risikomanagementsystem mit der MDR erstmals gesetzlich gefordert, denn bisher wurde ein Risikomanagement-Prozess als ausreichend angesehen.[500]

---

497 Siehe dazu II zur selben Anforderung für Medizinprodukte, die keine Eigenherstellungen sind.

498 *Schmola G.*, in: Compliance, S. 289 (290).

499 *Plaßmann*, in: FS Gassner, S. 273 (284).

500 *Plaßmann*, in: FS Gassner, S. 273 (283).

1. Die Anforderungen im Einzelnen

Bei der Durchführung des Risikomanagements müssen die Hersteller einen Risikomanagement-Plan für jedes Produkt festlegen und dokumentieren (lit. a) und die bekannten und vorhersehbaren Gefährdungen, die mit jedem Produkt verbunden sind, identifizieren und analysieren (lit. b), die Risiken, die mit der bestimmungsgemäßen Verwendung verbunden sind und die bei einer vernünftigerweise vorhersehbaren Fehlanwendung auftreten einschätzen und bewerten (lit. c) und die Risiken gemäß den gesondert in Abschnitt 4 aufgeführten Anforderungen beseitigen oder kontrollieren (lit. d). Ferner müssen sie die Auswirkungen der in der Fertigungsphase und durch die Post-Market-Überwachung gewonnenen Informationen auf Gefährdungen und deren Häufigkeit, auf Abschätzung der verbundenen Risiken sowie auf das Gesamtrisiko, das Nutzen-Risiko-Verhältnis und die Risikoakzeptanz bewerten (lit. e) und erforderlichenfalls auf der Grundlage dieser Bewertung die Kontrollmaßnahmen anpassen (lit. f). Das Risikomanagementsystem ist daher „zu allen wichtigen Meilensteinen während der Produktentwicklung und in weiterer Folge in regelmäßigen Abständen, vor allem aber auch bei Änderungen oder nach Auftreten außergewöhnlicher Ereignisse (…) zu überprüfen und gegebenenfalls zu aktualisieren“[501].

Weiter ist eine nachvollziehbare Aufzeichnung der Evaluation sowie der sich offenbarten Risiken und die ergriffenen Maßnahmen, um diese Risiken zu verringern, zu führen.[502]

2. Ge- oder Verbot

Die Norm enthält eine Verpflichtung in Form eines Gebots für den Hersteller. Er soll das Risikomanagementsystem einrichten, dokumentieren, anwenden und aufrechterhalten. Ein Missachten dieser Pflicht resultiert grundsätzlich in einer höheren Gefahr, dass ein Medizinprodukt, welchem per se aufgrund der Anwendung am menschlichen Körper ein gewisses Risiko innewohnt, fehlerhaft ist, da es auf dieses Risiko ja nicht überprüft wurde. Prinzipiell ist eine Mittelbarkeit des Schadens bis zu einem gewissen Punkt ausreichend, um dennoch ein Schutzgesetz i.S.d. § 823 Abs. 2 BGB zu bejahen.[503]

Allerdings ist mit der Verletzung dieser Pflicht, sofern sie zu einem Schaden führt, auch die Pflicht zur Einhaltung der grundlegenden Sicherheits- und Leistungsanforderungen verletzt, Art. 5 Abs. 2 MDR. Das Produkt ist dann nicht

---

501 *Harer/Baumgartner*, Anforderungen Medizinprodukte, S. 11.
502 *Harer/Baumgartner*, Anforderungen Medizinprodukte, S. 11.
503 BGH, Urt. v. 23.11.1955 – VI ZR 193/54, BGHZ19, 114.

verordnungskonform i.S.d. Art. 5 Abs. 1 MDR. Die Verletzung der Pflicht aus Art. 5 Abs. 2 MDR ist „näher“ am Schaden als die Verletzung zur Einhaltung des Risikomanagementsystems. Die Pflicht zum Risikomanagement konkretisiert lediglich, wie genau die Pflicht zur Einhaltung der grundlegenden Sicherheits- und Leistungsanforderungen einzuhalten ist und stellt einen Verhaltensmaßstab dar, der ggf. für die Feststellung der Fahrlässigkeit herangezogen werden kann.[504]

3. *Ergebnis*

Art. 10 Abs. 2 MDR ist kein Schutzgesetz i.S.d. § 823 Abs. 2 BGB.

V. *Die technische Dokumentation*

In Art. 10 Abs. 4 MDR wird normiert, dass eine technische Dokumentation für die Medizinprodukte von den Herstellern erfasst und auf dem neuesten Stand gehalten wird (S. 1). Sie muss so beschaffen sein, dass durch sie eine Bewertung der Konformität des Produkts mit den Anforderungen der MDR ermöglicht wird. Dazu muss sie die in den Anhang II und III aufgeführten Elemente enthalten, die den verpflichtenden Inhalt für die technische Dokumentation vorschreiben.[505] Sie spiegelt die Forderungen an das Post-Market-Surveillance-System wieder, das den Hersteller dazu verpflichtet, über entsprechende Verfahren für den Umgang mit Rückmeldungen von Kunden und Anwendern zu verfügen, sodass die Sicherheit der Patienten über den gesamten Lebenszyklus des Medizinprodukts gesichert ist.[506]

Dabei sind die Sonderanfertigungen begrifflich aus dem Anwendungsbereich ausgenommen. Für sie gilt mit Art. 10 Abs. 5 MDR eine gesondert normierte, ähnlich umfangreiche Pflicht zur Erstellung und Aktualisierung einer Dokumentation.

1. *Ge- oder Verbot*

Auch in dieser Norm wird dem Hersteller ein bestimmtes Verhalten vorgeschrieben. Allerdings ist fraglich, ob das Missachten dieser Verhaltenspflicht bereits ausreicht, eine konkrete Angriffsart gegen ein Rechtsgut darzustellen. Die technische Dokumentation ist als Modalität vorgeschrieben, um eine Bewertung der

504 Siehe dazu ausführlich II. 3.

505 Die genauen Modalitäten und der Inhalt der technischen Dokumentation ergeben sich aus dem Gesetzestext. Aus Platzgründen wird darauf verzichtet, diese im Einzelnen aufzuführen.

506 *Harer/Baumgartner*, Anforderungen Medizinprodukte, S. 68.

Konformität des Produkts mit den Anforderungen dieser Verordnung zu ermöglichen. Diese wiederum ist erforderlich, um größtmögliche Sicherheit für Patienten und Anwender zu schaffen.

Wird aber die Konformitätsbewertung durch eine mangelhafte technische Dokumentation unmöglich, so ist bereits die Pflicht zur Konformität mit der MDR, die sich aus Art. 5 Abs. 1 MDR ergibt, verletzt. Dadurch würde ein Medizinprodukt auf den Markt gebracht, das nicht den Anforderungen der MDR entspricht. Erst aus dieser Pflichtverletzung würde sich unmittelbar eine „konkrete Angriffsart" gegen ein Rechtsgut ergeben. Nur die Missachtung der Dokumentationspflichten als solche kann noch nicht als „konkrete Angriffsart" gegen ein Rechtsgut gesehen werden, da sie nicht ohne wesentliche Zwischenschritte zum Schaden führt.

2. *Individualschutz und geschütztes Interesse*

Zudem schützt die Pflicht zur Dokumentation primär das staatliche Recht zur Überprüfung der Einhaltung der Produktionsvorschriften bei Medizinprodukten, nicht aber direkt die Verbraucher, Anwender, Betreiber oder andere individualisierbare Personen bzw. deren Rechtspositionen. Ein sich aus dieser Verpflichtung ergebender Schutz für Einzelpersonen, gegebenenfalls durch schnelleres Einschreiten im Falle einer Rückrufaktion, wäre lediglich mittelbar. Schließlich erfolgt ein solches Einschreiten auch nicht unmittelbar ohne weitere wesentliche Zwischenschritte daraus, dass die technische Dokumentation auf dem richtigen Stand ist. Vielmehr müssen dafür weitere Schritte übernommen werden. Es muss beispielsweise der Fehlerverdacht entstehen und auch den Behörden angezeigt werden, dass eine Gefahr besteht und eine Rückrufaktion erforderlich wird. Ist dies der Fall, so kann die technische Dokumentation zwar unterstützen. Der sich daraus mittelbar ergebende Schutz für den Betroffenen wäre jedoch dennoch ein bloßer Rechtsreflex. Ein Schaden wegen einer Verletzung genau dieser Pflicht ist nicht ohne mehrere wesentliche Zwischenschritte denkbar.

3. *Ergebnis*

Aus der Pflicht aus Art. 10 Abs. 4 MDR zur technischen Dokumentation ergibt sich kein Schutzgesetz i.S.d. § 823 Abs. 2 MDR.

VI. Dokumentationspflicht bei Sonderanfertigungen

In Art. 10 Abs. 5 MDR gibt es für Sonderanfertigungen die Verpflichtung an die Hersteller, die Dokumentation zu erstellen, zu aktualisieren und den Behörden zur Verfügung zu stellen. Dabei wird auf die Anhang XIII Abschn. 2 verwiesen, der weitere Konkretisierungen bereithält. Bei Art. 10 Abs. 5 MDR handelt es sich ebenso wie bei Abs. 4 nicht um eine Norm, die als Schutzgesetz i.S.d. § 823 Abs. 2 BGB geeignet ist. Eine Verletzung führt dazu, dass das Produkt nicht konform mit den Anforderungen der MDR ist, mithin zu einem Verstoß gegen die Herstellerpflicht in Art. 5 Abs. 1 MDR. Sie dient ferner primär dem Schutz des staatliche Rechts zur Überprüfung der Einhaltung der Produktionsvorschriften bei Medizinprodukten und nicht dem Schutz von individuellen Personen.

VII. Pflichten im Zusammenhang mit dem UDI-System

In Art. 10 Abs. 7 MDR wird es als Herstellerpflicht normiert, den Verpflichtungen im Zusammenhang mit dem UDI-System (Unique Device Identification System) gemäß Art. 27 MDR und den Registrierungsvorschriften gemäß den Art. 29, 31 MDR nachzukommen.

1. Die Verpflichtungen im Einzelnen

Das UDI-System dient der eindeutigen Produktidentifikation. Dieses System wird in Anhang VI Teil C weiter konkretisiert. Die so geschaffene Plattform gehört zur Europäische Datenbank für Medizinprodukte (abgekürzt EUDAMED) und soll der Nachverfolgung und Katalogisierung von Produkten und der Einspeisung von Informationen über die Medizinprodukte dienen.[507] Diese ermöglicht die Identifizierung und erleichtert die Rückverfolgung von Produkten, Art. 27 Abs. 1 MDR. Die Datenbank EUDAMED, die vorher nur staatlichen Institutionen vorbehalten war, wurde dafür teilweise auch den Herstellern, Benannten Stellen sowie der Öffentlichkeit zugänglich gemacht.[508] Dies muss allerdings erst noch vollständig eingerichtet werden,[509] denn bisher sind nur manche Module einsatzbereit und die Nutzung noch nicht verpflichtend.[510] Derzeit ist das Audit zur vollen Funkti-

507 *Cottrell/Tomes*, MPR 2016, 73 (75).

508 *Kaufmann/Ramb*, in: Hölters Unternehmenskauf Kap. 16 Rn. 16.61.

509 *Ratzel*, in: Ratzel/Luxenburger, Handbuch Medizinrecht, Kap. 33 A. Rn.5; EUDAMED sollte nach Stand 2022 im ersten oder zweiten Quartal 2023 vollfunktionsfähig und auditbereit sein, vgl *Kaufmann/Ramb*, in: Hölters Unternehmenskauf Kap. 16 Rn. 16.61, m.w.N., ebenso Anton/Wollersen, MPR 2021, 205 (208), so auch Implementation rolling plan Regulation (EU) 2017/745 and Regulation (EU) 2017/746 v. Okt. 2021, in der überarbeiteten Version v. Nov. 2022 abrufbar unter *https://health.ec.europa.eu/system/files/2022-12/md_rolling-plan_en.pdf*, abger. 7.9.2023.

510 Website der Europäischen Kommission zu EUDAMED, abrufbar unter *https://health.ec.europa.eu/medical-devices-eudamed/overview*, abger. 7.9.2023; orig.: „*Some modules are already available and can be used voluntarily.*" Unter der Aufzählung der bereits fertiggestellten Module findet sich auch das zur „*UDI/device registration*".

onalität für das erste oder zweite Quartal 2024 vorgesehen.[511] Daher gelangen die Pflichten in Zusammenhang mit diesem System gemäß Art. 123 Abs. 3 MDR erst jeweils zwischen 1 und 5 Jahre nach Inkrafttreten der MDR zur Wirkung und die Meldepflichten sind in dieser Zeit aufgeschoben.[512]

In Art. 10 Abs. 7 MDR werden umfangreiche Pflichten zur Meldung und Aktualisierung von Daten an die UDI-Datenbank normiert. Der nationale Gesetzgeber hat im Umsetzungsgesetz MPDG mit § 93 Abs. 3 Nr. 1 MPDG bereits eine Strafvorschrift geschaffen, nach der derjenige, der ein Produkt, ein System oder eine Behandlungseinheit in Verkehr bringt, ohne es zuvor in der UDI-Datenbank zu registrieren, sich strafbar macht. Erneut wird die vorsätzliche Begehung sanktioniert, vgl. § 15 StGB, die fahrlässige Begehung ist gemäß § 94 Abs. 1 MPDG eine Ordnungswidrigkeit. Davon wird die Registrierung mit falschen Angaben aus Gründen der Wortlautgrenze (Art. 103 Abs. 2 GG) und aus systematischen Gründen wohl nicht mit erfasst.[513]

2. Ziele

Die Ziele der Pflichten in Zusammenhang mit dem UDI-System sind in Erwägungsgrund 41 der MDR dargelegt. Risikomeldungen und Maßnahmen zur Gefahrenbekämpfung im Schadensfall sowie die Bekämpfung von gefälschten Medizinprodukten auf dem Unionsmarkt sollen dadurch effektiver und koordinierter ablaufen.[514] Jedem Produkt wird eine spezielle Identifikationskennzeichnung erteilt, um aufgrund besserer Rückverfolgbarkeit für medizinische Produkte Rückrufe gezielt und konkret durchführen zu können.[515]

Wird ein Fall eines kontaminierten oder fehlerhaften Gerätes bekannt, kann durch den Behandler nachvollzogen werden, welche Geräte verwendet wurden und es können daher adäquate Maßnahmen ergriffen werden.[516] Die Effizienz

---

511 Implementation rolling plan Regulation (EU) 2017/745 and Regulation (EU) 2017/746 (b.b.).

512 *Ratzel*, in: Ratzel/Luxenburger, Handbuch Medizinrecht, Kap. 33 A. Rn.5; Website der Europäischen Kommission zu EUDAMED, abrufbar unter *https://health.ec.europa.eu/medical-devices-eudamed/overview*, abger. 7.9.2023; orig.: „*The use of EUDAMED is not yet mandatory nor required*".

513 So zutreffend *Petry/Gierok*, medstra 2022, 350 (355f.).

514 So auch *Backmann* in: Stellpflug/Hildebrandt/Middendorf, Gesundheitsrecht G 2000 Rn. 67.

515 *Sträter*, NZS 2020, 530 (532).

516 *Cottrell/Tomes*, MPR 2016, 73 (74).

von sicherheitsrelevanten Maßnahmen sollte gesteigert werden,[517] auch dadurch, dass die Berichterstattung bei Vorkommnissen verbessert werden soll und eine effektivere Überwachung durch die zuständigen Behörden gewährleistet wird.[518] Dadurch soll der Handel mit Medizinprodukten im Binnenmarkt reibungsloser ablaufen.[519] Zudem soll es Beschaffungspolitik, Abfallbeseitigung und Lagerverwaltung verbessern.[520] Die UDI ermöglicht die automatisierte Dokumentation der Sterilisation und die Gelegenheit, zu überprüfen, dass das Produkt sterilisiert wurde und wann dies erfolgte.[521]

Dadurch, dass eine solche Plattform existiert, kann jeder Wirtschaftsakteur nach Einsicht auch entscheiden, ob ein bestimmtes Produkt, das gegebenenfalls veraltet ist, aus dem Sortiment genommen werden soll.[522] Darüber hinaus soll das UDI-System auch dazu beitragen, Fehler bei der Verwendung von Medizinprodukten zu vermeiden und ärztliche Kunstfehler zu reduzieren, vgl. Erwägungsgrund 41. Ärzte, Krankenhäuser und andere Gesundheitseinrichtungen können mithilfe der UDI-Nummer schnell und einfach im UDI-System auf Informationen zu einem Produkt zugreifen, wie z.B. Anleitungen, Gebrauchsanweisungen, Warnhinweise und mögliche Nebenwirkungen. Das UDI-System ermöglicht es zum Beispiel, dass ein Behandler schnell und einfach im System auf Informationen zu einem bestimmten Instrument oder Implantat zugreifen kann, um sicherzustellen, dass es für den beabsichtigten Zweck geeignet ist und korrekt verwendet wird. Interne Abläufe können durch die Verringerung der Gefahr durch manuelle Eingaben verbessert und sicherer gemacht werden, beispielsweise etwa der Hygieneprozess zur Sterilisation von chirurgischen Instrumenten.

3. *Ge- oder Verbot*

Die Norm enthält konkrete Handlungsanweisungen in Form eines Gebots. Fraglich ist auch vorliegend, ob in der Missachtung der Pflichten im Zusammenhang mit dem UDI-System bereits eine „konkrete Angriffsart“ gegen ein Rechtsgut des potenziell Geschädigten liegt. Grundsätzlich dient die Norm zumindest primär dem reibungslosen Ablauf des Binnenmarktes.

---

517 *Wiring/Grau/Kirchner*, NZG 2021, 410 (414).
518 *Graf*, PharmR 2017, 317 (319).
519 *Cottrell/Tomes*, MPR 2016, 73 (74).
520 *Graf*, PharmR 2017, 317 (319).
521 *Oehlmann*, Ärzteblatt 41/2014 A 1760.
522 *Cottrell/Tomes*, MPR 2016, 73 (74).

a) Erhöhung der Sicherheit

Die Erhöhung der Sicherheit durch die ständige Abrufbarkeit von Informationen und lückenlosere Dokumentation beispielsweise der Sterilisation von Instrumenten dient der Sicherheit auch des Einzelnen bei der Behandlung mit Medizinprodukten. Auch kann der Endverbraucher von einem beschleunigten Prozess bei einer potenziell notwendigen Rückrufaktion oder ähnlichen Schadensbekämpfungsmaßnahmen sowie von der Möglichkeit von Ermittlungen, die dann eine Verhinderung ähnlicher Fälle nach sich ziehen können, profitieren.

b) „Ausufern" des Schutzes bei Bejahung

Letztendlich hängt die Sicherheit und Wirksamkeit von Medizinprodukten nicht primär von ihrer eindeutigen Identifizierbarkeit ab, sondern von anderen Faktoren wie beispielsweise den Bedingungen der Herstellung, der Durchführung klinischer Studien im Vorfeld, der Überwachung ihrer Leistung im Einsatz und der angemessenen Schulung von Anwendern. Diese sind in anderen Normen geregelt. Dass eine Missachtung der Pflicht zur eindeutigen Kennzeichnung und zur Meldung an eine Datenbank einen Schaden an einem Rechtsgut eines Patienten bewirkt, ist nicht ohne weitere wesentliche Zwischenschritte möglich. Daher ist der Schutz zu mittelbar.

Zwar hatte der Gesetzgeber auch bei der Einführung von Kennzeichnungspflichten das Wohlergehen der EU-Bürger im Sinn, allerdings soll der Schutz des § 823 Abs. 2 BGB nicht ausufern. Ausufernd wäre es aber gerade, zum Schutz eines Patienten eines Medizinprodukts einen potenziellen Schadensersatzanspruch aus § 823 Abs. 2 BGB gegen den Hersteller zu kreieren, der seinen Melde- oder Kennzeichnungspflichten nicht oder nicht in vollem Umfang nachgekommen ist, weil es eine eigentlich „nähere" schädigende Handlung im Sinne einer „konkreten Angriffsart" im Falle eines Schadenseintritts gibt.

Dies dürfte bei einem Schaden durch ein defektes oder fehlerhaftes Medizinprodukt bereits im Inverkehrbringen dieses Produktes liegen, etwa, weil es nicht MDR-konform i.S.d. Art. 5 Abs. 1 MDR war, oder in der Tatsache, dass die Handlungspflichten gemäß Art. 10 Abs. 12 MDR nicht eingehalten wurden, die bei Mangelverdacht des Produkts einzuhalten sind. Zwar bietet die bessere Nachverfolgbarkeit für Behandler zwar mittelbar Vorteile für Patienten. In solchen Konstellationen wird die Verantwortlichkeit aber auch regelmäßig beim Behandler liegen, der sämtliche Informationen erhalten hatte, diese aber nicht im entscheidenden Moment überprüft hat und infolgedessen das Produkt unrichtig angewendet hat.

Der Hersteller ist auch ohne das UDI-System verpflichtet, dem Produkt alle relevanten Informationen beizulegen, vgl. Art. 10 Abs. 11 MDR, und der Betreiber hat Sorge dafür zu tragen, dass die Gebrauchsanweisung und die dem Medizinprodukt beigefügten Hinweise so aufbewahrt werden, dass die für die Anwendung des Medizinproduktes erforderlichen Angaben dem Anwender jederzeit zugänglich sind, vgl. § 4 Abs. 7 MPBetreibV. Es wäre realitätsfern, zu behaupten, ein Behandler hätte sich über das UDI-System noch einmal informiert und einen Behandlungsfehler nicht gemacht, wenn er dies bei den beigefügten Anlagen (z.B. Bedienungsanleitung), zu denen er in anderer Form dennoch stets Zugriff hatte, schon nicht tat.

Liegen die Informationen in keiner Form bei, hat der Hersteller die Pflicht aus Art. 10 Abs. 11 MDR verletzt und das Medizinprodukt war nicht verordnungskonform i.S.d. Art. 5 Abs. 1 MDR. Dieser Verstoß könnte anspruchsverschaffend sein, da dies bereits als Schutzgesetz eingeordnet wurde.[523]

Auch die Dokumentation beispielsweise des Zeitpunkts der letzten Sterilisation kann anders erfolgen. Im Falle eines Schadens wegen mangelhafter Dokumentation dürfte es sich regelmäßig um ein Organisationsverschulden handeln. Die Sterilität eines Medizinprodukts gehört zum ordnungsgemäßen Zustand, den der Anwender zu überprüfen hat, bevor er das betreffende Medizinprodukt anwendet, vgl. § 4 Abs. 6 MPBetreibV.

c) Zwischenergebnis

Die Eigenschaft, Gebot i.S.d. § 823 Abs. 2 BGB zu sein, muss vorliegend verneint werden. Eine Zuwiderhandlung stellt keine „konkrete Angriffsart“ dar.

4. Ergebnis

Es wäre unbillig, solche mittelbaren Schadenseintritte wie geschildert zumindest teilweise auch dem Hersteller, der die Pflichten im Zusammenhang mit dem UDI-System nicht eingehalten hat, aufzubürden, indem ein Anspruch aus § 823 Abs. 2 BGB i.V.m. diesen Pflichten geschaffen würde. Die Bejahung eines Schutzgesetzes i.S.d. § 823 Abs. 2 BGB würde insofern auch nicht in das haftungsrechtliche Gesamtsystem „passen“.[524] Im Übrigen dürfte es sich zudem in der Praxis schwierig gestalten, nachzuweisen, dass eine geschädigte Person dann nicht geschädigt worden wäre, hätte der Hersteller alle Kennzeichnungs- und Meldepflichten befolgt und wäre eine beispielsweise sich anschließende Rückrufaktion ausschließlich aus diesem Grund koordinierter abgelaufen oder hätte ein Behandelnder im Zweifelsfall die Informationen nur im UDI-System, nicht

---

523 Dazu siehe I.

524 So gefordert von *Deutsch*, VersR 2004, 137.

aber auf Papier, nochmal überprüft und infolgedessen wäre ein Anwendungsfehler gegebenenfalls nicht erfolgt. Denkbare Konstellationen, in denen infolge fehlender Erfüllung der UDI-Pflichten ein Schaden eintritt, sind stets mit so vielen Zwischenschritten verbunden, dass die Verletzung einer anderen Norm die anspruchsbegründende ist. Somit handelt es sich bei Art. 10 Abs. 7 MDR nicht um ein Schutzgesetz.

VIII. Aufbewahrungs- und Bereithaltungspflichten betreffend die technische Dokumentation

In Art. 10 Abs. 8 MDR wird der Hersteller verpflichtet, die technische Dokumentation, die EU-Konformitätserklärung sowie gegebenenfalls weitere Dokumente noch mindestens zehn Jahre, nachdem das letzte von der EU-Konformitätserklärung erfasste Produkt in Verkehr gebracht wurde, für die Behörden zur Verfügung zu halten und gegebenenfalls mit diesen zu kooperieren. Zudem werden Sonderregelungen für implantierbare Produkte und für Hersteller mit eingetragener Niederlassung außerhalb der Union getroffen.

Auch dies dient unter anderem der besseren Verfolgbarkeit und Nachvollziehbarkeit im Falle eines Schadenseintritts. Es deck insbesondere den Fall ab, dass sich die Mangelhaftigkeit bzw. Gefährlichkeit erst einige Zeit nach Verwendung herausstellt, beispielsweise durch neue wissenschaftliche Erkenntnisse oder weil es sich um einen solchen Defekt handelt, der erst nach einiger Zeit in oder am Körper des Menschen Probleme hervorruft. Mithin dient dies der staatlichen Überwachung und der Sicherheit des Binnenmarktes. Hierbei handelt es sich daher auch um eine Norm, deren Individualschutz sich aus einem bloßen Rechtsreflex ergibt.

IX. Das Qualitätsmanagementsystem

Art. 10 Abs. 9 MDR besagt, dass Hersteller über Verfahren verfügen müssen, die gewährleisten, dass die Anforderungen dieser Verordnung auch bei serienmäßiger Herstellung jederzeit eingehalten werden. Ferner sollen Änderungen, die die Konformität betreffen, zeitgerecht angemessen berücksichtigt werden. Ferner wird die Verpflichtung normiert, ein Qualitätsmanagementsystem einzurichten, zu dokumentieren, anzuwenden, aufrechtzuerhalten, ständig zu aktualisieren und kontinuierlich zu verbessern. Das Qualitätsmanagement dient der Vermeidung von Fabrikationsfehlern.[525] In Art. 10 Abs. 9 MDR ist ferner konkretisiert, welche Aspekte ein solches Qualitätsmanagement mindestens zu erfüllen hat. Im Ver-

525 *Heil/Mayer-Sandrock*, in: Anhalt/Dieners MedProdR § 23 Rn. 45.

gleich zur vorherigen Regelung haben sich die Anforderungen verschärft; zuvor wurden „sogenannte Pseudoqualitätsmanagementsysteme, die sich im Dornröschenschlaf befinden und von den Unternehmen nicht aktuell gehalten werden" kritisiert.[526]

Dabei handelt es sich lediglich um Konkretisierungen der Pflichten aus Art. 5 Abs. 1, Abs. 2, Art. 10 Abs. 1 MDR. Es wird hier normiert, wie man diesen Pflichten zur Herstellung der Konformität bzw. zur Einhaltung der grundlegenden Sicherheits- und Leistungsanforderungen nachzukommen hat.[527] Das Schutzgesetz, gegen das aber bei einer Missachtung dieser Konkretisierungen verstoßen wird, ist die Verpflichtung dazu, nur Produkte in Verkehr zu bringen, die den Anforderungen der Verordnung entsprechen. Die Missachtung der Pflicht, ein Verfahren i.S.d. S. 1 zu haben, Änderungen hinsichtlich der Konformitätsbewertung umzusetzen oder ein Qualitätsmanagement zu haben, das den Anforderungen der Verordnung entspricht, sind noch nicht unmittelbare Verstöße gegen individuelle Rechtsgüter im Sinne einer „konkreten Angriffsart".

Bringt ein Hersteller ein mangelhaftes Produkt in den Verkehr oder nimmt es in Betrieb, oder lässt er es ohne Reaktion auf dem Markt, so ist irrelevant, ob dies aus Gründen eines mangelnden Qualitätsmanagementsystems erfolgte oder aus anderen. Der Verstoß gegen das Schutzgesetz aus Art. 5 Abs. 1, 10 Abs. 1 MDR zieht in diesem Fall für den Geschädigten einen Anspruch i.S.d. § 823 Abs. 2 BGB nach sich. Sind aber die Anforderungen aus Art. 10 Abs. 9 MDR nicht erfüllt, werden aber dennoch nur Produkte in den Verkehr gebracht oder in Betrieb genommen, die den Anforderungen der MDR entsprechen, so wirkt sich dies noch nicht unmittelbar auf die Rechtsgüter der individuellen Personen aus, die mit den Medizinprodukten bestimmungsgemäß in Berührung kommen.

Die Schutzgesetzeigenschaft kann daher verneint werden. Allerdings kann die Anforderung als Verhaltensnorm im Zusammenhang mit einer etwaigen Feststellung des Verschuldens in Gestalt der Fahrlässigkeit herangezogen werden. Sie stellt die im Verkehr erforderliche Sorgfalt dar.

X. *Die Post-Market-Überwachung*

In Art. 10 Abs. 10 MDR wird dem Hersteller die Pflicht auferlegt, ein System zur Überwachung nach dem Inverkehrbringen gemäß Art. 83 MDR einzurichten und auf dem neuesten Stand zu halten. Die MDR hat die Anforderungen an die

---

526 *Menean/Menean/Rometsch/Großmann/Becker*, in: Consulting im Gesundheitswesen, S. 179 (185).

527 Siehe dazu auch die Ausführungen zum Risikomanagementsystem unter IV.

Post-Market-Überwachung (bzw. „Nachmarktkontrolle“[528]) im Vergleich zum MPG nochmal mit dem Ziel verschärft, dass die Maßnahmen zur Post-Market-Überwachung zu einer höheren Produktsicherheit und so auch zu einer höheren Sicherheit für Patienten und Anwender führen soll.[529] Die dadurch gesammelten Daten muss der Hersteller aufzeichnen und analysieren, um sodann, falls erforderlich, Präventiv- oder Korrekturmaßnahmen zu ergreifen.[530]

Für die Post-Market-Surveillance enthält die MDR umfangreiche Anforderungen, wie etwa einen Post-Market-Surveillance-Plan (Art. 10 Abs. 10 i.V.m. Anhang III MDR) und periodische Berichte (sog. „Periodic Safety Update Report“)[531] sowie die Pflicht zur klinischen Nachbeobachtung, die die klinische Bewertung, welche für das Inverkehrbringen erforderlich war, aktuell hält, sog. „Post-Market Clinical Follow-Up“,[532] vgl. Anhang XIV. Dabei gibt es drei zentrale „nachmarktliche Kontrollsysteme“, nämlich die Überwachung nach dem Inverkehrbringen, die Vigilanz und die behördliche Marktüberwachung.[533]

1. Stellung im Normgefüge

Das Überwachungssystem ist insbesondere erforderlich, da es die in Art. 10 Abs. 12, 13 MDR genannten Anhaltspunkte für die Mangelverdächtigkeit des Produktes liefern kann. Daraus resultiert dann die in Art. 10 Abs. 12, 13 MDR normierte Pflicht, unverzüglich Maßnahmen zu ergreifen, wenn Anhaltspunkte für die Mangelverdächtigkeit eines Medizinprodukts bestehen. Für das Inverkehrbringen von Produkten greift bereits ein dichtes Pflichtengefüge. Danach sollen die Pflichten zur Post-Market-Überwachung und Vigilanz[534] gewährleisten, dass die bei der Nutzung nach dem Markteintritt der Produkte gewonnenen Erfahrungen zur Überarbeitung des Produkts und zur Gefahreindämmung beitragen.[535]

---

528 *Gassner*, ZMGR 2018, 85 (90).

529 *Zippel, Bohnet-Joschko*, Health Policy 121 2017, 880 (885), orig.: *„All this should then lead to an increased use of the appropriate instruments for post market surveillance resulting in safer products and an increase in patient safety“*; zu Gründen und Problematik der bislang häufig inkonsequent ausgeführten Post-Market-Surveillance s. *Kalle*, MPR 2016, 7 ff.

530 *Graf*, PharmR 2017, 317 (319).

531 *Kaufmann/Ramb*, in: Hölters Unternehmenskauf, Kap 16 Rn. 16.61.

532 *Weiland/Brucklacher/Schrack*, MPJ 2014, 225; *Kaufmann/Ramb*, in: Hölters Unternehmenskauf, Kap 16 Rn. 16.61.

533 *Gassner*, ZMGR 2018, 85 (90).

534 Dazu sogleich unten XI und XII.

535 *Lücker*, in: Spickhoff MedR, MPDG § 71 Rn. 1.

Dabei könnte man bei der Betreuung des Produktes nach Markteintritt, zu der auch die Einrichtung eines Überwachungssystems gehört, von der „zweiten großen Pflicht“ des Herstellers sprechen, nachdem das Erfüllen der MDR-Voraussetzungen für Medizinprodukte inklusive der Grundlegenden Sicherheit- und Leistungsanforderungen der Verordnung vor Markteintritt (Art. 5 Abs. 1 und Abs. 2 MDR) als erste Pflicht gilt.

2. *Ge- oder Verbot*

Fraglich ist, ob das Zusammenspiel mit den Pflichten zur Handlung bei Mangelverdacht bereits ausreicht, um eine Schutzgesetzeigenschaft zu bejahen. Durch das Nicht-Einrichten nimmt sich der Hersteller die Chance, Anhaltspunkte für einen Mangelverdacht zu erlangen und dann adäquat zu handeln und die Gefahr so einzudämmen. Schließlich sollte nach den Skandalen um fehlerhafte Medizinprodukte durch Verschärfungen[536] ein intensiver Pflichtenkatalog für jeden beteiligten Wirtschaftsakteur eingerichtet werden, durch den sichergestellt werden kann, dass in jeder Phase eine größtmögliche Überwachung besteht. Dieser sollte nicht nur Pflichten zur Vermeidung von Fehlern vor Inverkehrbringen beinhalten, sondern durch ein intensives Netz an Pflichten auch nach Inverkehrbringen dazu beitragen, dass potenziell gefährliche Medizinprodukte aus dem Verkehr gezogen werden können.

Gegen eine solche Annahme spricht allerdings, dass ein aus der Missachtung der Pflicht zur Post-Market-Überwachung resultierender Schaden nicht ohne wesentliche Zwischenschritte entstehen könnte. Ein sich daraus ergebender Schutz für Patienten oder Anwender wäre lediglich mittelbar. Der Schutz des § 823 Abs. 2 BGB darf auch nicht ausufern. Es handelt sich zwar um eine wichtige Maßnahme zum Zweck und um ein bedeutendes Instrument für die Sicherheit von Medizinprodukten; die Annahme eines anspruchsbegründenden Schutzgesetzes aber würde den Schutz ausufern lassen. Zudem scheitert die Annahme eines Schutzgesetzes daran, dass ein Verstoß gegen allein diese Pflicht keine „konkrete Angriffsart“ darstellen kann und die Norm dementsprechend kein Gebot i.S.d. § 823 Abs. 2 BGB ist. Allerdings ist die Post-Market-Überwachung ein gesetzlich vorgeschriebenes Mittel, um die Handlungspflichten bei Mangelverdacht einzuhalten. Sie stellen dabei die „im Verkehr erforderliche Sorgfalt“ dar, die der Hersteller an den Tag zu legen hat. Ein Verstoß gegen diese Normen kann somit im Rahmen des Verschuldens in Gestalt der Fahrlässigkeit relevant werden; die maßgebende Schutzgesetzverletzung ist aber diejenige, bei Mangelverdacht

---

536 *Lücker*, in: Spickhoff MedR MPDG Einführung Rn. 5.

die geeigneten Maßnahmen zu ergreifen, um die Konformität dieses Produkts herzustellen oder es gegebenenfalls vom Markt zu nehmen oder zurückzurufen, vgl. Art. 10 Abs. 11 MDR.

3. *Ergebnis*

Art. 10 Abs. 10 MDR stellt daher kein Schutzgesetz i.S.d. § 823 Abs. 2 BGB dar.

XI. *Das Beilegen von Informationen*

In Art. 10 Abs. 11 MDR wird normiert, dass der Hersteller dafür sorgt, dass dem Produkt die Informationen gemäß Anhang I Abschn. 23 beiliegen. Sie müssen dabei in einer oder mehreren von dem Mitgliedstaat, in dem das Produkt dem Anwender oder Patienten zur Verfügung gestellt wird, festgelegten Amtssprache(n) der Union verfasst sein. Dabei müssen die Angaben auf der Kennzeichnung unauslöschlich, gut lesbar und für den vorgesehenen Anwender oder Patienten klar verständlich sein. Als nicht klar verständlich eingeordnet wurde etwa die Beschreibung zur Implantation einer Hüfttotalendoprothese, laut welcher der Anwender einen „leichten Schlag" ausführen müsste, um einen festen Sitz zwischen Konusadapter und Prothesenschaft zu erreichen, da sie zu ungenau sei.[537] Bei den Informationen handelt es sich inhaltlich um alle notwendigen Angaben, die die Identifizierung des Produkts und des Herstellers ermöglichen, sowie alle für den Anwender oder gegebenenfalls dritte Personen relevanten Informationen über die Sicherheit und Leistung des Produkts, vgl. Anhang I Abschn. 23.1, sowie um eine Kennzeichnung, vgl. Abschn. 23.2. Zudem sind weitere inhaltliche Regelungen für die Angaben in der Gebrauchsanweisung sowie für Sterilverpackungen normiert.

In Art. 18 MDR befinden sich ferner Sonderregeln für Informationen, die bei implantierten Produkten zur Verfügung zu stellen sind. Dabei handelt es sich um eine Konkretisierung der Pflichten aus Art. 10 Abs. 11 MDR. Dazu wird in Art. 32 MDR noch weiter ausgeführt, dass ein Kurzbericht über Sicherheit und Leistung für implantierbare Produkte und Produkte der Klasse III (außer Sonderanfertigungen oder Prüfprodukte) anzufertigen ist. Dies ist auf den Transparenzgedanken zurückzuführen.[538] Zudem wird der Hersteller verpflichtet, den Bericht in einfacher, für den Laien als Anwender oder Patient verständlicher Sprache abzufassen. Der Bericht soll nach Validierung durch die zuständige Be-

---

537 OLG Karlsruhe, Urt. v. 08.06.2020, 14 U 171/18, BeckRS 2020, 15041, Rn. 91-132, einzuordnen als Instruktionsfehler, siehe dazu Teil 1 § 5 A. II. Zwischen deliktischem und produkthaftungsrechtlichem Fehlerbegriff ist Kongruenz angezeigt, so statt aller *Wagner*, in: MüKoBGB ProdHaftG § 3 Rn. 3 und 6, s. ebenso o. Teil 1 § 5 A II.

538 *Hill/Schmidt* WiKo MPR Bd. 2 Kap. A VII Rn. 21.

nannte Stelle in der Eudamed-Datenbank veröffentlicht werden. So ist er jedem zugänglich. Die erforderlichen Inhalte (vgl. Abs. 2) sind in etwa dieselben, die eine Gebrauchsanweisung auch enthält.[539]

1. Stellung im Normgefüge

Auch in dieser Norm zeigt sich wieder die Stellung des Herstellers als erster Wirtschaftsakteur der Lieferkette. Von der Erfüllung seiner Pflichten wird im Folgenden für die Verpflichtungen weiterer Wirtschaftsakteure ausgegangen. So wird beispielsweise in Art. 14 Abs. 3 MDR der Händler verpflichtet, dafür zu sorgen, dass die Lagerungs- und Transportbedingungen den Vorgaben des Herstellers entsprechen, was voraussetzt, dass solche vorliegen und auch korrekt sind. Diese zu inkludieren ist Herstellerpflicht gemäß Art. 10 Abs. 11 MDR i.V.m. Anhang I Abschn. 23.2. lit. k), falls vorhanden.

In Art. 14 Abs. 6 MDR beispielsweise werden die Händler weiter verpflichtet, den zuständigen Behörde auf deren Ersuchen alle Informationen und Unterlagen auszuhändigen, die ihnen vorliegen. Dies setzt voraus, dass der Hersteller vorher seinen Pflichten, diese Informationen und Unterlagen beizulegen, erfüllt hat. Zudem sind Händler gemäß Art. 14 Abs. 2 c) MDR verpflichtet, zu überprüfen, ob alle Informationen gemäß Art. 10 Abs. 11 MDR vorliegen und Importeure haben, falls beteiligt, gemäß Art. 13 Abs. 2 c) MDR zu prüfen, ob die Kennzeichnung und die Gebrauchsanweisung vorliegen. Auch diese sind Teil der Informationen, die der Hersteller gemäß Art. 10 Abs. 11 MDR beilegen muss.

Der Betreiber von Medizinprodukten muss auch bei der Instandhaltung sowie der Aufbereitung der Produkte in seiner Einrichtung die Angaben des Herstellers berücksichtigen, vgl. § 7 Abs. 1 S. 3 sowie § 8 Abs. 1 MPBetreibV. Nach § 4 Abs. 6 MPBetreibV hat sich der Anwender vor dem Anwenden eines Medizinproduktes von der Funktionsfähigkeit und dem ordnungsgemäßen Zustand des Medizinproduktes zu überzeugen und die Gebrauchsanweisung sowie die sonstigen beigefügten sicherheitsbezogenen Informationen und Instandhaltungshinweise zu beachten. All dies setzt voraus, dass der Hersteller diese Informationen beigelegt hat.

Ferner wird national auch vorgegeben, dass die Informationen zu implantierten Produkten i.S.d. Art. 18 MDR durch die implantierende Stelle an die betroffenen Personen weitergegeben werden, vgl. § 13 Abs. 1 MPBetreibV. Nach Abs. 2 dieser Norm ist die implantierende Stelle zudem verpflichtet, die Dokumentation zu diesen Implantaten, mit der Patienten im Falle von Sicherheitskorrekturmaß-

539 *Hill/Schmidt* WiKo MPR Bd. 2 Kap. A VII Rn. 21.

nahmen im Feld und sonstigen notwendigen Korrekturmaßnahmen eindeutig identifiziert und erreicht werden können, so aufzubewahren, dass der betroffene Patientenkreis innerhalb von drei Werktagen über den Typ und die Chargen- oder Seriennummer des Implantates sowie über den Namen des Herstellers und, sofern vorhanden, des Bevollmächtigten oder des Importeurs ermittelt werden kann. Dies dient unmittelbar dem Schutz der betreffenden Patienten bei dem Rückruf eines mangelverdächtigen Produkts. Auch dies kann nur eingehalten werden, wenn der Hersteller seiner Pflicht aus Art. 10 Abs. 11 MDR i.V.m. Anhang I Abschn. 23.2. lit. i) MDR nachgekommen ist, eine eindeutige Angabe der Frist, innerhalb der das Produkt sicher verwendet oder implantiert werden kann, anzugeben.

2. *Haftungsmaßstab für weitere Verwendung*

Insofern setzen die Pflichten zur Mitgabe dieser Informationen auch in gewisser Weise einen Haftungsmaßstab für weitere Anwender, beispielsweise im Rahmen eines medizinischen Behandlungsvertrages.[540] Eine Pflichtverletzung bei fehlerhafter Anwendung eines Medizinproduktes kann grundsätzlich nur dann angenommen werden, wenn die Verhaltenspflicht, gegen die verstoßen wurde, dem Behandelnden auch bekannt war. Dazu muss sie in der Regel durch den Hersteller mitgeteilt werden, indem die Informationen gemäß Art. 10 Abs. 11 MDR vollständig mitgeliefert werden, beispielsweise Lagerungs- und Handhabungshinweise (Anhang I Abschn. 23.2. lit. k)), Warnhinweise oder Vorsichtsmaßnahmen, (lit. m)) oder etwa die Kennzeichnung der Tatsache, dass das Produkt nur für den einmaligen Gebrauch gedacht ist, (lit. n)). Diese Hinweise auf spezifische Gefahren können die Haftung zwar grundsätzlich nicht vollständig ausschließen, aber sie könnte sich mit Blick auf ein Mitverschuldens verringern, wenn solche Hinweise nicht beachtet wurden.[541] Denn es sind Konstellationen denkbar, in denen diese Verhaltenspflicht trotz lückenhafter oder fehlender Hinweise seitens des Herstellers bekannt war und eine Exkulpation nicht gelingt.

Im nationalen Umsetzungsgesetz MPDG befindet sich etwa auch in § 12 Nr. 2 MPDG das Verbot zur Verwendung von Produkten mit abgelaufenem

540 Zu den Herstellerinformationen als möglichen Horizont zur Bestimmung der Sicherheitserwartungen an implantierbare Medizinprodukte im Rahmen einer Haftung des implantierenden Arztes s. *Zipfel*, Haftung Implantation Medizinprodukte S. 92, m.w.N.

541 So im Allgemeinen zum ProdHaftG vgl. BT-Drucks. 11/2447, S. 25.

Haltbarkeitsdatum. Um dies zu berücksichtigen, muss der Hersteller das Haltbarkeitsdatum als Information beigelegt haben.

3. Ge- oder Verbot

Eine Missachtung der Pflichten aus Art. 10 Abs. 11 MDR ist keine „konkrete Angriffsart" im Sinne einer schutzgesetzlichen Ge- oder Verbot nach § 823 Abs. 2 BGB darstellen kann. Sie zieht nicht direkt einen Schaden nach sich, sondern es bedarf weiterer Umsetzungen, z.B. fehlerhaftes Handling eines Medizinprodukts durch einen Akteur, dem das korrekte Vorgehen aus allein diesem Grund nicht bekannt ist. Das Beilegen von Informationen ist aber aus ebendiesem Grund wichtig, da solche Fehler ansonsten z.T. für Anwender nicht vermeidbar sind und Anwender auch anderen Pflichten, bspw. aus § 13 MPBetreibV, nicht nachkommen können.

Dennoch ist ein Produkt, dem nicht die notwendigen Informationen beiliegen, nicht verordnungskonform i.S.d. Art. 5 Abs. 1 MDR, da es nicht vollständig ist. Aus dieser Pflichtverletzung ergibt sich ein Anspruch im Zusammenspiel mit § 823 Abs. 2 BGB, wenn die weiteren Anspruchsvoraussetzungen gegeben sind. Insofern handelt es sich bei der Anforderung nur eine Vorgabe der Verordnung, die nach Art. 5 Abs. 1 MDR einzuhalten ist. Aus der bloßen Verletzung der Pflicht zur Informationsweitergabe ist ein Schaden zudem nicht ohne weitere Zwischenschritte denkbar.

4. Ergebnis

Art. 10 Abs. 11 MDR ist kein Schutzgesetz i.S.d. § 823 Abs. 2 BGB.

XII. Pflichten bei Mangelverdacht nach Inverkehrbringen

Aus Art. 10 Abs. 12 MDR ergibt sich die Verpflichtung für Hersteller, bei Anhaltspunkten, dass ein bereits in Verkehr gebrachtes Produkt nicht (mehr) den Anforderungen der Verordnung entspricht, unverzüglich die erforderlichen Korrekturmaßnahmen zu ergreifen, um die Konformität dieses Produkts herzustellen oder es gegebenenfalls vom Markt zu nehmen bzw. zurückzurufen. Bereits zu Zeiten des MPG bestand die Pflicht, als Ausfluss der Verkehrssicherungspflicht das Medizinprodukt auf bisher unentdeckt gebliebene schädliche Eigenschaften und weitere, eine Gefährdung schaffende Verwendungsfolgen zu überprüfen; auch damals war umstritten, welche Reaktionsmöglichkeit die „angemessene" ist, z.B. Warnung, Produktrückruf, kostenlose Reparatur oder Austausch.[542] Fer-

542 *Dahm-Loraing/Koyuncu*, PHi 2010, 142 (145), m.w.N.

ner könnte der Hersteller beispielsweise dazu aufrufen, dass ein Softwareupdate installiert werden soll. Die offene Gestaltung in der MDR ist dementsprechend konsequent, da eine Festlegung durch den Gesetzgeber vorab für die Vielzahl an möglichen Fallgestaltungen nicht sachgerecht und realitätsfern wäre.[543]

Weiter wird der Hersteller verpflichtet, bei schwerwiegender Gefahr unverzüglich die zuständigen Behörden sowie gegebenenfalls die Benannte Stelle zu informieren, und dabei insbesondere Angaben zur Nichtkonformität und zu bereits ergriffenen Korrekturmaßnahmen zu übermitteln. In § 73 MPDG wird diese Pflicht noch konkretisiert. Gemäß Abs. 1 müssen die Sicherheitsanweisungen im Feld nach Art. 89 Abs. 8 MDR in deutscher Sprache abgefasst sein. Abs. 2 konkretisiert einzelne Pflichten für die einzelnen Wirtschaftsakteure.

Das gesondert geregelte Meldeverfahren bezeichnet die MDR als Vigilanz. In Abs. 13 MDR wird weiter gefordert, der Hersteller müsse über ein System für die Aufzeichnung und Meldung von Vorkommnissen und Sicherheitskorrekturmaßnahmen verfügen, dessen Einzelheiten in Art. 87, 88 MDR geregelt sind.

1. Begriffsdefinitionen

Es wird zwischen „einfachem" und „schwerwiegendem" Vorkommnis unterschieden. Dies war in den bisherigen rechtlichen Regelungen nicht differenziert worden.[544] Beides ist eine Fehlfunktion oder Verschlechterung der Eigenschaften oder Leistung eines bereits auf dem Markt bereitgestellten Produktes, einschließlich Anwendungsfehlern aufgrund ergonomischer Merkmale, sowie einer Unzulänglichkeit der vom Hersteller bereitgestellten Informationen oder eine unerwünschte Nebenwirkung, vgl. Art. 2 Nr. 64 MDR. Um als schwerwiegendes Vorkommnis zu gelten muss dies direkt oder indirekt den Tod eines Patienten, Anwenders oder einer anderen Person, die vorübergehende oder dauerhafte schwerwiegende Verschlechterung des Gesundheitszustandes eines Patienten, Anwenders oder anderer Personen, oder eine schwerwiegende Gefahr für die öffentliche Gesundheit zur Folge gehabt haben, gehabt haben können oder haben können, vgl. Art. 2 Nr. 65 MDR.

Die „schwerwiegende Gefahr" an sich i.S.d. Art. 10 Abs. 12 S. 3 MDR ist nicht legaldefiniert, nur die „schwerwiegende Gefahr für die öffentliche Gesundheit" als ein Ereignis, das das unmittelbare Risiko des Todes, einer schwerwiegenden

543 So *Dahm-Loraing/Koyuncu*, PHi 2010, 142 (147), m.w.N., zu BGH, Urt. v. 16.12.2008 – VI ZR 170/07, BGHZ 179, 157, in dem die Pflicht zur Gefahrabwendung unter dem MPG als bewusst flexibel und einzelfallabhängig beschrieben wurde.

544 *Lücker*, in: Spickhoff MedR, MPDG § 71 Rn. 2.

Verschlechterung des Gesundheitszustands einer Person oder einer schweren Erkrankung, die sofortige Abhilfemaßnahmen erfordert, bergen könnte, und das eine signifikante Morbidität oder Mortalität bei Menschen verursachen kann oder das für einen bestimmten Ort und eine bestimmte Zeit ungewöhnlich oder unerwartet ist, vgl. Art. 2 Nr. 66 MDR.

2. *Stellung im Normgefüge*

Diese Pflichten gehören zur Post-Market Surveillance. Als Ziel dieser ist beschrieben worden, dass der Hersteller auch für erst nachträglich entdeckte Produktfehler in die Verantwortung genommen werden kann.[545] Ein Teil der Nachmarktbeobachtung ist auch in Art. 10 Abs. 10 MDR geregelt, in der der Hersteller verpflichtet wird, ein System zur Überwachung nach dem Inverkehrbringen überhaupt einzurichten und auf dem neuesten Stand zu halten. Art. 10 Abs. 12, Abs. 13 MDR regeln, wie mit den aus diesem System gewonnenen Informationen zu verfahren ist. Die Post-Market-Surveillance gehört zur zweiten großen Pflicht für Hersteller betreffend Medizinprodukte. Sie soll, nachdem alle „ersten" Pflichten bis zum Markteintritt erfüllt wurden, nun gewährleisten, dass bei der Nutzung des Produkts auf dem Markt gewonnene Erfahrungen dazu genutzt werden, das Produkt zu verbessern und eventuelle Gefahrenquellen zu minimieren.[546]

3. *Schutzgesetzeigenschaft*

a) Handlungspflichten bei Anhaltspunkten

Unter der alten Rechtslage zum MPG wurde für die Haftung aus Schutzgesetzverletzung wegen unterlassenen Produktrückrufs nur dann bejaht, wenn die zuständige Behörde einen Produktrückruf angeordnet hat. Der bloße Fehlerverdacht war nicht ausreichend; vielmehr war in Übereinstimmung mit dem allgemeinen Polizei- und Ordnungsrecht eine drohende Gefahr für die öffentliche Gesundheit, Sicherheit oder Ordnung erforderlich.[547]

Dieses Ergebnis ist nach der neuen Rechtslage nicht ganz überzeugend. Der Rückruf des Produkts ist nur eine von mehreren möglichen Handlungsoptionen bei Verdacht auf Mängel. Abhängig von der Schwere des Mangels sind auch andere Reaktionsmöglichkeiten denkbar, wie beispielsweise Warnungen oder zusätzliche Hinweise für Anwender. Es bleibt dem Hersteller grundsätzlich überlassen,

545 statt aller *Dahm-Loraing/Koyuncu*, PHi 2010, 142 (147).
546 *Lücker*, in: Spickhoff MedR, MPDG § 71 Rn. 1.
547 *Wagner*, in: MüKoBGB BGB § 823 Rn. 1042.

welche Maßnahme er ergreift. Dies dient direkt der Sicherheit von Patienten, Anwendern und Betreuern. Die Pflicht, bei Anhaltspunkten für ein bedenkliches Medizinprodukt sofort geeignete Maßnahmen zu ergreifen, stellt bei Verstoß eine „konkrete Angriffsart" dar und ist somit Gebot i.S.d. § 823 Abs. 2 BGB. Das Inverkehrbringen begründet auch eine „Sonderverantwortlichkeit" für das Produkt weiterhin, was strafrechtlich als Garantenstellung aus Ingerenz eingeordnet wird.[548] Es existiert damit zwar kein gesonderter Straftatbestand, eine Strafbarkeit ließe sich aber aus dem Unterlassen ab dem Zeitpunkt der Kenntnis konstruieren.

Ein Missachten der Pflicht zum Ergreifen der geeigneten Maßnahmen bei Fehlerverdächtigkeit kann unmittelbar zu einem Schaden führen; erfüllt somit die Anforderungen des § 823 Abs. 2 BGB an die Gebotseigenschaft. Die eben beschriebene Sonderverantwortlichkeit für das Produkt besteht auch gegenüber einem individualisierbaren Personenkreis, sodass Individualschutz bejaht werden kann. Dafür sprechen zudem die Entstehungsgeschichte sowie der Aufbau des Gesetzes. Geschützt wird nicht nur der Markt oder die Allgemeinheit sondern jeder Patient und Anwender. Daher kann die Pflicht aus Art. 10 Abs. 12 MDR als Schutzgesetz i.S.d. § 823 Abs. 2 BGB eingeordnet werden.

b) Meldepflichten und System

Die Meldepflichten für schwerwiegende Gefahr an Behörden sowie gegebenenfalls an die Benannte Stelle resultieren in einer schnelleren Handlungsmöglichkeit auch für diese Akteure, geeignete Maßnahmen zu ergreifen. Im Gegensatz zu den Pflichten zur Dokumentation und zum Bereithalten von Informationen für die zuständigen Behörden, deren Schutzgesetzeigenschaft verneint wurde[549], handelt es sich hier zwar um eine Situation, in der bereits Anhaltspunkte für die Mangelverdächtigkeit eines Medizinprodukts vorliegen. Dennoch ist auch vorliegend ein Schadenseintritt durch das bloße Missachten der Meldepflichten nicht ohne weitere Zwischenschritte möglich. Bei der Vorschrift, (auch) die Behörden und die Benannte Stelle einzuschalten, handelt es sich lediglich um eine gesetzliche Konkretisierung der „geeigneten Maßnahmen", die der Hersteller ohnehin zu ergreifen hat. Mithin schreibt die MDR dem Hersteller vor, welche Maßnahme zu den „geeigneten" i.S.d. Abs. 12 gehört. Die Pflichten, bei Mangelverdacht geeignete Maßnahmen zu ergreifen und vor Inverkehrbringen die Konformität herzustellen, sind jedoch „näher" an einem potenziellen Schaden. Die Bejahung der Schutzgesetzeigenschaft dieser Norm würde daher nicht in das Gesamtsystem

548 *Freund*, in MüKoStGB § 13 StGB Rn. 123.
549 Dazu siehe etwa V, VI.

des Haftungsrechts passen und in einem ausufernden Schutz resultieren, welcher bei § 823 Abs. 2 BGB grundsätzlich nicht gewollt ist.

Somit wird hier die Schutzgesetzeigenschaft verneint.

c) Ergebnis

Nur die Pflicht, bei Mangelverdacht geeignete Maßnahmen zu ergreifen (Abs. 12 S. 1) ist Schutzgesetz i.S.d. § 823 Abs. 2 BGB. Die anderen vorgeschriebenen Verhaltenspflichten können im Zusammenhang mit dem Verschulden relevant werden, da sie die im Verkehr erforderliche Sorgfalt gesetzlich vorschreiben.

XIII. Die Kooperation mit den Behörden

Die in Art. 10 Abs. 14 MDR normierten Pflichten zur Kooperation mit den Behörden lassen sich in zwei verschiedene Kategorien einsortieren. Einerseits existieren Pflichten, die mit der Überprüfung des Produkts verbunden sind, wie beispielsweise die Bereitstellung von Informationen und Unterlagen sowie die Gewährung von Zugang zum Produkt. Andererseits besteht die Verpflichtung, mit den Behörden bei Korrekturmaßnahmen bei einem fehlerhaften Produkt zusammenzuarbeiten.

1. Aushändigen von Informationen und Zugang zum Produkt

In Art. 10 Abs. 14 MDR ist normiert, dass Hersteller der zuständigen Behörde auf deren Ersuchen hin alle Informationen und Unterlagen aushändigen, die für den Nachweis der Konformität des Produkts erforderlich sind. Weiter sollen sie Proben des Produkts unentgeltlich zur Verfügung stellen oder Zugang zu dem Produkt gewähren und mit einer zuständigen Behörde auf deren Ersuchen bei allen Korrekturmaßnahmen kooperieren.

Diese beiden Pflichten schützen lediglich das Recht des Staatsapparates, seiner Aufgabe der Überwachung des Marktes nachzukommen. Der sich gegebenenfalls für Patienten, Betreiber oder Anwender ergebende Schutz ist lediglich ein Reflex dieser allgemeinschützenden Vorschrift.

2. Pflicht zur Kooperation bei Korrekturmaßnahmen

Die Pflicht, mit den Behörden zusammenzuarbeiten, wenn diese Korrekturmaßnahmen ergreifen, zeigt erneut, wie die Pflichten des Herstellers im Rahmen der MDR ineinandergreifen: Hat der Hersteller Anhaltspunkte für einen Mangelverdacht, muss er nach Art. 10 Abs. 12, 13 MDR die Behörden informieren; nach dieser Information und/oder wenn statt ihm die Behörde zuerst von der Mangelverdächtigkeit erfährt und ihrerseits Maßnahmen zur Schadensbehebung bzw. -begrenzung ergreift, muss er gemäß Art. 10 Abs. 14 MDR kooperieren.

Der Schutz, der sich dadurch für die Patienten und Anwender ergibt, ist dabei allerdings nur mittelbar. Es dürfte in der Praxis kaum möglich sein, einen Anspruch darauf zu stützen, dass der jeweilige Schaden nicht entstanden wäre, hätte der Hersteller mit den Behörden bei deren Gefahrabwendungsmaßnahmen kooperiert. Ein Schadenseintritt ist nicht ohne weitere Zwischenschritte denkbar. Ferner ist der Hersteller ohnehin verpflichtet, bei Mangelverdächtigkeit seines Produkts geeignete Maßnahmen zu ergreifen, vgl. Art. 10 Abs. 12 MDR. Die Pflicht zur Kooperation mit den Behörden ist nur eine Konkretisierung einer solchen geeigneten Maßnahme.[550]

Die Schutzgesetzeigenschaft dieser Verpflichtung i.S.d. § 823 Abs. 2 BGB ist zu verneinen.

XIV. Ergebnis Herstellerpflichten in der MDR

Die MDR sieht für den Hersteller als ersten Wirtschaftsakteur, der für das Medizinprodukt verantwortlich ist, ein enges Pflichtenkorsett vor. Dieses gewährleistet sowohl vor als auch nach Inverkehrbringen bzw. Inbetriebnahme nicht nur Schutz für die Allgemeinheit, sondern auch für Individuen. Hierbei sind Schutzgesetze vor und nach dem Inverkehrbringen bzw. der Inbetriebnahme vorgesehen. Diese bilden die Grundpfeiler der Herstellerpflichten. Um die bestmögliche Sicherheit von Medizinprodukten zu gewährleisten, liegt die größte Verantwortung beim Hersteller als erstem Wirtschaftsakteur in der Lieferkette. Der Hersteller ist schließlich der Garant für sein Produkt, da er alle Produktionsabläufe kennt und somit Gefahren in diesem Schritt zutreffend einschätzen kann. Es wird von ihm erwartet, dass er aktiv alle Sicherheitsanforderungen erfüllt und die Sicherheitsmaßnahmen ergreift, die von der MDR vorgegeben werden.

Als Schutzgesetze i.S.d. § 823 Abs 2 BGB eingeordnet werden können die Pflicht zur Konformität mit der MDR (Art. 5 Abs. 1, 10 Abs. 1 MDR), die Pflicht zur Einhaltung der grundlegenden Sicherheits- und Leistungsanforderungen, (Art. 5 Abs. 2, Abs. 3 MDR; für die Eigenherstellung Art. 5 Abs. 5 MDR) ebenso wie die vertieften Anforderungen an die Durchführung der klinischen Bewertung, die die Teilnehmer schützen, (Art. 62 Abs. 1, Abs. 3, Abs. 4, Abs. 6, Abs. 7 MDR sowie Art. 63f. und Art. 65f. MDR) und die Pflicht, bei Mangelverdächtigkeit des Medizinprodukts geeignete Maßnahmen zu ergreifen (Art. 10 Abs. 12 MDR). Zudem gibt es Vorschriften, die zwar alleinstehend keine Schutzgesetze i.S.d.

550 Dazu siehe auch XII, insbes. 3.

§ 823 Abs. 2 BGB sind, die aber die Verhaltenspflichten des Herstellers insoweit konkretisieren, dass sie als die „im Verkehr erforderliche Sorgfalt“ bei der Ermittlung des Verschuldens bei einem Schutzgesetzverstoß herangezogen werden können.

B. Für den Bevollmächtigten

Der Bevollmächtigte[551] wird mit seinen Pflichten, seinem Mandat und der Möglichkeit seiner Auswechselung in den Art. 11f. MDR behandelt. Die Benennung eines solchen Bevollmächtigten ist nur dann erforderlich, wenn der Hersteller des Produkts nicht in einem der EU-Mitgliedsstaaten zugelassen ist, vgl. Art. 11 Abs. 1 MDR. Wenn ein Hersteller das Produkt dennoch auf dem Unionsmarkt in Verkehr bringen möchte, muss er einen (einzigen) Bevollmächtigten benennen. Die Bezeichnung „einen einzigen Bevollmächtigten“ ist dabei pro jeweiliger Produktgruppe zu verstehen; ein einziger Bevollmächtigter für das gesamte Warenangebot ist nicht ausreichend.[552] Dies war auch bereits vor der MDR so geregelt,[553] seit im März 2010 mit der Einführung des 4. MPG-Änderungsgesetzes in Deutschland Art. 14 Abs. 2 der Richtlinie 93/42/EWG umgesetzt wurde.[554] Als in der Union niedergelassenem „Ansprechpartner“ des Herstellers kommt ihm eine „entscheidende Rolle bei der Gewährleistung der Konformität“ der Produkte des außereuropäischen Herstellers zu, vgl. Erwägungsgrund 35 der MDR.

Dem Bevollmächtigten muss sein Mandat nach den Vorschriften des Abs. 2 durch Benennung erteilt werden. Dadurch wird der Bevollmächtigte gemäß Abs. 3 zu den in lit. a)-h) genannten Aufgaben ermächtigt und verpflichtet. Im Außenverhältnis ist seine Existenz Grundlage für die Verkehrsfähigkeit des betreffenden Produkts. Er nimmt die Pflichten, die die MDR auferlegt, im Außenverhältnis als Verantwortlicher wahr. Im Innenverhältnis besteht zwischen ihm und dem Hersteller ein Geschäftsbesorgungsvertrag, dessen Modalitäten sich nach der Vereinbarung der beiden Parteien im Einzelnen richten.[555]

---

551 Vertiefend s. *Wachhausen/Weinert*, MPJ 2019, 97 ff.

552 *Willhöft/Hundemer*, in: Lücker/Baumann MedProdR EU 1-11/3 Rn. 5.

553 Zur Stellung des bevollmächtigten Vertreters vor der MDR s. vertiefend *Schilbach*, MPR 2016, 82 ff.

554 *Willhöft/Hundemer*, in: Lücker/Baumann MedProdR EU 1-11/3 Rn. 4.

555 Zum Ganzen noch zur alten Rechtslage unter dem MPG, i.E. jedoch weiter zutreffend *Schilbach*, MPR 2016, 82f., m.w.N.

Wenn der nicht in einem Mitgliedsstaat zugelassene Hersteller seine Pflichten aus Art. 10 MDR verletzt, haftet der Bevollmächtigte auf der selben Grundlage wie er mit ihm als Gesamtschuldner, vgl. Art. 11 Abs. 5 MDR. Nach Erwägungsgrund Nr. 35 besteht die Gesamtschuld nicht nur mit dem Hersteller, sondern auch mit dem Importeur. Somit gibt es für einen Geschädigten stets einen innereuropäischen Anspruchsgegner. Nach Art. 11 Abs. 3 lit. h) MDR kann der Bevollmächtigte sein Mandat beenden. Er fungiert als Bindeglied zwischen den EU-Anforderungen und dem überprüfenden Staatsapparat der jeweiligen Mitgliedsstaaten und dem außereuropäischen Hersteller.

Im Folgenden sollen die einzelnen Pflichten des Bevollmächtigten untersucht, eingeordnet und auf deren Eignung, Schutzgesetz i.S.d. § 823 Abs. 2 BGB zu sein, geprüft werden. Unter dem MPG wurde eine Haftung nach § 823 Abs. 2 BGB für den Bevollmächtigten mit der Begründung abgelehnt, die einzige aus dem MPG in Betracht kommende Norm, die auch der Bevollmächtigte verletzen könnte, gelte laut MPG nur für den Hersteller.[556] Der Bevollmächtigte kann nach allgemeiner Ansicht in der Kommentarliteratur[557] sowie nach dem Blue Guide (Ziff. 3.2.) gleichzeitig Importeur oder Händler sein.

Eine Strafnorm ist für den Bevollmächtigten, der ein Produkt ohne vorherige Registrierung als Bevollmächtigter in der EUDAMED-Datenbank in den Verkehr bringt, im nationalen MPDG mit § 93 Abs. 3 Nr. 2 MPDG vorgesehen. Nach § 94 Abs. 3 Nr. 6 MPDG handelt ordnungswidrig, wer vorsätzlich oder fahrlässig als Bevollmächtigter nicht sicherstellt, dass er dauerhaft und ständig auf eine Person verantwortlich für die Einhaltung der Regulierungsvorschriften zurückgreifen kann.

Anders als in Art. 10 Abs. 16 MDR für den Hersteller gibt es für den Bevollmächtigten keine klarstellende Norm, die besagt, dass natürliche oder juristische Personen für einen Schaden, der durch ein fehlerhaftes Produkt verursacht wurde, gemäß dem geltenden Unionsrecht und dem geltenden nationalen Recht Schadensersatz verlangen können. Die MDR sieht auch in Erwägungsgrund 31 nur vor, dass Hersteller dazu verpflichtet werden, Maßnahmen festzulegen, um eine ausreichende finanzielle Deckung ihrer potenziellen Haftung zu gewährleisten. Allerdings zeigt Erwägungsgrund 35, der grundsätzlich auf die gesamtschuldnerische Haftung des Bevollmächtigten mit dem Importeur und dem Hersteller

556 *Schilbach*, MPR 2016, 82 (85f.).

557 So *Willhöft/Hundemer*, in: Lücker/Baumann MedProdR EU 1-11/4 Rn. 7, unter Nennung weiterer Fundstellen für diese Ansicht.

entsprechend der Richtlinie 85/374/EWG verweist, auch das Haftungsrisiko der Bevollmächtigten für fehlerhafte Produkte auf.[558]

I. Überprüfungspflichten

In Art. 11 Abs. 3 lit. a) MDR wird der Bevollmächtigte dazu verpflichtet, zu überprüfen, dass die EU-Konformitätserklärung und die technische Dokumentation erstellt wurden und dass der Hersteller gegebenenfalls ein entsprechendes Konformitätsbewertungsverfahren durchgeführt hat. Dabei handelt es sich mangels fachlicher Kompetenz des Bevollmächtigten nicht um eine Pflicht zur weitreichenden inhaltlichen und technischen Kontrolle im Sinne einer Kontrollinstanz. Gefordert wird lediglich eine Überprüfung hin auf die Existenz und Verfügbarkeit der Dokumente. Der Bevollmächtigte prüft zudem, ob die Angaben nach Anhang IV in den geforderten Sprachen vorhanden sind.[559]

1. Stellung im Normgefüge

Ein Inverkehrbringen von Produkten außereuropäischer Hersteller ist nur zulässig, wenn ein Bevollmächtigter benannt wird (vgl. Art. 11 Abs. 1 MDR), der bei Missachtung der Herstellerpflichten mit diesem als Gesamtschuldner auf derselben Grundlage haftet (vgl. Abs. 5). So möchte der europäische Gesetzgeber die Risiken, die von Produkten ausgehen, die im außereuropäischen Ausland produziert werden und deren Hersteller gegebenenfalls deutlich geringere Anforderungen zu erfüllen haben als europäische Hersteller, minimieren.

2. Zur Gesamtschuldnerhaftung mit dem Hersteller

Hält der Bevollmächtigte seine Überprüfungspflichten nicht ein und entsteht tatsächlich ein Schaden, haftet er zusammen mit dem Hersteller als Gesamtschuldner aufgrund der Pflichtverletzung des Herstellers, vgl. Art. 11 Abs. 5 MDR. Hat er hingegen die Pflichten eingehalten und entsteht dennoch ein Schaden, haftet er ebenfalls zusammen mit dem Hersteller als Gesamtschuldner wegen dessen Pflichtverletzung. Dies wirft die Frage auf, ob es für einen potenziellen Anspruch gegen den Bevollmächtigten alleine aus § 823 Abs. 2 BGB in Verbindung mit seiner eigenen originären Pflichtverletzung hinsichtlich der Überprüfung überhaupt einen Anwendungsbereich ohne Herstellerpflichtverletzung bzw. ohne Gesamtschuldnerhaftung i.S.d. Art. 11 Abs. 5 MDR gibt.

---

558 Vgl. *Willhöft/Hundemer*, in: Lücker/Baumann MedProdR EU 1-13/8 Rn. 26.

559 Zum Ganzen *Willhöft/Hundemer*, in: Lücker/Baumann MedProdR EU 1-11/5 Rn. 12.

Der Bevollmächtigte scheint auf den ersten Blick stets zu haften, gleich ob er seine eigene Pflicht zur Überprüfung verletzt hat oder nicht. Allerdings bedeutet eine gesamtschuldnerische Haftung nicht, dass der Bevollmächtigte auch tatsächlich im Innenverhältnis mithaftet: Vielmehr wird die Klärung der individuellen Anteile der Verantwortlichkeit auf den Gesamtschuldnerausgleich verlagert. Dabei wird häufig ein vollständiger Innenregress zugunsten des Bevollmächtigten in Frage kommen.[560] Ferner lässt sich der Bevollmächtigte in der Praxis gelegentlich eine Versicherungsdeckung des Herstellers zusichern.[561] Die Regressmöglichkeit gegen den Hersteller ist einer der Gründe dafür, dass die MDR insbesondere vom Hersteller verlangt, Maßnahmen festzulegen, um eine ausreichende finanzielle Deckung seiner potenziellen Haftung zu gewährleisten (vgl. Erwägungsgrund 31).

Es gibt also durchaus einen Anwendungsbereich für eine originäre Haftung des Bevollmächtigten aus eigener Pflichtverletzung.

3. Ge- oder Verbot

Ein Gebot ist in Form einer Handlungsanweisung an den Bevollmächtigten vorhanden. Freilich wohnt den Vorschriften zur Überprüfung ein gewisser Schutz für Personen, die mit den betreffenden Medizinprodukten in Berührung kommen, inne, insbesondere wenn die Überprüfung solche Inhalte betrifft, die selbst zur Erhöhung der Sicherheit von Medizinprodukten existieren. Vor Betreten des europäischen Binnenmarktes ist der Bevollmächtigte die „letzte Instanz". Das strikte Einhalten der Überprüfungspflichten könnte möglicherweise Fälle aufdecken, in denen etwa die Konformitätserklärung fehlt, weil tatsächlich keine Konformität mit den medizinprodukterechtlichen Vorgaben der Europäischen Union besteht.

Das Nicht-Einhalten der Pflicht zur Überprüfung, ob z.B. eine Konformitätserklärung vorliegt, stellt allerdings noch keinen konkreten Angriff gegen ein Rechtsgut einer individualisierbaren Personengruppe dar, da ein Schaden nicht unmittelbar aus dieser Pflichtverletzung resultiert. Zum einen müsste es grundsätzlich eine vorherige Pflichtverletzung durch den Hersteller geben. Schließlich muss das zu überprüfende Produkt bereits in einem mangelbehafteten Zustand in den Bereich des Bevollmächtigten gelangt sein. Zum anderen müsste sich für einen Anspruch aus § 823 Abs. 2 BGB i.V.m. dieser Bevollmächtigtenpflicht (unbeschadet der Gesamtschuldnerhaftung zusammen mit dem außereuropäi-

560 Zum Ganzen *Schilbach*, MPR 2016, 82 (87).

561 *Willhöft/Hundemer*, in: Lücker/Baumann MedProdR EU 1-11/7 Rn. 21.

schen Hersteller) die abstrakte Gefährdung in einen Schaden umwandeln, der in haftungsausfüllend kausaler Art und Weise darauf zurückzuführen ist, dass die Überprüfungspflichten missachtet wurden. Es dürfte also der Schaden dann nicht eingetreten sein, wenn der Bevollmächtigte seiner Pflicht zur Überprüfung nachgekommen wäre. Dies aber liefe bei einer vorangegangenen Pflichtverletzung des Herstellers dem der MDR innewohnenden Grundsatz der Herstellerverantwortlichkeit zuwider, der sich auch darin zeigt, dass nur in dem die Herstellerpflichten enthaltenden Art. 10 MDR in Abs. 16 auf das Recht, Schadensersatz zu fordern, Bezug genommen wird. In Art. 11 MDR (Bevollmächtigtenpflichten) fehlt dieser Absatz.

Dass die MDR nur Hersteller zur gesicherten Deckung deren potenzieller Haftung vorsieht, mag unter anderem daran liegen, dass sie in einer potenziellen Regresskette ganz am Ende stehen. Dies bedeutet nicht, dass eine Schadensersatzverpflichtung anderer Wirtschaftsakteure grundsätzlich ausgeschlossen werden kann. Allerdings läge bei einem Überprüfungsfehler des Bevollmächtigten grundsätzlich auch ein Fehler des Herstellers vor, denn ansonsten hätte die fehlende Überprüfung nicht zur Folge, dass das tatsächlich mangelhafte Produkt einen Schaden verursacht. Daher wird auch in solchen Fällen regelmäßig beim Hersteller Regress genommen.

Aus einem Vergleich mit dem Importeur, dem in Art. 13 Abs. 2 MDR ebenso Überprüfungspflichten in einem ähnlichen Umfang auferlegt sind, lässt sich allerdings eine geringere Verpflichtung des Bevollmächtigten herleiten: Während für den Bevollmächtigten „nur" Überprüfungspflichten normiert sind, dienen diese beim Importeur zur Einhaltung seiner Pflicht, nur Produkte in den Verkehr zu bringen, die der MDR entsprechen, vgl. Art. 13 Abs. 1 MDR. Eine dem Art. 13 Abs. 1 MDR entsprechende Pflicht für Bevollmächtigte sieht die MDR nicht vor. Wäre für den Bevollmächtigten eine Einstandspflicht für nicht konforme Produkte gewollt gewesen, hätte man ihm ebenso die „Pflicht" zur Konformität der Produkte mit der MDR auferlegt. Von einer Planwidrigkeit des Fehlens einer solchen Regelung kann nicht ausgegangen werden. So müsste der Bevollmächtigte aber bei einem nicht-konformen Produkt haften, weil er seine Überprüfungspflicht nicht eingehalten hat. Dies käme einer Einstandspflicht für das nicht-konforme Produkt gleich, welche vom Gesetzgeber mangels expliziter Normierung wohl gerade nicht gewollt war.

4. Ergebnis

Der durch Art. 11 Abs. 3 lit. a) MDR vermittelte Schutz wirkt zu mittelbar; daher ist Art. 11 Abs. 3 lit. a) MDR kein Schutzgesetz i.S.d. § 823 Abs. 2 BGB.

II. Bereithalten von Dokumenten, Aushändigung und Weiterleitung

Gemäß Art. 11 Abs. 3 lit. b) MDR ist der Bevollmächtigte verpflichtet, eine Kopie der technischen Dokumentation, der EU-Konformitätserklärung und gegebenenfalls einer Kopie der Konformitätsbescheinigung einschließlich etwaiger Änderungen und Nachträge über einen bestimmten Zeitraum für die zuständigen Behörden bereitzuhalten. Lit. d) des selben Absatzes verpflichtet infolgedessen den Bevollmächtigten dazu, sämtliche Informationen und Unterlagen der zuständigen Behörde auf deren Ersuchen auch auszuhändigen. Im Umfang erfasst dieser Nachweis mit Blick auf Art. 11 S. 3 lit. b) MDR „lediglich" die technische Dokumentation, EU-Konformitätserklärung sowie gegebenenfalls Konformitätsbescheinigung.[562] In lit. e) wird er verpflichtet, das Ersuchen einer zuständigen Behörde um Proben oder um Zugang zu einem Produkt an den Hersteller weiterzuleiten und zu überprüfen, dass der Zugang gewährt wird.

1. Stellung im Normgefüge

Hierbei zeigt sich wieder die Stellung des Bevollmächtigten als „Bindeglied" zwischen Europäischer Union und deren Kontrollapparat und dem außereuropäischen Hersteller. Gemäß Art. 10 Abs. 8 MDR ist grundsätzlich der Hersteller verpflichtet, die Unterlagen i.S.d. lit. b) bereitzuhalten und auf deren Ersuchen auszuhändigen. Lit. b) und d) des Art. 11 Abs. 3 MDR verlagern diese Pflicht auf den Bevollmächtigten, sodass die Einhaltung der Herstellerpflichten in der EU weiterhin lückenlos gewährleistet werden kann. Ebenso ist der Hersteller nach Art. 10 Abs. 14 S. 2 MDR verpflichtet, der zuständigen Behörde Proben zur Verfügung zu stellen oder Zugang zum Produkt zu gewähren. Art. 11 Abs. 3 lit. e) MDR macht dies konsequenterweise zu einer Pflicht, für die auch der Bevollmächtigte einzustehen hat. Ohne einen Bevollmächtigten ist ein Inverkehrbringen in der Union nicht möglich (Art. 11 Abs. 1 MDR) und er haftet als Gesamtschuldner bei einer Pflichtverletzung durch den Hersteller (Art. 11 Abs. 5 MDR). So wird der größtmögliche Gleichlauf von Produkten außereuropäischer und europäischer Hersteller erreicht.

2. Schutzgesetzeigenschaft

Das Bereithalten von Informationen und Dokumenten und das Aushändigen dieser sowie das Gewährleisten für einen Zugang der Behörde zu dem Produkt

562 *Willhöft/Hundemer,* in: Lücker/Baumann MedProdR EU 1-11/5 Rn. 15; diese verweisen auf Art. 3 S. 3 lit. b) MDR. Dabei dürfte es sich um einen Tippfehler handeln und Art. 11 Abs. 3 S. 3 lit. b) MDR gemeint sein.

dient hierbei lediglich der Überprüfbarkeit durch staatliche Stellen und Dokumentationszwecken. Die Pflicht dazu wurde bereits für den Hersteller als Schutzgesetz verneint.[563]

Zwar erhöht die Überprüfung der Qualität von Produkten und die Rückverfolgbarkeit dieser die Sicherheit von Medizinprodukten; es kann aber nicht davon ausgegangen werden, dass der Schutz von Individuen, der sich daraus ergibt, einen reinen „Rechtsreflex" übersteigt. Durch die Neuregelung des Medizinprodukterechts sollte auch und insbesondere mit diesen Regelungen eine bessere Überprüfbarkeit für Behörden im Sinne der reibungslosen Funktionalität des europäischen Binnenmarkts geschaffen werden, vgl. Erwägungsgrund 2 der MDR.

3. Ergebnis

Insgesamt besteht keine Schutzgesetzeigenschaft i.S.d. § 823 Abs. 2 BGB.

III. Pflichten im Zusammenhang mit dem UDI-System

Lit. c) hält für den Bevollmächtigten eigene Registrierungspflichten im Zusammenhang mit dem UDI-System sowie die Pflicht zur Überprüfung, ob der Hersteller seinerseits seine Pflichten im Zusammenhang mit dem UDI-System eingehalten hat, bereit. Die Schutzgesetzeigenschaft dieser Pflichten wurde bereits für den Hersteller verneint.[564] Es ist kein Grund ersichtlich, aus dem die Registrierungspflichten des Bevollmächtigten oder die Überprüfung der Einhaltung der Herstellerpflichten im Bezug auf das UDI-System anders bewertet werden sollten.

Die UDI-Pflichten des Bevollmächtigten können daher aus den selben Gründen keine Schutzgesetze i.S.d. § 823 Abs. 2 BGB sein.

IV. Kooperation mit Behörden

Art. 11 Abs. 3 lit. f) MDR verpflichtet die Bevollmächtigten, bei allen Präventiv- oder Korrekturmaßnahmen zur Abwendung oder Minderung von Gefahren mit den zuständigen Behörden zu kooperieren. Diese Pflicht besteht ähnlich auch für die Hersteller (Art. 10 Abs. 14 S. 3 MDR) von Medizinprodukten. Konsequenterweise wird die Pflicht des außereuropäischen Herstellers hierbei auf den Bevollmächtigten ausgeweitet. Sie ist kein Schutzgesetz i.S.d. § 823 Abs. 2 BGB, da ein Schaden wegen der fehlenden Kooperation mit den Behörden nicht ohne weitere Zwischenschritte denkbar ist.[565] Ein Schutz ergibt sich nur mittelbar.

---

563 Siehe dazu zur Herstellerpflicht oben A. XII 2 b) sowie A. XIII 1.
564 Siehe dazu A. V – VII.
565 Siehe dazu A. XIII 2.

Für den Bevollmächtigten kann die Schutzgesetzeigenschaft mit derselben Argumentation verneint werden.

V. Verhalten bei Beschwerden

Gemäß Art. 11 Abs. 3 lit. g) MDR muss der Bevollmächtigte bei Beschwerden und Berichten seitens Angehöriger der Gesundheitsberufe, der Patienten und Anwender über mutmaßliche Vorkommnisse den Hersteller unverzüglich unterrichten. Diese Pflicht besteht gemäß Art. 12 lit. d) MDR sogar nach der Beendigung des Mandats weiter fort.

1. Stellung im Normgefüge

Dies bewirkt, dass der Hersteller dann seinen Pflichten zur Handlung bei Mangelverdacht des Medizinproduktes nachkommen kann. Unter anderem dadurch kann er die Anhaltspunkte für den Mangelverdacht i.S.d. Art. 10 Abs. 12 MDR erlangen, die seine Handlungspflichten hervorrufen.

2. Schutzgesetzeigenschaft

Die Anforderung, den Hersteller über Beschwerden zu unterrichten ist ein Gebot in Form einer konkreten Handlungsanweisung. Leitet der Bevollmächtigte dies nicht an den Hersteller weiter, so wird dessen Pflicht, bei Mangelverdacht angemessene Maßnahmen zur Gefahreindämmung zu ergreifen, gegebenenfalls mangels Anhaltspunkten für den Mangelverdacht nicht ausgelöst.

Dennoch handelt es sich bei der Missachtung dieser Pflicht nicht bereits eine „konkrete Angriffsart" gegen Rechtsgüter einzelner Personen, da ein Schadenseintritt aufgrund der Missachtung dieser Pflicht nicht ohne weitere Zwischenschritte denkbar ist. Tritt ein Schaden ein, so hätte dieser nicht alleine dadurch verhindert werden können, dass der Bevollmächtigte den Hersteller über die Beschwerden nicht informiert hat. Vielmehr ist die kausale Pflichtverletzung in diesem Fall bereits das Inverkehrbringen bzw. die Inbetriebnahme eines mangelhaften Produkts. Dies allerdings fällt in den Bereich des Herstellers.[566] Die Frage nach dem Weitergeben von potenziell für eine Handlungspflicht des Herstellers relevanten Informationen kann zwar relevant für einen eventuellen (partiellen) Ausgleich im Innenverhältnis zwischen dem Bevollmächtigten und dem Herstel-

---

566 Dazu siehe etwa A. I.; ebenso hat nach der MDR auch der Importeur für die Produktkonformität inkl. Erfüllen der grundlegenden Sicherheits- und Leistungsanforderungen einzustehen, dazu siehe C. I.

ler sein. Ein solcher könnte sich auch etwa aus dem Vertrag zwischen den beiden Wirtschaftsakteuren ergeben.

Ein Anspruch eines Dritten, etwa eines Patienten, wegen der bloßen Nichtweitergabe dieser Informationen war aber nicht erkenntlich vom Gesetzgeber gewollt. Die Haftung würde vorliegend bei der Bejahung der Schutzgesetzeigenschaft ausufern; dies würde auch nicht in das System des Haftungsrechts „passen". Ein Individualschutz ergibt sich vorliegend nur als Rechtsreflex. Art. 11 Abs. 3 lit. g) MDR ist daher kein Schutzgesetz i.S.d. § 823 Abs. 2 BGB.

VI. Pflichten bei Beendigung des Mandats

Nach Art. 11 Abs. 6 MDR ist der Bevollmächtigte verpflichtet, unverzüglich die zuständige Behörde des Mitgliedstaats, in dem er niedergelassen ist, sowie gegebenenfalls die Benannte Stelle, die an der Konformitätsbewertung des Produkts mitgewirkt hat, über Beendigung und die Gründe dafür zu unterrichten, falls er sein Mandat beendet. Gemäß Art. 11 Abs. 3 lit. h) MDR hat der Bevollmächtigte ein Recht zur Beendigung des Mandats, sofern der Hersteller seine MDR-Verpflichtungen verletzt. Dieses außerordentliche Kündigungsrecht ist im Rahmen des § 314 BGB nur mit einer umfassenden Abwägung der Einzelfallumstände und der beiderseitigen Interessen möglich, wenn die Fortsetzung bis zur vereinbarten Beendigung des Mandats oder zum Ablauf einer ordentlichen Kündigungsfrist nicht zumutbar ist.[567]

1. Stellung im Normgefüge

Da die Beendung des Mandats gemäß Art. 11 Abs. 3 lit. h) MDR etwa auch für den Fall vorgesehen ist, dass der Hersteller seine Verpflichtungen aus der MDR verletzt, können insbesondere die Gründe für die Beendigung von Relevanz für die Behörde sein. Die Beendigung kann insbesondere erfolgen, um nicht mehr weiterhin gemäß Art. 11 Abs. 5 MDR als Gesamtschuldner neben dem Hersteller haften zu müssen. Ohne Bevollmächtigten darf ein Produkt von einem außerunionseuropäischen Hersteller nicht in Verkehr gebracht werden (vgl. Art. 11 Abs. 1 MDR). Auch vor diesem Hintergrund haben Behörden ein berechtigtes Interesse an der Übermittlung dieser Informationen. Bereits die Abwesenheit eines Bevollmächtigten, der in der Europäischen Union für das Produkt „einsteht", als Bindeglied fungiert und die Einhaltung von Vorschriften überprüft und gewährleistet, wird von der MDR als zu hohes Risiko eingestuft (vgl. Art. 11 Abs. 1 MDR). Das Produkt darf dann nicht in Verkehr gebracht werden,

---

567 *Willhöft/Hundemer*, in: Lücker/Baumann MedProdR EU 1-11/6 Rn. 19.

obwohl die Abwesenheit eines Bevollmächtigten freilich nicht bedeutet, dass das Produkt nicht den Anforderungen der MDR entspricht. Denn der Grund für die Mandatsbeendigung könnte auch ein solcher sein, der für die Sicherheit nicht relevant ist.

2. Schutzgesetzeigenschaft

Die Verpflichtung, die Informationen über die Beendigung des Mandats weiterzugeben, stellt ein Gebot im Sinne einer konkreten Handlungsanweisung dar. Kann die Behörde keine adäquaten Handlungen ergreifen, da sie keine Kenntnis von der Pflichtverletzung des Herstellers hat, so kann ein gegebenenfalls nicht MDR-konformes und somit potenziell mangelgefährdetes Medizinprodukt weiter auf dem Unionsmarkt vertrieben werden. Dies ist allerdings nicht ohne wesentliche Zwischenschritte denkbar. Die fehlende Mitteilung der Mandatsbeendigung des Bevollmächtigten an die Behörden per se schadet keinen Personen unmittelbar. Geschütztes Interesse ist in diesem Fall das staatliche Interesse an der Marktüberwachung. Individualinteressen sind allenfalls mittelbar beeinträchtigt, wenn die Behörde aufgrund der Informationen dann etwa zur Überzeugung gelangt, das Produkt sei nicht sicher, und eine Rückrufaktion einleitet und eine Person dann nicht geschädigt wird, die ohne diese Aktion geschädigt worden wäre.

3. Ergebnis

Aufgrund dieser Mittelbarkeit kann für die Verpflichtung aus Art. 11 Abs. 6 MDR eine Schutzgesetzeigenschaft i.S.d. § 823. Abs. 2 BGB nur verneint werden.

VII. Ausblick auf geplante Novellierung des europäischen Produkthaftungsrechts

2022 hat die EU-Kommission einen Vorschlag für eine neue EU-Produkthaftungsrichtlinie veröffentlicht.[568] Diese würde auch Medizinprodukte betreffen. Wie bereits in der MDR und IVDR umgesetzt (s. Erwägungsgrund 35 der MDR bzw. 34 der IVDR sowie Art. 11 Abs. 5 MDR und IVDR), soll nach Art. 7 Abs. 2 ProdHaftRL-E der Bevollmächtigte gesamtschuldnerisch neben dem Hersteller und dem Importeur verschuldensunabhängig für das Produkt haften. Für die Gesamtschuldnerhaftung ist nur erforderlich, dass der Hersteller eine Pflicht verletzt hat.[569]

---

568 Vorschlag für eine Richtlinie des Europäischen Parlaments und des Rates über die Haftung für fehlerhafte Produkte vom 28.09.2022, COM(2022) 495 final.

569 *Handorn*, MPR 2023, 16 (20).

Dazu wurde zutreffend ausgeführt, nach nationaler Umsetzung würden nach diesem Stand „die Haftungsregelungen des Art. 11 Abs. 5 MDR/IVDR letztlich leer laufen“ und es käme „tatbestandlich nicht mehr (zusätzlich) darauf an“, ob der Hersteller selbst auch eine Pflicht verletzt hat. Vielmehr würde der Bevollmächtigte ein eigenständiger Haftungsadressat für sämtliche Produkte, die unter sein Mandat fallen.[570]

VIII. Ergebnis Pflichten des Bevollmächtigten

Allerdings gibt es bereits ohne diese Novellierung für den Bevollmächtigten aus der MDR keine Pflichten, die als eigene Schutzgesetze losgelöst von etwaigen Verfehlungen des Herstellers fungieren. Hat der Hersteller seine Pflichten erfüllt und sind sämtliche seiner Medizinprodukte infolgedessen sicher, kann eine Pflichtverletzung des Bevollmächtigten grundsätzlich entweder keinen Schaden nach sich ziehen (z.B. beim Versäumen der Unterrichtung der Behörde über die Beendigung des Mandats kommen dann zwar gegebenenfalls Medizinprodukte eines außereuropäischen Herstellers ohne Bevollmächtigten in die EU, sind aber sicher und es entsteht kein Schaden) oder die Pflicht, die er potenziell verletzen könnte, entsteht gar nicht erst (etwa die Pflicht zur Kooperation mit den Behörden bei Gefahr nach Art. 11 Abs. 3 lit. f) MDR – dafür muss eine Gefahr erst einmal vorliegen). Zwar gibt es grundsätzlich Raum für eine originäre Haftung des Bevollmächtigten außerhalb der Gesamtschuldnerhaftung mit dem Hersteller, jedoch sind keine eigenen Schutzgesetze vorhanden, die diese Haftung im Zusammenhang mit § 823 Abs. 2 BGB begründen würden. Die Verhaltenspflichten des Bevollmächtigten sind allerdings relevant, um die Anteile im Innenausgleich der beiden Gesamtschuldner Bevollmächtigter und Hersteller zu ermitteln.

C. Für den Importeur

Als Importeur sieht die MDR laut Art. 2 Nr. 33 MDR jede in der Union niedergelassene natürliche oder juristische Person an, die ein Produkt aus einem Drittland auf dem Unionsmarkt in Verkehr bringt. Grundsätzlich sind die Importeurpflichten in der Zentralnorm Art. 13 MDR geregelt. Es ist auch möglich, dass eine Lieferkette keinen Importeur beinhaltet, etwa wenn der Hersteller sein Produkt selbst in Verkehr bringt. Andererseits besteht ebenso die Möglichkeit, dass Importeuren „gegebenenfalls auch die Rolle des Herstellers zufallen kann“, beispielsweise im Rahmen der Übersetzung von Kennzeichnungen oder Gebrauchsanweisungen

570 Vgl. zum Ganzen *Handorn*, MPR 2023, 16 (20).

von Medizinprodukten oder deren Neuverpackung bzw. Vereinzelung.[571] Zudem können Importeure im Fall des Art. 16 Abs. 1 MDR zusätzlich die Pflichten der Hersteller zu erfüllen haben. Der Importeur ist zudem Quasihersteller i.S.d. § 4 Abs. 2 ProdHaftG. Importeure können auch gleichzeitig Bevollmächtigte sein[572]; so konkretisiert dies auch der Blue Guide (Ziff. 3.2.).

Anders als für den Hersteller in Art. 10 Abs. 16 MDR gibt es für den Importeur keine klarstellende Norm, die besagt, dass natürliche oder juristische Personen für einen Schaden, der durch ein fehlerhaftes Produkt verursacht wurde gemäß dem geltenden Unionsrecht und dem geltenden nationalen Recht Schadensersatz verlangen können. Allerdings zeigt Erwägungsgrund 35, der grundsätzlich auf die gesamtschuldnerische Haftung des Bevollmächtigten mit dem Importeur und dem Hersteller entsprechend der Richtlinie 85/374/EWG verweist, auch ein Haftungsrisiko der Importeure für fehlerhafte Produkte auf.[573] Der Importeur könne – anders als der Händler, der im ProdHaftG lediglich im Rahmen einer „Ausfallhaftung" gemäß § 4 Abs. 3 ProdHaftG haftet – nicht seiner Verantwortlichkeit entweichen, indem er auf den tatsächlichen Hersteller verweist.[574]

I. Die Pflicht zur Konformität mit der Verordnung

In Art. 13 Abs. 1 MDR wird geregelt, dass Importeure nur Produkte in Verkehr bringen dürfen, die den Anforderungen der MDR entsprechen. So gilt Art. 5 Abs. 1 MDR auch für den Importeur. Zu den Anforderungen der MDR gehört auch die Pflicht zur Einhaltung der grundlegenden Sicherheits- und Leistungsanforderungen aus Art. 5 Abs. 2 MDR. Dieses Gebot des Bevollmächtigten korreliert damit mit der Pflicht des Herstellers, nur verordnungskonforme Produkte in Verkehr zu bringen oder in Betrieb zu nehmen, welche in Art. 5 Abs. 1, 10 Abs. 1 MDR geregelt ist.[575] Zu beachten ist dabei, dass die Definition des Importeurs in Art. 2 Nr. 33 MDR nur das Inverkehrbringen umfasst.

---

571 *Menzl/Scholz*, in: FS Gassner, S. 359 (363). Diese Pflichten wurden bereits als dem Hersteller zugeordnet behandelt, s. o. unter A. Sie werden nicht nochmal gesondert zum Importeur untersucht.

572 So *Willhöft/Hundemer*, in: Lücker/Baumann MedProdR EU 1-13/3 Rn. 5, unter Nennung weiterer Fundstellen für diese Ansicht.

573 So *Willhöft/Hundemer*, in: Lücker/Baumann MedProdR EU 1-13/8 Rn. 26; Siehe dazu auch die Ausführungen zum Bevollmächtigten unter B sowie B. I.

574 So *Willhöft/Hundemer*, in: Lücker/Baumann MedProdR EU 1-13/9 Rn. 28, m.w.N.

575 Zum „der Verordnung entsprechen" siehe dazu A. I.

1. *Stellung im Normgefüge*

Der Importeur ist der zweite der MDR unterfallende Wirtschaftsakteur, den das Medizinprodukt auf dem Weg zum Endverbraucher passiert. Da er in den Herstellungsprozess selten Einblicke hat, kann er seiner eigenen Pflicht, nur verordnungskonforme Produkte in Verkehr zu bringen, nur durch Überprüfungen nachkommen. Diese sind in Art. 13 Abs. 2 S. 1 MDR normiert. Dazu gehört das Überprüfen der CE-Kennzeichnung, der Konformitätserklärung, der Identität des Herstellers und des Bevollmächtigten, der Kennzeichnung und der Gebrauchsanweisung des Produkts sowie gegebenenfalls der Überprüfung der Einhaltung der Pflichten im Zusammenhang mit dem UDI-System.

Dies dient der erhöhten Sicherheit der Medizinprodukte auf dem Unionsmarkt und letztendlich denjenigen Personen, die mit diesem Medizinprodukt bestimmungsgemäß in Berührung kommen. Dabei konkretisieren die Überprüfungspflichten nach Art. 13 Abs. 2 S. 1 MDR, wie der Hauptpflicht zur Konformität mit der MDR nachzukommen ist. Für den Importeur ist eine Einstandspflicht für die Konformität mit den MDR-Anforderungen vorgesehen.

2. *Schutzgesetzeigenschaft*

Die Pflicht für den Importeur, nur verordnungskonforme Produkte in Verkehr zu bringen, ist – ebenso wie die gleichlautende, zusätzlich auf die Inbetriebnahme ausgeweitete Pflicht des Herstellers[576] – ein Schutzgesetz i.S.d. § 823 Abs. 2 BGB.

Anders als beim Bevollmächtigten, für den „nur" Überprüfungspflichten normiert sind, kann aus der Verpflichtung zur Produktkonformität beim Importeur (bzw. der Abwesenheit einer solchen Verpflichtung beim Bevollmächtigten) geschlossen werden, dass eine Einstandspflicht für die fehlende Konformität beim Importeur vom Gesetzgeber gewollt war.[577] Ebenso dafür spricht die Systematik: Schließlich wird in Erwägungsgrund 35 auf Richtlinie 85/374/EWG verwiesen, welche in das deutsche ProdHaftG umgesetzt wurde. Daraus lässt sich das grundsätzliche Haftungsrisiko der Importeure für fehlerhafte Produkte folgern,[578] da diese auch nach ProdHaftG als Quasihersteller haften. Dies dient dem Verbraucherschutz dadurch, dass die Rechtsverfolgung vereinfacht wird. Der Geschädigte muss seinen Schadensersatzanspruch nicht im außereuropäischen Ausland

---

576 Zur Einordnung beim Hersteller siehe dazu A.I.9.

577 Vergleiche dazu par contre B. I.

578 So *Willhöft/Hundemer*, in: Lücker/Baumann MedProdR EU 1-13/8 Rn. 26.

geltend machen, sondern ihm steht ein weiterer Anspruchsgegner innerhalb der EU zur Verfügung.[579]

3. *Ergebnis*

Die Pflicht für den Importeur, nur verordnungskonforme Produkte in Verkehr zu bringen, ist ein Schutzgesetz i.S.d. § 823 Abs. 2 BGB.

II. *Überprüfungspflichten und Handlung bei Mangelverdacht und Beschwerden*

1. *Überprüfungspflichten*

Nach Art. 13 Abs. 2 S. 1 MDR muss der Importeur überprüfen, ob die Wirtschaftsakteure in der Lieferkette vor ihm ihrerseits ihre MDR-Pflichten erfüllt haben. Art. 13 Abs. 2 S. 2 MDR etabliert für den Fall, dass der Importeur die Mangelhaftigkeit eines Medizinproduktes vermutet, für ihn gewisse Verhaltenspflichten, die in Abs. 7 und 8 teils wiederholt, teils erweitert und konkretisiert werden.

a) Die Pflichten im Einzelnen

Als erstes ist in lit. a) die Pflicht zur Überprüfung, ob eine CE-Kennzeichnung am Produkt vorliegt und ob sie eine EU-Konformitätserklärung von einer Benannten Stelle beinhaltet, niedergeschrieben. Dies ist ebenso eine Pflicht des Bevollmächtigten.[580] Dabei muss sich der Prüfende beispielsweise eigenständig erkundigen, wann die CE-Kennzeichnung die Identifikationsnummer einer Benannten Stelle beinhalten muss, damit die Kennzeichnung ordnungsgemäß ist.[581] Jedoch ist lediglich zu prüfen, ob alle Angaben vorhanden sind; eine inhaltliche Wertung ist nicht geschuldet.[582] Dazu wird ausgeführt, es müsse auch nicht jedes einzelne Produkt überprüft werden, sondern es reiche aus, dass ein System zur Sicherstellung besteht, dass Produkte, die neu in das Portfolio aufgenommen werden, den Anforderungen entsprechen. Wenn einmal bestätigt werden konnte, dass die Anforderungen durch ein Produkt zunächst erfüllt wurden, so müsse die

---

579 So *Heil/Mayer-Sandrock*, in: Anhalt/Dieners MedProdR § 23 Rn. 98; *Willhöft/Hundemer*, in: Lücker/Baumann MedProdR EU 1-13/8 Rn. 28.

580 Siehe dazu B.II.

581 Im Bezug auf die inhaltlich identische Pflicht des Händlers aus Art. 14 Abs. 2 lit. a) MDR s. *Ulmer*, MPR 2019, 184 (187), m.w.N. auf HPRA, Guide for Distributors of Medical Devices, S. 8 ff; Dies kann für den Importeur in derselben Weise gelten.

582 Im Bezug auf die inhaltlich identische Händlerpflicht s. *Ulmer*, MPR 2019, 184 (187), m.w.N. auf HPRA, Guide for Distributors of Medical Devices, S. 8 ff.

Bewertung nicht für jedes einzelne weitere Produkt der selben Art und Gattung durchgeführt werden. Allerdings müsse ein umfassendes System auch bezüglich einer regelmäßigen Überprüfung bereits im Sortiment bestehender Produkte vorhanden sein.[583]

Ferner hat der Importeur gemäß lit. b) zu überprüfen, ob der Hersteller bekannt ist und einen Bevollmächtigten benannt hat. Gemäß Art. 11 Abs. 1 MDR ist es ohne die Benennung eines Bevollmächtigten nicht möglich, Produkte von außerunionseuropäischen Herstellern in der Union in Verkehr zu bringen. Die MDR stuft Produkte von solchen Herstellern generell als risikobehafteter ein als diejenigen von unionseuropäischen Herstellern.[584] Somit zeigt sich erneut die Konzeption der MDR, in der jeder Wirtschaftsakteur dazu angehalten ist, diejenigen Wirtschaftsakteure, die vor ihm in der Lieferkette mit einem Produkt befasst waren, zu überprüfen. Dies soll maximale Produktsicherheit gewährleisten.

In lit. c) wird für den Importeur die Pflicht normiert, zu überprüfen, ob das Produkt gemäß der MDR gekennzeichnet ist und die notwendige Gebrauchsanweisung beiliegt. Das Beifügen einer Gebrauchsanweisung ist bereits als wichtige Herstellerpflicht herausgearbeitet worden.[585] Daher erscheint es konsequent, den Importeur auch zur Überprüfung der Einhaltung dieser Anforderung zu verpflichten.

In lit. d) wird der Importeur zuletzt noch verpflichtet, zu überprüfen, ob gegebenenfalls vom Hersteller eine UDI vergeben wurde. Art. 27 Abs. 8 MDR normiert in dem Zusammenhang die Pflicht des Importeurs, die UDI der Produkte, die er abgegeben oder bezogen hat, zu erfassen und zu speichern. Diese Pflicht besteht allerdings nur insoweit als auch „aus regulatorischer und zeitlicher Sicht gesehen eine Verpflichtung des Herstellers zur Vergabe der UDI besteht“.[586]

b) Schutzgesetzeigenschaft

Bereits für den Bevollmächtigten[587] wurde die Pflicht zur Überprüfung der Einhaltung der Vorschriften des jeweils vorherigen Wirtschaftsakteurs verneint. Für den Bevollmächtigten ist keine eigene Einstandspflicht für die mangelnde Konformität mit der MDR vorgesehen. Die ähnlich lautenden Importeurspflichten sind vorliegend ebenso nicht als eigenständige Schutzgesetze zu betrachten. Sie

---

583 Zum Ganzen *Mayr/Thiermann/Schrack/Kiesselbach*, Das neue Medizinprodukterecht, § 3 Rn. 283f.

584 Siehe dazu B. VI

585 Siehe dazu A. XI.

586 *Ulmer*, MPR 2019, 184 (191).

587 Siehe dazu A. I. 2.

sind nur Mittel zur Einhaltung der Pflicht aus Abs. 1, nur verordnungskonforme Produkte in Verkehr zu bringen. Diese ist Schutzgesetz. Ein etwaiger ersatzfähiger Schaden durch die Missachtung der Prüfpflichten würde gleichsam die Pflicht aus Abs. 1 verletzen, die „näher" bzw. unmittelbarer am Schaden ist. Der Schaden tritt ein, weil das nicht-konforme Produkt durch den Importeur in Verkehr gebracht worden ist, nicht, weil er es nicht überprüft hat.

c) Zwischenergebnis

Somit können die Überprüfungspflichten aus Art. 13 Abs. 2 S. 1 MDR nicht als eigenständige Schutzgesetze eingeordnet werden. Sie sind Verhaltensmaßstab und können bei der Ermittlung des Verschuldens herangezogen werden.

2. Handlungspflichten bei Mangelverdacht, Beschwerden, Korrekturmaßnahmen

Ferner hält die MDR für den Importeur Pflichten bei Mangelverdacht, Beschwerden, Korrekturmaßnahmen und beim Verdacht schwerwiegender Gefahren bereit.

a) Unterlassen weiterer Tätigkeiten bei Mangelverdacht

Während dem Hersteller[588] im Falle der Mangelverdächtigkeit zunächst aktive Handlungspflichten auferlegt werden (vgl. Art. 10 Abs. 12 MDR „unverzügliche Korrekturmaßnahmen" sowie die Pflicht, die Händler und Importeure zu informieren), wird dem Importeur zuallererst verboten, das Produkt (weiter) in Verkehr zu bringen (Art. 13 Abs. 2 S. 2. MDR). Von ihm wird also primär ein Unterlassen gefordert. So führt der Gesetzgeber konsequent den Gedanken des Abs. 1 weiter, nach dem der Importeur ein Produkt nur dann in Verkehr bringen darf, wenn es verordnungskonform ist: Für nichtkonforme Produkte ist das Inverkehrbringen ihm verboten.[589] So wird die potenzielle Gefahr für Endverbraucher am schnellsten eingedämmt. Schließlich befindet sich das Produkt ja bereits in der Lieferkette außerhalb der Reichweite des Herstellers.

b) Information der Wirtschaftsakteure bei Mangelverdacht und bei Beschwerden

Ferner hat der Importeur aber auch eine Pflicht zu aktivem Tun im Falle des Mangelverdachts. Er soll die Wirtschaftsakteure, die vor ihm in der Lieferkette

---

588 Siehe dazu A. XII, zur Schutzgesetzeigenschaft insbes. 3 a.

589 So auch *Willhöft/Hundemer*, in: Lücker/Baumann MedProdR EU 1-13/5 Rn. 13.

mit dem Produkt befasst waren, also den Hersteller und – falls vorhanden – den Bevollmächtigten informieren, vgl. Abs. 2 S. 2 sowie Abs. 7 S. 1.

Die Pflicht zur Information der vorangegangenen Wirtschaftsakteure gilt auch für den Fall, dass ihn Beschwerden und Berichte über mutmaßliche Vorkommnisse im Zusammenhang mit einem Produkt, das er in den Verkehr gebracht hat, erreichen, vgl. Abs. 8. Diese hat er „unverzüglich" weiterzuleiten. Der Importeur muss also sämtliche Informationen über einen Mangelverdacht weitergeben, sei es, dass der Mangelverdacht bei ihm selbst entstanden ist, sei es, dass ihm ein Mangelverdacht von Dritten in Form einer Beschwerde zugetragen wurde. Dies gilt selbst dann, wenn der Importeur die in der Beschwerde geäußerten Verdachtsmomente für nicht maßgeblich hält und er deswegen das Produkt nach wie vor nicht als mangelverdächtig ansieht. Die Pflicht zur Weitergabe dieser Informationen ist auch eine Pflicht des Bevollmächtigten.[590] Mit der selben Begründung wie für diesen kann die Schutzgesetzeigenschaft auch für die Importeurspflicht verneint werden.

c) Zusammenarbeit bei Korrekturmaßnahmen

Gemäß Art. 13 Abs. 7 S. 2 MDR besteht für Importeure die Pflicht zur Zusammenarbeit mit dem Hersteller, dem Bevollmächtigten und der zuständigen Behörde, um sicherzustellen, dass die erforderlichen Korrekturmaßnahmen ergriffen werden, um die Konformität des Produkts herzustellen oder es vom Markt zu nehmen oder zurückzurufen.

Art. 13 Abs. 10 S. 1 MDR führt dies fort mit der Pflicht, mit den Behörden zusammenzuarbeiten, wenn diese Korrekturmaßnahmen ergreifen. Die Importeure müssen also nicht nur mit den Behörden zusammenarbeiten, um sicherzustellen, dass überhaupt geeignete Maßnahmen ergriffen werden, sondern auch bei der Durchführung dieser Maßnahmen. Auch dies ist ebenso Pflicht des Herstellers[591] und des Bevollmächtigten.[592] Ein Schadenseintritt ist nicht ohne wesentliche Zwischenschritte denkbar. Daher kann – mit der selben Begründung wie für die gleichlautende Herstellerpflicht aus Art. 10 Abs. 14 MDR – die Schutzgesetzeigenschaft abgelehnt werden.

590 Siehe dazu B. V.
591 Siehe dazu A. XIII 2.
592 Siehe dazu B. IV.

d) Handlung bei Verdacht einer schwerwiegenden Gefahr oder Fälschung

Wenn der Importeur der Auffassung ist oder Grund zu der Annahme hat, dass von dem Produkt eine schwerwiegende Gefahr ausgeht, besteht für ihn die Pflicht, zusätzlich die zuständigen Behörden zu informieren. Während Art. 13 Abs. 2 S. 2 MDR[593] zunächst für den Importeur „nur“ die Pflicht normiert, die Behörde des Mitgliedsstaats zu informieren, in dem er zugelassen ist, erweitert Abs. 7 S. 3 seine Pflicht darauf, die Behörden aller Mitgliedsstaaten zu informieren, in denen das Produkt bereitgestellt wurde, und gegebenenfalls auch die Benannte Stelle, die für das Produkt eine Bescheinigung nach Art. 56 MDR ausgestellt hat. Ausgelöst wird diese Pflicht aber erst, wenn bereits konkret eine schwerwiegende Gefahr von dem Produkt ausgeht, vgl. Wortlaut. Die Information all dieser beteiligten Stellen entspricht dem selben Pflichtenumfang, der auch für Hersteller gilt, vgl. Art. 10 Abs. 12 MDR. Dabei reicht aufgrund der möglicherweise gravierenden Auswirkungen von mangelgefährdeten Medizinprodukten auf die Gesundheit bereits ein eher geringer Beweisgrad aus, um eine Verpflichtung zum Eingreifen hervorzurufen. Im Zweifelsfall sollte verhindert werden, dass ein Produkt (gegebenenfalls weiter) in Verkehr gebracht wird, zumindest solange, bis kein Zweifel mehr besteht.[594]

Ferner gelten für den Importeur diese Pflichten auch bei der Vermutung, dass es sich um ein gefälschtes Produkt handeln könnte. Er wird zur Kontrolle des Herstellers eingesetzt. Hinsichtlich der potenziellen Fälschungen ist der Importeur der erste Wirtschaftsakteur, dessen Kontrollpflichten auch im Hinblick auf Fälschungen existieren.

Trotz der Wichtigkeit dieser Pflichten ist ein Schadenseintritt aufgrund der Missachtung dieser Pflichten nicht ohne wesentliche Zwischenschritte denkbar. Mit derselben Begründung wie für den Hersteller, der dieselben Pflichten zu erfüllen hat,[595] kann die Schutzgesetzeigenschaft daher abgelehnt werden.

---

593 Die selbe Verpflichtung für Importeure findet sich auch am Ende des Art. 14 Abs. 2 der deutschen Version der MDR (*www.eur-lex.europa.eu*, Stand 8.9.2023); dabei dürfte es sich um einen Übersetzungsfehler handeln und die Pflicht tatsächlich den Händler betreffen. Art. 14 MDR regelt die Händlerpflichten (s. Überschrift). Die anderssprachigen Versionen des nennen stets das jeweilige Wort für „Händler“, so etwa „distributor“ im Englischen.

594 *Mayr/Thiermann/Schrack/Kiesselbach*, Das neue Medizinprodukterecht, § 3 Rn. 287.

595 Siehe dazu A. XII.

e) Zwischenergebnis

Von den bereits benannten Pflichten aus Art. 13 Abs. 2, Abs. 7 sowie Abs. 10 MDR kann nur die Pflicht zum Unterlassen jeglicher weiteren Vertriebstätigkeit bei Mangelverdächtigkeit des Produkts (Art. 13 Abs. 2 S. 1 MDR) als Schutzgesetz i.S.d. § 823 Abs. 2 BGB eingeordnet werden.

III. Kennzeichnungs- und Dokumentationspflichten und Pflichten im Zusammenhang mit dem UDI-System

Art. 13 Abs. 3 MDR hält für die Importeure einige Kennzeichnungs- bzw. Dokumentationspflichten bereit. Sie müssen sich beispielsweise als Importeur auf dem Medizinprodukt kenntlich machen. Art. 13 Abs. 4 MDR etabliert die Pflicht zur Überprüfung, ob der Dokumentationspflicht im Zusammenhang mit dem UDI-System nachgekommen wurde. Die Schutzgesetzeigenschaft der Pflichten, sich kenntlich zu machen und die das UDI-System betreffenden Pflichten wurden bereits für den Hersteller[596] sowie für den Bevollmächtigten[597] verneint.

Die Pflichten des Importeurs können aus den selben Gründen keine Schutzgesetze i.S.d. § 823 Abs. 2 BGB sein.

IV. Lagerungs- und Transportbedingungen und grundlegende Sicherheits- und Leistungsanforderungen

Art. 13 Abs. 5 MDR besagt, dass die Lagerungs- oder Transportbedingungen die Übereinstimmung des Produkts mit den in Anhang I aufgeführten grundlegenden Sicherheits- und Leistungsanforderungen nicht beeinträchtigen dürfen und dass etwaige Vorgaben der Hersteller einzuhalten sind.

1. Stellung im Normgefüge

Die MDR sieht im Hersteller den ersten und am meisten für das Produkt verantwortlichen Wirtschaftsakteur. Dies liegt daran, dass nur er in den Produktionsprozess für das Produkt Einsicht und Einfluss hat. Grundsätzlich ist also er gemäß Art. 10 Abs. 1 MDR für die sich aus Art. 5 Abs. 2 MDR ergebende Pflicht zur Einhaltung der in Anhang I festgelegten für das Produkt geltenden grundlegenden Sicherheits- und Leistungsanforderungen verantwortlich. Wenn das Produkt seinen Einflussbereich verlässt, geht diese Pflicht auf den nächsten Wirtschaftsakteur, hier den Importeur, über. Während der Zeit, in der sich das Medizinprodukt im Einflussbereich des Importeurs befindet, ist dieser für die Ein-

596 Siehe dazu A. V – VII.

597 Siehe dazu B. III.

haltung der Anforderungen an Sicherheit und Leistungsfähigkeit verantwortlich. So gilt Art. 5 Abs. 2 MDR auch für den Importeur fort.

Gemäß Art. 10 Abs. 11 MDR i.V.m. Anhang I Abschn. 23.2. lit. k) ist der Hersteller verpflichtet, Vorgaben über Lagerung und Transportbedingungen dem Produkt beizufügen,[598] damit dieses keinen Schaden durch fehlerhaftes Handling erleidet und dann den grundlegenden Sicherheits- und Leistungsanforderungen nicht mehr entspricht. Der Hersteller könnte etwa die Auslieferung in einer Kühlkette in einem bestimmten Temperaturbereich verlangen. Damit das Produkt weiterhin größtmögliche Sicherheit aufweist, muss der Importeur in der Zeit, in der er die Verantwortlichkeit für das Produkt trägt, diese Anweisungen einhalten.

Dem Importeur werden somit streng genommen zwei Pflichten auferlegt: Zum einen muss das Produkt in seinem Einflussbereich den Sicherheits- und Leistungsanforderungen entsprechend bleiben und er muss bei Lagerung und Transport die Vorschriften des Herstellers einhalten. Dabei gilt wieder die Prämisse, dass der Hersteller zuvor seine Pflichten erfüllt haben muss. Das Produkt muss bereits beim Eintreffen bei dem Importeur schon den grundlegenden Sicherheits- und Leistungsanforderungen entsprechen und die Angaben des Herstellers zum Handling des Produkts müssen vollständig und korrekt sein. Nur unter diesen Voraussetzungen können die Pflichten des Importeurs greifen.

In der Regel dürften die beiden Pflichten aber die selben Inhalte haben. Schließlich dürften die Vorgaben des Herstellers geradezu dazu dienen, dass das Produkt weiterhin den grundlegenden Sicherheits- und Leistungsanforderungen erfüllen.

2. *Schutzgesetzeigenschaft*

Die Verpflichtung, (weiterhin) die grundlegenden Sicherheits- und Leistungsanforderungen einzuhalten, ist – wie beim Hersteller[599] – Schutzgesetz i.S.d. § 823 Abs. 2 BGB. Im Zweifel kommt es für die Kausalität für einen Schaden aber nur darauf an, dass das Produkt weiterhin den grundlegenden Sicherheits- und Leistungsanforderungen entspricht.

V. Beschwerderegister

Art. 13 Abs. 6 MDR verpflichtet den Importeur, ein Register der Beschwerden, der nichtkonformen Produkte, Rückrufe und Rücknahmen zu führen und den anderen beteiligten Wirtschaftsakteuren Hersteller, Importeur und Händler alle angeforderten Informationen zur Verfügung zu stellen, damit diese Beschwerden

598 Siehe dazu A. XI.

599 Siehe dazu A. II, zur Einordnung s. 3.

prüfen können. Bei Beschwerden sind sie gem. Abs. 8 auch verpflichtet, diese unverzüglich an den Hersteller und seinen Bevollmächtigten weiterzuleiten.[600]

1. Stellung im Normgefüge

Durch dies wird ein Maximum an Informationssammlung und -austausch geschaffen. Das Beschwerderegister kann durch die aufgenommenen Sachverhalte und Erfahrungswerte beispielsweise dazu beitragen, Ursachen für häufiger auftretende Probleme zu ermitteln und für die Zukunft auszuschließen. Das Aufnehmen der Beschwerden schafft Transparenz und Verantwortlichkeit. Durch die Pflicht zur Weitergabe (Abs. 8) wird gewährleistet, dass die Wirtschaftsakteure auch in Phasen, in denen das Produkt nicht mehr in deren Wirkungskreis befindlich ist, stets Zugang zu sämtlichen Informationen haben, die gegebenenfalls wiederum für sie Handlungspflichten hervorrufen. Die Pflicht zur Weiterleitung von Beschwerden besteht auch für den Bevollmächtigten.[601]

2. Schutzgesetzeigenschaft

Die alleinige Verletzung der Pflicht, ein Beschwerderegister zu führen (Abs. 6) kann nicht zu einem Schaden führen. Diese Pflicht dient der behördlichen Überprüfung, ob und zu welchem Zeitpunkt eine Beschwerde vorlag. Ein individualschützender Vorteil besteht nur darin, dass die Effektivität der behördlichen Überwachung und die schnelle Möglichkeit des Eingreifens des Herstellers gesteigert wird. Dies ist lediglich als Rechtsreflex zu sehen. Die Pflicht ist aber relevant im Rahmen eines Ausgleichs mit dem Hersteller oder anderen Gliedern der Regresskette.

3. Ergebnis

Die Pflichten im Zusammenhang mit der Führung eines Beschwerderegisters sind keine Schutzgesetze i.S.d. § 823 Abs. 2 BGB.

VI. Bereithalten von Informationen

In Art. 13 Abs. 9 MDR wird der Importeur verpflichtet, für einen bestimmten Zeitraum eine Kopie der EU-Konformitätserklärung sowie gegebenenfalls weitere Dokumente einschließlich etwaiger Änderungen und Nachträge bereit zu halten. Das Bereithalten von Informationen dient lediglich der Überprüfbarkeit durch staatliche Stellen und Dokumentationszwecken. Das Bereithalten von Dokumen-

---

600 Siehe dazu IV.

601 Siehe dazu B. V.

ten zu Nachverfolgungszwecken ist gemäß Art. 11 Abs. 3 lit. b) MDR auch eine Pflicht des Bevollmächtigten.[602]

Aus ihr ergibt sich auch für den Importeur keine Schutzgesetzeigenschaft i.S.d. § 823 Abs. 2 BGB.

VII. Unentgeltliche Proben und Zugang zum Produkt

In Art. 13 Abs. 10 S. 2 MDR wird die Pflicht normiert, unentgeltliche Proben zu Verfügung zu stellen oder Zugang zum Produkt zu gewähren. Dies schützt das staatliche Recht zur Überprüfung.[603] Somit kann Art. 13 Abs. 10 S. 2 MDR kein Schutzgesetz sein.

VIII. Identifizierung innerhalb der Lieferkette

Art. 25 Abs. 1 MDR normiert die Pflicht der Zusammenarbeit mit den Herstellern oder deren Bevollmächtigten in einer Art, dass ein „angemessenes Niveau der Rückverfolgbarkeit von Produkten erreicht wird." Dies muss über einen Zeitraum von mindestens zehn Jahren (vgl. Art. 10 Abs. 7 S. 1 MDR, bei implantierbaren Produkten mindestens 15 Jahre, vgl. Art. 10 Abs. 8 S. 2 MDR) nach Inverkehrbringen des letzten von der EU-Konformitätserklärung erfassten Produkts vorhanden sein. Der Importeur müsste innerhalb dieses Zeitraums „alle Wirtschaftsakteure, Gesundheitseinrichtungen oder Angehörige der Gesundheitsberufe", an die er ein Produkt direkt abgegeben hat" angeben können.[604] Bei der Abgabe an Laien besteht hingegen keine Dokumentationspflicht, da diese nicht in Abs. 2 genannt sind.[605] Dabei zählen zur angemessenen Aufzeichnung Name, Chargennummer, Menge und Lieferdatum des Produkts sowie Aufzeichnungen über Kunden und Lieferanten.[606]

Die Pflichten sind dafür konzipiert, bei einem Rückruf oder einer Rücknahme vom Markt zum Einsatz zu kommen.[607] Ferner kann besser nachverfolgt werden, wer verantwortlich für die fehlerhaften Medizinprodukte ist. Geschützt wird damit primär der Markt und somit die Allgemeinheit. Zwar bietet eine Rückverfolgbarkeit gewisse Vorteile für einzelne Käufer. Denn es kann leichter identifiziert

602 Siehe dazu B. II.

603 Siehe dazu Ausführungen zum Hersteller, A. XIII.

604 *Ulmer*, MPR 2019, 184 (190)

605 Vgl. *Graf*, MPJ 2019, 8 (17).

606 *Ulmer*, MPR 2019, 184 (191), m.w.N. auf HPRA, Guide for Distributors of Medical Devices, S. 14.

607 *Ulmer*, MPR 2019, 184 (191), m.w.N. auf HPRA, Guide for Distributors of Medical Devices, S. 14.

werden, welche Produkte von einem Rückruf betroffen sind. Allerdings ist dies nicht die Schutzrichtung der Pflichten zur Sicherstellung der Rückverfolgbarkeit, sondern lediglich ein Nebeneffekt. Im Unterschied zu den Handlungspflichten zum Schutz im Falle der Mangelverdächtigkeit ergibt sich der Nachteil bei der Missachtung für Individuen auf eine mittelbarere Weise; ohne weitere Zwischenschritte ist keine „konkrete Angriffsart" denkbar.

Somit ist kein Individualschutz i.S.d. § 823 Abs. 2 BGB beabsichtigt. Die Norm ist kein potenzielles Schutzgesetz.

IX. Ausblick auf geplante Novellierung des europäischen Produkthaftungsrechts

Nach aktuellem Stand[608] hat die EU-Kommission einen Vorschlag für eine neue EU-Produkthaftungsrichtlinie veröffentlicht. Diese würde auch Medizinprodukte betreffen. Wie bereits in der MDR und IVDR umgesetzt (s. Erwägungsgrund 35 der MDR bzw. 34 der IVDR sowie Art. 11 Abs. 5 MDR und IVDR), sollen dann Bevollmächtigte, Hersteller und Importeure gesamtschuldnerisch verschuldensunabhängig für das Produkt haften (vgl. Art. 7 Abs. 2 ProdHaftRL-E).[609] Die weiteren Entwicklungen bleiben abzuwarten.

X. Ergebnis Importeurpflichten in der MDR

Im Ergebnis sind die Pflicht zur Konformität aus Art. 13 Abs. 1 MDR[610], die Pflicht zum Unterlassen des weiteren Vertriebs bei Mangelverdächtigkeit des betreffenden Medizinprodukts aus Art. 13 Abs. 2 S. 2 MDR[611] die Pflicht zur Einhaltung der grundlegenden Sicherheits- und Leistungsanforderungen aus Art. 5 Abs. 2, Art. 13 Abs. 5 MDR (auch während Lagerung und Transport, vgl. Art. 13 Abs. 5 MDR[612]) als Schutzgesetze einzuordnen.

D. Für den Händler

„Händler" bezeichnet laut der MDR jede natürliche oder juristische Person in der Lieferkette, die ein Produkt bis zum Zeitpunkt der Inbetriebnahme auf dem Markt bereitstellt, mit Ausnahme des Herstellers oder des Importeurs, vgl.

---

608 Vorschlag für eine Richtlinie des Europäischen Parlaments und des Rates über die Haftung für fehlerhafte Produkte vom 28.09.2022, COM(2022) 495 final.

609 Vgl. zum Ganzen *Handorn*, MPR 2023, 16 (20).

610 Siehe dazu I.

611 Siehe dazu II.

612 Siehe dazu IV.

Art. 2 Nr. 34 MDR. Die Händlerpflichten werden grundsätzlich in Art. 14 MDR geregelt. Dabei ist jede Einheit der Lieferkette, die auf den Importeur (im Blue Guide: „Einführer“) bzw. – wenn kein Importeur vorhanden ist, direkt auf den Hersteller – folgt, Händler (vgl. Blue Guide unter 3.4.). Neben Vertragshändlern, rechtlichen Herstellern oder Händlern selbst ist auch jeder Einzelhändler in der Vertriebskette gemeint, einschließlich Apotheken, Sanitätshäusern oder anderen weiteren Händlern.[613]

Händler können demnach alle Glieder der Lieferkette sein, die nicht Hersteller oder Importeur sind, bis das Produkt den Endverbraucher erreicht. Eine Kombination der Händlereigenschaft mit derjenigen, Hersteller oder Importeur i.S.d. MDR zu sein, ist nicht vorgesehen. Ein Hersteller, der beispielsweise seine Produkte selbst an die Kunden vertreibt, ohne dass weitere Glieder in der Lieferkette zwischen diesen beiden Akteuren stehen, bleibt Hersteller.[614] Ebenso kann ein Importeur ein Produkt dadurch in Verkehr bringen, dass er es unmittelbar an den Endverbraucher abgibt. Er wird damit aber nicht zum Händler. Demnach gibt es nicht in jeder Lieferkette einen Händler.[615] Im Fall des Art. 16 Abs. 1 MDR müssen Händler auch gewisse Pflichten des Herstellers erfüllen, beispielsweise im Rahmen der Übersetzung von Kennzeichnungen oder Gebrauchsanweisungen von Medizinprodukten oder deren Neuverpackung bzw. Vereinzelung.[616]

Das Bereitstellen auf dem Markt, das für das Bejahen der Händlereigenschaft erforderlich ist, ist nach Art 2. Nr. 27 MDR jede entgeltliche oder unentgeltliche Abgabe eines Produkts, mit Ausnahme von Prüfprodukten, zum Vertrieb, zum Verbrauch oder zur Verwendung auf dem Unionsmarkt im Rahmen einer gewerblichen Tätigkeit. Gemäß Blue Guide 2016 unter 2.2 reicht es auch aus, wenn zwischen zwei Personen ein Angebot oder eine Vereinbarung in Bezug auf die Übertragung von Eigentum, Besitz oder sonstiger Rechte nach der Herstellung eines Produktes besteht. Dazu ist nicht erforderlich, dass das Produkt auch physisch übergeben wird. Dies bedeutet, dass sowohl physischer Besitz als auch rechtliche Verfügungsgewalt jeweils ohne das jeweilige andere ausreichen, um Händler i.S.d. MDR zu sein. Somit ist das Vorliegen kumulativ nicht erforderlich.[617]

Anders als in Art. 10 Abs. 16 MDR für den Hersteller und in Erwägungsgrund 35 für Bevollmächtigte und Importeure als Gesamtschuldner mit dem

---

613 *Mayr/Thiermann/Schrack/Kiesselbach*, Das neue Medizinprodukterecht, § 3 Rn. 277.
614 zum Ganzen *Plaßmann*, in: FS Gassner, S. 273 (276f.).
615 *Willhöft/Hundemer*, in: Lücker/Baumann MedProdR EU 1-14/3 Rn. 6.
616 *Menzl/Scholz*, in: FS Gassner, S. 359 (363).
617 zum Ganzen *Mayr/Thiermann/Schrack/Kiesselbach*, Das neue Medizinprodukterecht, § 3 Rn. 277.

Hersteller gibt es für den Händler keine klarstellende Norm, dass natürliche oder juristische Personen für einen Schaden, der durch ein fehlerhaftes Produkt verursacht wurde, Schadensersatz verlangen können. Im ProdHaftG kommt dem Händler lediglich eine „Ausfallhaftung" entsprechend § 4 Abs. 3 ProdHaftG zu. In Erwägungsgrund 35 verweist die MDR auf die Richtlinie 85/371/EWG, die mit dem ProdHaftG umgesetzt wurde. Dennoch wurde zutreffend als ein generelles Prinzip der MDR eingeordnet, dass Händler aufgrund deren Stellung als Verkäufer im Rahmen der Lieferkette eine zentrale Rolle bei der fortlaufenden Kontrolle der grundlegenden Compliance-Komponenten eines Medizinproduktes innehaben.[618]

I. Pflicht zur Einhaltung der Sorgfalt beim Bereitstellen auf dem Markt

Art. 14 Abs. 1 MDR regelt die Sorgfaltspflicht des Händlers bei Bereitstellen eines Produktes auf dem Markt. Händler haben „im Rahmen ihrer Tätigkeiten die geltenden Anforderungen mit der gebührenden Sorgfalt" zu beachten.

1.Stellung im Normgefüge

Die Norm selbst begründet keine konkreten Verpflichtungen für den Händler; diese sind in weiteren Normen der MDR enthalten.[619] Für diese konkreten Pflichten regelt Art. 14 Abs. 1 MDR den Sorgfaltsmaßstab der Händler;[620] er stellt aber keinen Auffangtatbestand zu den speziellen Pflichten in Art. 14 Abs. 2 - 6 MDR bzw. anderen Regelungen dar.[621] Schließlich sind die Händlerpflichten klar normiert; entweder wurden sie alle eingehalten und es wurde dabei die gebührende Sorgfaltspflicht beachtet oder (mindestens) einer wurde nicht nachgekommen, dann ist die Pflicht zur gebührenden Sorgfalt auch missachtet worden. Kausal für den Schaden ist aber die Verletzung der anderen Pflicht. Für eine Anwendung als „Auffangtatbestand" fehlt es zum einen an der Konkretisierung des durch die Norm vorgeschriebenen Verhaltens und zum anderen am Anwendungsbereich. Sind alle konkreten Händlerpflichten der MDR eingehalten, so wurde (wohl) auch die gebührende Sorgfalt beachtet.

Vorliegend fallen die Regelung der MDR und die deutsche Fassung des „Blue Guide" im Wortlaut auseinander: Der „Blue Guide" formuliert in Abschnitt 3.4, der Händler habe die „angemessene Sorgfalt" bezüglich der „Anstrengungen, die

618 *Mayr/Thiermann/Schrack/Kiesselbach,* Das neue Medizinprodukterecht, § 3 Rn. 283.
619 *Jäkel,* in: HK-AKM 3590 Rn. 214.
620 *Willhöft/Hundemer,* in: Lücker/Baumann MedProdR EU 1-14/5 Rn. 11.
621 a.A. *Graf,* MPJ 2019, 8f.

eine mit normaler Umsicht handelnde oder vernünftige Partei unternommen hat, um unter Berücksichtigung der Umstände Schaden von anderen abzuwenden", zu beachten, die MDR formuliert die „gebührende Sorgfalt".[622] *Mayr et al.*[623] betonen hinsichtlich der Händlerpflichten sogar, dass „die wirtschaftlichen Interessen des Händlers auf der einen Seite und das berechtigte Interesse der Allgemeinheit am Schutz vor Gesundheitsrisiken, auch im Zusammenhang mit nicht konformen Produkten, auf der anderen Seite, gegeneinander abgewogen werden" müssen.

2. Schutzgesetzeigenschaft

Art. 14 Abs. 1 MDR kann kein Schutzgesetz i.S.d. § 823 Abs. 2 BGB sein, da es nur den Haftungsmaßstab für die restlichen Pflichten normiert. In der Praxis wird ein Anspruch regelmäßig nur im Zusammenspiel mit der Verletzung einer anderen Händlerpflicht verschafft werden.

II. Überprüfungspflichten und Handlung bei Mangelverdacht und Beschwerden

Bei Art. 14 Abs. 2 MDR werden konkrete Überprüfungspflichten des Händlers vor dem Bereitstellen auf dem Markt normiert. Ferner wird ihm vorgeschrieben, wie er sich bei Mangelverdacht zu verhalten hat.

1. Überprüfungspflichten

Zunächst hat der Händler gewisse Überprüfungspflichten, ähnlich derer des Bevollmächtigten[624] und des Importeurs[625].

a) Die Pflichten im Einzelnen

Als erstes ist in lit. a) die Pflicht zur Überprüfung, ob eine CE-Kennzeichnung am Produkt vorliegt und eine EU-Konformitätserklärung von einer Benannten Stelle beinhaltet, niedergeschrieben. Ferner muss der Händler gemäß lit. b) überprüfen, ob dem Produkt die vom Hersteller gemäß Art. 10 Abs. 11 MDR bereitgestellten Informationen beiliegen. Gemeint sind die Kennzeichnungen und Gebrauchsanweisungen im Sinne des Anhang I Abschn. 23 der MDR.

Da der Händler als letzter Akteur der Lieferkette vor dem Anwender die Produkte diesem bereitstellt, herrschen bei ihm verschärfte Anforderungen an die

---

622 *Ulmer*, MPR 2019, 184 (186).

623 *Mayr/Thiermann/Schrack/Kiesselbach,* Das neue Medizinprodukterecht, § 3 Rn. 284.

624 Siehe dazu B. I.

625 Siehe dazu C. II.

Kennzeichnungen und Gebrauchsanweisungen. Denn beim Bereitstellen auf dem Markt müssen diese unauslöschlich, gut lesbar und für den Anwender gut verständlich in der Sprache des jeweiligen Mitgliedsstaats bzw. in einer von diesem Mitgliedsstaat gegebenenfalls akzeptierten Sprache abgefasst sein.[626] Nur der Händler kann entscheiden und abschätzen, an welche Personen und in welchem Umfeld das Medizinprodukt abgegeben wird. Dabei muss er für eine Bereitstellung direkt an Verbraucher im nichtmedizinischen Kontext, beispielsweise bei einem Verkauf in einem Supermarkt oder einer Drogerie, andere Anforderungen an die Verständlichkeit erfüllen als bei Produkten, die ausschließlich an medizinisches Fachpersonal verkauft werden. Von Endbenutzern, die zum Teil auch Verbraucher sein können, kann nicht erwartet werden, dass sie beispielsweise eine fremdsprachige Ausführung im medizinischen Kontext problemlos verstehen. Solche Ausführungen sind oft komplex und erfordern spezifisches Fachwissen.

Der Händler muss dafür gegebenenfalls auch eine Übersetzung anfertigen (lassen) oder beim Hersteller anfordern.[627] Der Hersteller hat zwar seinerseits diejenige Sprache des Landes zu wählen, in dem er das Produkt dem Anwender zur Verfügung stellen will; dies ist aber nicht zwingend die Sprache, die der Händler im konkreten Fall benötigt. Dies betrifft vor allem Produkte, die in verschiedenen Ländern auf dem Markt bereitgestellt werden, die der Hersteller selbst aber primär nur für ein Land vorgesehen hat.[628]

In lit. c) wird für den Händler die Pflicht normiert, zu überprüfen, ob der Importeur bei importierten Produkten seinerseits die in Art. 13 Abs. 3 MDR genannten Anforderungen erfüllt hat. Dies umfasst die Frage, ob Daten wie beispielsweise Name, eingetragener Handelsname oder -marke, Niederlassung und Anschrift vorhanden sind, damit sein Standort ermittelt werden kann.[629] Diese Kennzeichnungs- und Dokumentationspflichten dienen der Identifizierung der verantwortlichen Wirtschaftsakteure. Dabei werden diejenigen Kennzeichnungs- und Dokumentationspflichten, die jeweils für die Hersteller und die Importeure gelten, durch die Händler überprüft, wobei die Importeure bereits die Einhaltung der Dokumentationspflichten der Hersteller überprüft haben. Durch dieses engmaschige Netz soll die größtmögliche Sicherheit und Rückverfolgbarkeit von Medizinprodukten erreicht werden, da die jeweiligen Wirtschaftsakteure regelmäßig diejenigen Wirtschaftsakteure überprüfen, die vor ihnen in der Lieferkette sind.

---

626 Zum Ganzen *Ulmer*, MPR 2019, 184 (187)
627 *Ulmer*, MPR 2019, 184 (187)
628 zum Ganzen vgl. *Graf*, MPJ 2019, 8 (11).
629 *Ulmer*, MPR 2019, 184 (188)

In lit. d) wird der Händler zuletzt noch verpflichtet, zu überprüfen, ob gegebenenfalls vom Hersteller eine UDI vergeben wurde. Die Schutzgesetzeigenschaft der UDI-Normen wurde bereits für sämtliche anderen Wirtschaftsakteure abgelehnt.[630]

b) Schutzgesetzeigenschaft

Bereits für den Bevollmächtigten[631] wurde im Vergleich zum Importeur[632] die Schutzgesetzeigenschaft der Prüfpflichten verneint. Während für den Bevollmächtigten und für den Händler „nur" Überprüfungspflichten normiert sind, sind diese Pflichten beim Importeur ein Mittel, um seiner Pflicht, nur Produkte in den Verkehr zu bringen, die der MDR entsprechen, nachzukommen, vgl. Art. 13 Abs. 1 MDR. Eine dem Art. 13 Abs. 1 MDR entsprechende Pflicht für Händler oder Bevollmächtigte sieht die MDR nicht vor. Wäre für den Händler demnach eine Einstandspflicht für nicht konforme Produkte gewollt gewesen, hätte man ihm ebenso die „Pflicht" zur Konformität der Produkte mit der MDR auferlegt.[633] Ferner wird in der MDR in den Erwägungsgründen bzw. in Art. 14 MDR, der die zentralen Händlerpflichten regelt, grundsätzlich nichts zur Haftung des Händlers erwähnt.

Selbstredend haftet der Händler dem Käufer zunächst primär aus Vertrag für ein defektes Medizinprodukt; diese Haftung wird in den meisten Fällen eine Regresskette bis hin zum Hersteller zur Folge haben. Er haftet aber nicht aus Schutzgesetzverletzung i.S.d. § 823 Abs. 2 BGB wegen der bloßen Nichteinhaltung der Prüfpflichten. Durch diese Pflichtverletzung kann das Produkt auch nicht ohne weitere Zwischenschritte und ohne weiteres Zutun anderer Wirtschaftsakteure einen Schaden verursachen.

2. *Handlungspflicht bei Mangelverdacht, Beschwerden, Korrekturmaßnahmen*

Ferner hält die MDR für den Händler Pflichten bei Mangelverdacht, Beschwerden, Korrekturmaßnahmen und beim Verdacht schwerwiegender Gefahren bereit.

---

630 Zur Begründung siehe oben A. VII, siehe ferner B. III. sowie C. III.
631 Siehe dazu B. I. 1.
632 Siehe dazu C. II. 1.
633 Arg. s. B. I. 3. zum Bevollmächtigten.

a) Unterlassen weiterer Tätigkeiten bei Mangelverdacht

In Art. 14 Abs. 2 S. 2 sowie Abs. 4 MDR werden – ähnlich für den Hersteller[634] und den Importeur[635] – Handlungspflichten bei Mangelverdächtigkeit des Medizinprodukts etabliert. Bei Mangelverdacht darf der Händler das betroffene Produkt nicht (weiter) auf dem Markt bereitstellen, bevor nicht die Konformität des Produkts hergestellt ist, vgl. Art. 14 Abs. 2 S. 2 MDR. In derselben Weise darf der Importeur bei Bedenken das Produkt nicht in Verkehr bringen.[636] Demnach wird jedem Wirtschaftsakteur eine Art „Notbremse" bezüglich seiner Tätigkeit innerhalb der Lieferkette vorgeschrieben. Dabei reicht aufgrund der möglicherweise gravierenden Auswirkungen von mangelgefährdeten Medizinprodukten auf die Gesundheit bereits ein eher geringer Beweisgrad aus, um eine Verpflichtung zum „Stop" hervorzurufen. Im Zweifelsfall sollte ein Produkt vom Markt genommen werden, zumindest bis kein Zweifel mehr besteht.[637]

b) Information der Wirtschaftsakteure bei Mangelverdacht und bei Beschwerden

Ferner müssen Händler gem. Art. 14 Abs. 4 S. 1 MDR ihren Mangelverdacht „unverzüglich dem Hersteller und gegebenenfalls dem bevollmächtigten Vertreter des Herstellers und dem Importeur" mitteilen.

In Art. 14 Abs. 5 MDR ist die Pflicht normiert, Beschwerden und Berichte im Zusammenhang mit einem bereitgestellten Produkt unverzüglich an die vorherigen Wirtschaftsakteure weiterzuleiten. Diese Pflicht zur Weiterleitung besteht ebenso für Importeure.[638] Um dieser Pflicht nachkommen zu können, sollen Händler – wie auch Importeure[639] – ein Beschwerderegister führen.

c) Zusammenarbeit bei Korrekturmaßnahmen

Gemäß Art. 14 Abs. 4 S. 2 MDR müssen Händler mit dem Hersteller und gegebenenfalls dem Bevollmächtigten des Herstellers und dem Importeur sowie mit den zuständigen Behörden zusammenarbeiten, um sicherzustellen, dass bei Bedarf die erforderlichen Korrekturmaßnahmen ergriffen werden, um die Konformität

634 Siehe dazu A. XII.
635 Siehe dazu C. II.
636 Siehe dazu C. II.
637 *Mayr/Thiermann/Schrack/Kiesselbach*, Das neue Medizinprodukterecht, § 3 Rn. 287.
638 Siehe dazu C. II. 2. b).
639 Siehe dazu C. V.

des Produkts herzustellen, es vom Markt zu nehmen oder zurückzurufen. Dies ist ebenso eine Pflicht des Importeurs.[640]

Eine Pflicht, mit den Behörden darüber hinaus auch bei der Durchführung etwaiger Korrekturmaßnahmen zusammenzuarbeiten, wie in Art. 13 Abs. 10 S. 1 MDR für den Importeur existiert für den Händler in Art. 14 Abs. 6 S. 1 MDR. Dabei divergiert der Wortlaut wie folgt: Importeure „kooperieren mit den zuständigen Behörden auf deren Ersuchen bei allen Maßnahmen zur Abwendung oder, falls dies nicht möglich ist, Minderung von Gefahren, die mit Produkten verbunden sind, die sie in Verkehr gebracht haben" (vgl. Wortlaut Art. 13 Abs. 10 S. 1 MDR). Händler hingegen „kooperieren mit den zuständigen Behörden auf deren Ersuchen bei allen Maßnahmen zur Abwendung von Gefahren, die mit Produkten verbunden sind, die sie auf dem Markt bereitgestellt haben" (vgl Wortlaut Art. 14 Abs. 6 S. 1 MDR). Die Mitwirkung des Händlers ist damit – im Vergleich zu der des Importeurs – nur bei echten Gefahrabwendungsmaßnahmen erforderlich, nicht aber zur bloßen Gefahrminderung.

d) Handlung bei schwerwiegendem Gefahrverdacht

Art. 14 Abs. 2 S. 3 MDR statuiert für den Händler[641] die Pflicht, außerdem die zuständige Behörde des Mitgliedstaats, in dem er niedergelassen ist, zu informieren, wenn er der Auffassung ist oder er Grund zu der Annahme hat, dass von dem Produkt eine schwerwiegende Gefahr ausgeht oder dass es sich um ein gefälschtes Produkt handelt. Die Norm ist beinahe wortlautgleich zu der korrelierenden Pflicht des Importeurs.[642] In Abs. 4 wird die Pflicht ausgeweitet: So muss der Händler bei Verdacht auf eine schwerwiegende Gefahr nicht nur die zuständige Behörde des Mitgliedsstaats informieren, in dem er niedergelassen ist, sondern die zuständigen Behörden der Mitgliedstaaten, in denen er das Produkt bereitgestellt hat. Dazu muss er diesen insbesondere genaue Angaben zur Nichtkonformität und zu bereits ergriffenen Korrekturmaßnahmen machen. Der Händler muss zusätzlich zu sämtlichen Behörden der Mitgliedsstaaten, in denen er das Produkt bereitgestellt hat, noch gegebenenfalls die Benannte Stelle, die für das betreffende Produkt eine Bescheinigung gemäß Artikel 56 ausgestellt hat, informieren.

---

640 Siehe dazu C. II. 2. c).

641 Trotz des entgegenstehenden Wortlauts („Importeur") im deutschen Gesetzestext der MDR ist die Pflicht Händlerpflicht. Hierbei dürfte es sich um einen Übersetzungsfehler handeln, s.o. unter C II.

642 Siehe dazu C. II. 2. d).

e) Ergebnis

Die Handlungspflichten bei Mangelverdacht sind grundsätzlich nicht als Schutzgesetze i.S.d. § 823 Abs. 2 BGB einzustufen, da ein konkreter Schadenseintritt an einer individuellen Person durch diese allenfalls nur mittelbar möglich ist. Lediglich die Verletzung des Verbots, das mangelverdächtige Produkt weiter auf dem Markt bereitzustellen (Art. 14 Abs. 2 S. 3 MDR) ist geeignet, unmittelbar einen Schaden herbeizuführen und ist daher Schutzgesetz i.S.d. § 823 Abs. 2 BGB.[643] Die anderen Pflichten können zur Ermittlung des Verschuldens als Verhaltenspflichten herangezogen werden.

III. Lagerungs- und Transportbedingungen

Ähnlich wie Importeure (vgl. Art. 13 Abs. 5 MDR)[644] sind auch Hersteller verpflichtet, die Vorgaben des Herstellers bei Lagerung und Transport einzuhalten, während sich das Produkt in ihrer Verantwortung befindet, vgl. Art. 14 Abs. 3 MDR. Dabei sind Importeure aber zusätzlich verpflichtet, dafür zu sorgen, „dass die Lagerungs- oder Transportbedingungen die Übereinstimmung des Produkts mit den in Anhang I aufgeführten grundlegenden Sicherheits- und Leistungsanforderungen nicht beeinträchtigen", die Händler hingegen müssen „nur" die Herstelleranforderungen einhalten. Dabei zeigt sich, dass dem Importeur im Rahmen der Lieferkette grundsätzlich nach der Konzeption der MDR eine größere Rolle zukommen soll. Da dem Händler nicht zusätzlich die Verantwortung für die grundlegenden Sicherheits- und Leistungsanforderungen zugeschrieben wird, ist zu folgern, dass es sich dabei nur um eine klarstellende Vorschrift über das Verfahren mit dem Produkt handelt, nicht um ein Schutzgesetz i.S.d § 823 Abs. 2 BGB. Die Pflicht des Händlers geht nicht so weit. Zwar kann die Verletzung dieser Norm im Rahmen eines potenziellen Regresses gegen den Hersteller oder andere Glieder der Lieferkette als (Mit-)Verschulden des Händlers relevant werden, ein eigener Anspruch des Käufers aus Delikt wegen dieser Verletzung würde aber zu weit gehen und die Haftung aus § 823 Abs. 2 BGB ausufern lassen.

IV. Das Aushändigen von Informationen

Art. 14 Abs. 6 MDR statuiert die Pflicht für den Händler, der zuständigen Behörde auf Ersuchen alle Informationen und Unterlagen auszuhändigen, die ihm vorliegen und die für den Nachweis der Konformität eines Produkts erforder-

---

643 Siehe dazu etwa C. II. 2 zur Begründung.

644 Siehe dazu C. IV.

lich sind. Diese Pflicht besteht mit Art. 12 Abs. 14 MDR auch für Hersteller[645] und mit Art. 11 Abs. 3 lit. d) MDR auch für die Bevollmächtigten.[646] Auch beim Händler sichert diese Pflicht ausschließlich das Interesse des Staates an einer Kontrolle und Nachverfolgbarkeit im Schadensfall; ein Individualschutz wäre lediglich ein Rechtsreflex. Es handelt sich daher nicht um ein Schutzgesetz i.S.d. § 823 Abs. 2 BGB.

V. Identifizierung innerhalb der Lieferkette

Die in Art. 25 MDR normierte Pflicht zur Zusammenarbeit mit den Herstellern oder ihren Bevollmächtigten, um ein angemessenes Niveau der Rückverfolgbarkeit zu kreieren, besteht ebenso für den Importeur.[647] Sie ist auch Händlerpflicht. Auch für den Händler kann die Schutzgesetzeigenschaft ebenso wie für den Importeur verneint werden.

VI. Ergebnis Händlerpflichten in der MDR

Im Ergebnis ist also nur das Verbot des Bereitstellens auf dem Markt eines mangelverdächtigen Medizinprodukts, Art. 14 Abs. 2 S. 3 MDR[648] als Schutzgesetz einzuordnen.[649]

§ 2 Zu den Normen aus der In-vitro-Diagnostika-Verordnung

Die Anforderungen an die Wirtschaftsakteure, die mit In-vitro-Diagnostika befasst sind, sind in der IVDR geregelt. Sie überschneiden sich mit denen an die Wirtschaftsakteure bei Medizinprodukten i.S.d. MDR teils stark. Für die weitere Prüfung hinsichtlich deren Eignung, Schutzgesetz i.S.d. § 823 Abs. 2 BGB zu sein, darf noch einmal darauf hingewiesen werden, dass In-vitro-Diagnostika naturgemäß grundsätzlich ein geringeres Gefahrenpotenzial für Patienten aufweisen als Medizinprodukte, da sie nur dafür gedacht sind, mit vom Körper getrennten, lebenden oder toten Organismen in Berührung zu kommen. Dennoch kann eine Fehlfunktion oder Kontamination eines In-vitro-Diagnostikums auch gravierende negative Auswirkungen haben, beispielsweise bei einem falsch-negativen

---

645 Siehe dazu A. XIII.

646 Siehe dazu B. IV.

647 Siehe dazu C. VIII.

648 Siehe dazu III.

649 aA hierzu *Willhöft/Hundemer*, in: Lücker/Baumann MedProdR EU 1-14/5 Rn. 13; diese sehen ohne weitere Begründung den gesamten Pflichtenkatalog des Art. 14 MDR als Schutzgesetze an.

Ergebnis eines Tests auf das HI-Virus.[650] Gefährdet durch fehlerhafte In-vitro-Diagnostika sind grundsätzlich nicht nur die ehemaligen Träger der untersuchten Substanz[651], sondern auch die Anwender der In-vitro-Diagnostika. Daher können sie mit den In-vivo-Medizinprodukten verglichen werden.

A. Für den Hersteller

Art. 2 Nr. 23 IVDR definiert den Hersteller eines In-vitro-Diagnostikums als „natürliche oder juristische Person, die ein Produkt herstellt oder als neu aufbereitet bzw. entwickeln, herstellen oder als neu aufbereiten lässt und dieses Produkt unter ihrem eigenen Namen oder ihrer eigenen Marke vermarktet". Dies entspricht konsequenterweise der Herstellerdefinition der MDR, s. Art. 2 Nr. 30 MDR. Die Herstellerpflichten sind grundsätzlich in Art. 10 IVDR geregelt und entsprechen im Wesentlichen denen für Medizinprodukte aus der MDR, die in Art. 10 MDR niedergeschrieben sind.

Im Vergleich zur vorherigen Rechtslage wurden neue Registrierungspflichten eingeführt und das System zur Überwachung der Produkte nach dem Markteintritt erweitert. Dieses zeigt sich im Aufbau des UDI-Systems und im Umfang des herstellereigenen Post-Market-Surveillance-Systems („PMS").[652] Darin enthalten ist zudem die Pflicht zu einem umfassenden und risikobasierten Qualitätsmanagementsystem, vgl. Art. 10 Abs. 8 IVDR. Zudem sind Hersteller nun gemäß Art. 29 IVDR verpflichtet, einen Kurzbericht über Sicherheit und Leistung für Produkte der Klassen C und D anzufertigen. Als umfassendste Veränderung nach der neuen Rechtslage wurde die mit der Verordnung eingeführte Risikoklassifizierung für das Inverkehrbringen von In-vitro-Diagnostika beschrieben, da sie sich auf den Umfang der Leistungsbewertungsprüfungen und Inhalte des Konformitätsbewertungsverfahrens auswirkt.[653]

I. Die Pflicht zur Konformität mit der IVDR

In Art. 5 Abs. 1 Alt. 1 IVDR wird geregelt, dass ein In-vitro-Diagnostikum nur dann in Verkehr gebracht werden darf, wenn es bei sachgemäßer Lieferung, korrekter Installation und Instandhaltung und seiner Zweckbestimmung entsprechender Verwendung den Anforderungen der IVDR entspricht. Gemäß Alt. 2 gilt dies ebenso für die Inbetriebnahme. Der Wortlaut der Regelung entspricht

650 Hierzu darf auf die Ausführungen in Teil 1 § 5 hingewiesen werden.
651 Diese werden der Einfachheit im folgenden Text weiterhin als „Patienten" bezeichnet.
652 zum Ganzen *Hill/Schmidt* WiKo MPR Bd. 2 Kap. A VII Rn. 20.
653 *Schäfer*, MPR 2018, 189 (191).

dem der MDR.[654] Art. 10 Abs. 1 IVDR ordnet diese Pflicht dem Hersteller zu. Er gewährleistet bei Inverkehrbringen oder Inbetriebnahme, dass die In-vitro-Diagnostika nach den Anforderungen der IVDR ausgelegt und hergestellt wurden.

1. Unterschiede zur MDR

Die Definitionen des Inverkehrbringens und der Inbetriebnahme in Art. 2 Nr. 21 und Nr. 22 IVDR entsprechen denen der MDR in Art. 2 Nr. 28 und Nr. 29 beinahe vollkommen. Allerdings nimmt die MDR „Prüfprodukte" aus den jeweiligen Anwendungsbereichen und die IVDR „Produkte für Leistungsstudien"[655].

Dies liegt an den unterschiedlichen Verfahren für die Prüfung von Medizinprodukten und In-vitro-Diagnostika; in beiden Fällen werden aber nur diejenigen Produkte ausgenommen, die für die jeweilige Form des Nachweises der Konformität erforderlich sind. Bei der IVDR kommt der klinische Nachweis in der Regel aus einer Leistungsstudie (vgl. Art. 1 Nr. 62 IVDR), welche der Feststellung oder Bestätigung der Analyseleistung oder der klinischen Leistung eines Produkts dient (vgl. Art. 2 Nr. 42 IVDR); bei der MDR wird ein Prüfprodukt bei einer klinischen Prüfung bewertet (vgl. Art. 2 Abs. 46 MDR).

2. Nachweis der Konformität des In-vitro-Diagnostikums

Die Konformitätsbewertung wird in Art. 48 ff IVDR geregelt. In-vitro-Diagnostika werden in die Risikoklassen A-D eingestuft, vgl. Art. 47 IVDR, ähnlich wie Medizinprodukte nach der MDR in die Klassen I, IIa, IIb und III, vgl. Art. 51 MDR. Ebenso wie in der MDR erfolgt die Klassifizierung nach Anhang VIII nach einer Art „Grundstufe" des Gefährdungspotenzials. Dabei weisen Produkte der Klasse A (beispielsweise Zubehör ohne kritische Merkmale, Pufferlösungen oder Waschlösungen, vgl. Anhang VIII Nr. 2.5 lit. a)) grundsätzlich die geringste Gefährlichkeit auf und Produkte der Klasse D (z.B. Produkte mit der Zweckbestimmung Nachweis des Vorhandenseins von oder der Exposition gegenüber übertragbaren Erregern, die eine lebensbedrohende Krankheit mit einem hohen oder mutmaßlich hohen Verbreitungsrisiko verursachen, vgl. Anhang VIII Nr. 2.1 2. Spiegelstrich) die höchste. Dies entspricht in etwa der Einstufung von Medizinprodukten

---

654 Siehe dazu § 2 A. I.

655 Auch in der englischsprachigen Version findet sich ein Unterschied. Dort ist das „device for performance study" von der Definition der beiden Handlungsformen der IVDR ausgeschlossen, in der MDR das „investigational device". Daher ist eine Übersetzungsungenauigkeit auszuschließen.

in deren Risikoklassen.[656] Zur Einstufung wurde kritisiert, dass die zunächst im Entwurf der Europäischen Kommission enthaltenen klaren Abgrenzungsregelungen in der Vollversion der IVDR eher verschwommen seien und die Regeln zur Einordnung viele unbestimmte Rechtsbegriffe enthielten. Innerhalb der MDCG wurde deshalb eine eigene Arbeitsgruppe (WG 6 „Classification and Borderline“) eingerichtet, die eine nicht abschließende Beispielsliste[657] zu den einzelnen Gruppen erarbeitet hat.[658]

Ebenso wie bei den Medizinprodukten (vgl. Art. 52 MDR) ist ein Konformitätsbewertungsverfahren durchzuführen, vgl. Art. 48 Abs. 2 IVDR, welches in der IVDR – so wie in der MDR – in den Anhängen IX bis XI aufgeführt ist, wenn es sich nicht um ein Produkt der niedrigsten Risikoklasse handelt, vgl. Art. 48 Abs. 10 IVDR. Bei diesen reicht aus, dass nach Erstellung der technischen Dokumentation gemäß den Anhängen II und III eine EU-Konformitätserklärung (Art. 19 MDR bzw. Art. 17 IVDR) ausgestellt wird. Ferner wird danach in beiden Fällen das CE-Kennzeichen aufgebracht, vgl. Art. 20 MDR bzw. Art. 18 IVDR. Das Anbringen des CE-Kennzeichens ist Herstellerpflicht gemäß Art. 10 Abs. 6 MDR bzw. Art. 10 Abs. 5 IVDR.

Die Anforderungen entsprechen daher denen der MDR.

3. *CE-Kennzeichnung*

Wenn im Rahmen des anzuwendenden Konformitätsbewertungsverfahrens nachgewiesen wird, dass die geltenden Anforderungen erfüllt sind, geben die Hersteller gem. Art. 10 Abs. 5 IVDR eine EU-Konformitätserklärung gemäß Art. 17 IVDR ab und bringen die CE-Kennzeichnung gemäß Art. 18 IVDR an. Diese Norm entspricht Art. 10 Abs. 6 MDR. Das Anbringen der CE-Zertifizierung markiert den Schluss des Konformitätsbewertungsverfahrens und bestätigt das „Entsprechen der Verordnung“.[659]

---

656 Letztgenannte ist aufgrund der Vielzahl an Produkten, die als Medizinprodukte subsumiert werden, komplexer, vgl. oben Teil 3 § 1 I. 3. Aus Platzgründen wird auf eine vertiefte Erläuterung der Eingruppierung bei den In-vitro-Diagnostika verzichtet.

657 *MDCG*, MDCG 2020-16 rev.2, Guidance on Classification Rules for in vitro Diagnostic Medical Devices under Regulation (EU) 2017/746, abrufbar unter *https://health.ec.europa.eu/system/files/2023-02/md_mdcg_2020_guidance_classification_ivd-md_en.pdf.*

658 zum Ganzen *Schäfer*, MPR 2018, 189 (191).

659 *Lücker*, in: Spickhoff MedR MPDG Vorbemerkung Rn. 7 zu den grundlegenden Sicherheits- und Leistungsanforderungen s. die folgenden Ausführungen zu II.

5. *Schutzgesetzeigenschaft*

Da die Anforderungen und Definitionen zwischen MDR und IVDR sich entsprechen, kann die Herstellerpflicht zur Konformität mit der IVDR mit den selben Argumenten als Schutzgesetz eingeordnet werden wie bei der MDR.[660]

II. *Die grundlegenden Sicherheits- und Leistungsanforderungen und die Leistungsbewertung*

Art. 5 Abs. 2 IVDR normiert, dass ein Produkt unter Berücksichtigung seiner Zweckbestimmung den in Anhang I festgelegten für das Produkt geltenden grundlegenden Sicherheits- und Leistungsanforderungen genügen muss. Dies ist erforderlich, damit das Produkt verordnungskonform i.S.d. Art. 5 Abs. 1 MDR ist. Art. 5 Abs. 3 MDR konkretisiert, dass eine Leistungsbewertung i.S.d. Art. 56 IVDR, Anhang XIII für den Nachweis der Einhaltung der grundlegenden Sicherheits- und Leistungsanforderungen vonnöten ist. Auch Art. 10 Abs. 3 IVDR beinhaltet die Pflicht zur Leistungsbewertung als Herstellerpflicht.

Bei Medizinprodukten ist hingegen gemäß Art. 5 Abs. 3 MDR eine klinische Bewertung gemäß Art. 61 MDR erforderlich, um die Einhaltung der grundlegenden Sicherheits- und Leistungsanforderungen nachzuweisen. Wie in der MDR regelt auch in der IVDR Art. 10 als Zentralnorm die grundlegenden Herstellerpflichten und ist „Ausgangspunkt“ für die einzelnen an anderen Stellen der IVDR normierten Herstellerpflichten.[661] In beiden Verordnungen gehört dazu eine Nachbeobachtung der Leistung nach dem Inverkehrbringen, vgl. Art. 10 Abs. 3 MDR bzw. IVDR.

1. *Die grundlegenden Sicherheits- und Leistungsanforderungen, Leistungsbewertung bzw. Leistungsstudie*

Bei der Leistungsbewertung[662] bzw. Leistungsstudie handelt es sich wie bei der klinischen Bewertung in der MDR[663] um eine Konkretisierung von Art. 5 Abs. 2 IVDR. Dabei gibt Abs. 2 vor, was einzuhalten ist, nämlich, dass das Produkt den grundlegenden Sicherheits- und Leistungsanforderungen genügen

---

660 Dazu darf auf die Ausführungen oben in § 2 A. I. verwiesen werden.

661 Zur MDR vgl. die Ausführungen von *Plaßmann*, in: FS Gassner, S. 273; s. oben § 2 A. II.

662 Die genauen Modalitäten der Leistungsbewertung ergeben sich aus dem Gesetz. Es wird aus Platzgründen darauf verzichtet, sie im Einzelnen aufzuführen.

663 Siehe dazu unter § 2 A II 2.

muss, Abs. 3 erklärt in Verbindung mit den Vorgaben in Art. 56 IVDR und in Anhang XIII, wie der Hersteller dies bestätigen kann.

Daher können auch die Vorgaben zur Erfüllung der grundlegenden Sicherheits- und Leistungsanforderungen als Schutzgesetze i.S.d. § 823 Abs. 2 BGB eingeordnet werden. Kein eigenständiges Schutzgesetz ist hingegen die Anforderung, dass eine Leistungsbewertung bzw. Leistungsstudie durchgeführt werden muss; dies kann als Verhaltenspflicht im Rahmen des Verschuldens bei einem Verstoß gegen die Pflicht zur Einhaltung der grundlegenden Sicherheits- und Leistungsanforderungen herangezogen werden.[664]

2. Schutzgesetzeigenschaft von Normen im Zusammenhang

Auch hierbei werden – ähnlich den Art. 62 ff MDR –[665] in den Art. 57 ff IVDR einzelne Regelungen normiert, die Teilnehmer an Leistungsstudien schützen sollen: So müssen etwa gemäß Art. 57 Abs. 1 IVDR alle Vorkehrungen zum Schutz der Sicherheit und Gesundheit des Patienten, des Anwenders oder anderer Personen getroffen worden sein, gemäß Abs. 3 muss der Schutz der Rechte, der Sicherheit, der Würde und des Wohls der an solchen Leistungsstudien teilnehmenden Prüfungsteilnehmer gewährleistet sein und Vorrang vor allen sonstigen Interessen haben. In Art. 58 IVDR existieren für Leistungsstudien mit bestimmten Typen von In-vitro-Diagnostika noch verschärfte Anforderungen. Art. 59f. IVDR regeln die Einwilligung in die Teilnahme und Art. 61f. IVDR stellen erhöhte Anforderungen an die Teilnahme von Minderjährigen, Schwangeren und Stillenden an Leistungsstudien. National werden im MPDG in §§ 24-31b sowie § 47 MPDG noch weitere Vorschriften für die klinischen Prüfungen, Leistungsstudien und sonstigen klinischen Prüfungen aufgestellt.[666]

Auch diese Vorschriften sind individualschützende Gebote i.S.d. § 823 Abs. 2 BGB und somit als Schutzgesetze anzusehen.[667]

III. Die Pflichten bei der Eigenherstellung

Hersteller von Inhouse-Produkten gelten als Hersteller i.S.d. IVDR (ebenso wie in der MDR[668]). Eigenherstellungen sind labordiagnostische Produkte, die im nichtindustriellen Maßstab selber hergestellt und genutzt und dabei in den Verkehr gebracht werden. Sie müssen innerhalb der sie herstellenden Einrichtung verblei-

---

664 Siehe dazu unter § 2 A II.

665 Siehe dazu unter § 2 A. II. 5.

666 Siehe dazu unter § 3 H.

667 Dazu siehe § 2 A II 5.

668 Dazu siehe § 2 A III.

ben, wobei eine Verwendung an einem anderen Standort derselben Einrichtung kein Problem darstellt.[669]

Art. 5 Abs. 5 IVDR statuiert, dass der Eigenhersteller nachweisen muss, dass er ein geeignetes Qualitätsmanagementsystem eingerichtet hat. Dieses muss nach der ISO-Norm 15189 für Medizinische Laboratorien zertifiziert sein oder anderen, gleichwertigen nationalen Vorschriften entsprechen.[670] Ferner muss eine Begründung in der Dokumentation enthalten sein, weswegen ein vorhandenes, CE-gekennzeichnetes In-vitro-Diagnostikum die Erfordernisse nicht erfüllt, für die die Einrichtung ein eigenes Produkt herstellt. Daraus ergibt sich ein grundsätzlicher Anwendungsvorrang von CE-gekennzeichneten In-vitro-Diagnostika gegenüber Eigenherstellungen.[671] Für Eigenherstellungen von In-vitro-Diagnostika der Risikoklasse D sind zusätzliche Unterlagen erforderlich, die der Benannten Stelle belegen, dass Anhang I der IVDR erfüllt ist.[672]

Nach dem Wortlaut des Abs. 5 („Mit Ausnahme der einschlägigen grundlegenden Sicherheits- und Leistungsanforderungen gemäß Anhang I gelten die Anforderungen dieser Verordnung nicht für Produkte(...)") müssen In-vitro-Diagnostika aus Eigenherstellungen die grundlegenden Sicherheits- und Leistungsanforderungen erfüllen. Dabei handelt es sich um ein Schutzgesetz. Sämtliche in lit. a)-i) geregelten weiteren Anforderungen deklarieren lediglich, wann ein In-vitro-Diagnostikum als – im Hinblick auf andere IVDR-Anforderungen privilegierte – Eigenherstellung zu behandeln ist.[673]

IV. Das Risikomanagementsystem

Art. 10 Abs. 2 IVDR entspricht Art. 10 Abs. 2 MDR; beide verweisen jeweils auf ausführlichere Spezifikationen zum Risikomanagementsystem im jeweiligen Anhang I Nr. 3. Auch die Ausführungen in den Anhängen sind wortlautgleich für die beiden Gesetze. Daher ist die Schutzgesetzeigenschaft des Art. 10 Abs. 2 IVDR aus denselben Gründen abzulehnen wie die des Art. 10 Abs 2 MDR[674].

---

669 *Hill/Schmidt* WiKo MPR Bd. 2 Kap. A VII Rn. 33.

670 *Hill/Schmidt* WiKo MPR Bd. 2 Kap. A VII Rn. 35.

671 *Hill/Schmidt* WiKo MPR Bd. 2 Kap. A VII Rn. 36f.

672 *Hill/Schmidt* WiKo MPR Bd. 2 Kap. A VII Rn. 37.

673 Siehe dazu § 2 A. III.

674 Siehe dazu unter § 2 A. IV.

V. Die technische Dokumentation

Art. 10 Abs. 4 IVDR entspricht Art. 10 Abs. 4 MDR. Lediglich werden in der MDR Sonderanfertigungen aus dem Anwendungsbereich dieser Norm ausgenommen. Diese sind schon von vornherein keine In-vitro-Diagnostika i.S.d. IVDR.

Die technische Dokumentation ist notwendig, um eine Bewertung der Konformität des Produkts mit den Anforderungen der IVDR zu ermöglichen. Wird aber die Konformitätsbewertung durch eine mangelhafte technische Dokumentation unmöglich und entsteht so ein Schaden, so ist die Pflicht zur Konformität, die sich aus Art. 5 Abs. 1 sowie 10 Abs. 1 MDR ergibt, verletzt und erst aus dieser Pflichtverletzung würde sich eine „konkrete Angriffsart" gegen ein Rechtsgut ergeben. Nur die Missachtung der Pflicht zur Erfassung und Aktualisierung einer technischen Dokumentation per se kann noch nicht als „konkrete Angriffsart" gegen ein Rechtsgut gesehen werden.

Aus diesem Grund kann die Schutzgesetzeigenschaft mit der selben Begründung abgelehnt werden wie bei der nahezu wortlautgleichen Norm in der MDR.[675]

VI. Pflichten im Zusammenhang mit dem UDI-System

In Art. 10 Abs. 6 IVDR wird es als Herstellerpflicht normiert, den Verpflichtungen im Zusammenhang mit dem UDI-System (Unique Device Identification System)[676] gemäß Art. 24 IVDR und den Registrierungsvorschriften gemäß den Art. 26 und 28 IVDR nachzukommen. Dies entspricht der Regelung in Art. 10 Abs. 7 MDR, der auf die Pflichten gemäß Art. 27 MDR und die Registrierungsvorschriften gemäß den Art. 29, 31 MDR verweist.

Die Formulierungen beider Artikel sind ähnlich und überwiegend wortlautidentisch. Die MDR schreibt für die implantierbaren Produkte der Klasse III sowie für bestimmte andere Produkte, fest vor, dass die Wirtschaftsakteure die UDI der Produkte, die sie abgegeben oder bezogen haben, erfassen und speichern (vgl. Art. 27 Abs. 9 MDR). Im Bereich der In-vitro-Diagnostika sowie für alle anderen Medizinprodukte wird die Entscheidung, ob dies gemacht werden muss, in die Hände des jeweiligen Mitgliedsstaates gelegt; jeder Mitgliedsstaat soll aber „darauf hinwirken", dass eine Erfassung und Speicherung auch bei diesen Produkten erfolgt, vgl. Art. 27 Abs. 9 MDR sowie Art. 24 Abs. 9 IVDR.

675 Siehe dazu § 2. A. V.

676 Zu den Verpflichtungen und Zielen siehe § 2 A. VIII 1f.

Die Schutzgesetzeigenschaft kann ebenso wie bei den Verpflichtungen im Zusammenhang mit dem UDI-System bei den Medizinprodukten gemäß der MDR verneint werden.[677]

VII. Aufbewahrungs- und Bereithaltungspflichten betreffend die technische Dokumentation

Art. 10 Abs. 7 IVDR entspricht in etwa Art. 10 Abs. 8 MDR. In der MDR ist ein weiterer Satz eingefügt, der den Zeitraum des Aufbewahrens der einschlägigen Dokumente für implantierbare Produkte auf mindestens 15 Jahre ab Inverkehrbringen des letzten Produkts erhöht. Implantierbare Produkte fallen schon begrifflich nicht unter den Anwendungsbereich der In-vitro-Diagnostika, da solche Produkte in einen lebenden Körper implantiert werden und somit immer In-vivo-Produkte sind.[678]. Auch in der IVDR dient dies lediglich der besseren Verfolgbarkeit und Nachvollziehbarkeit im Falle eines Schadenseintritts; ein Individualschutz würde sich lediglich aus einem bloßen Rechtsreflex ergeben.

Im Ergebnis kann auch bei den In-vitro-Diagnostika wie schon für Medizinprodukte eine Schutzgesetzeigenschaft der Verpflichtung zur Aufbewahrung und zum Bereithalten der technischen Dokumentation verneint werden.[679]

VIII. Das Qualitätsmanagementsystem

Die Verpflichtung zu einem umfassenden, risikobasierten Qualitätsmanagementsystem ist in Art. 10 Abs. 8 IVDR niedergeschrieben. Ein solches muss eingerichtet, dokumentiert, angewandt, aufrechterhalten, ständig aktualisiert und kontinuierlich verbessert werden und es muss die Einhaltung dieser Verordnung auf die wirksamste Weise sowie auf eine der Risikoklasse und der Art des Produkts angemessene Weise gewährleisten, vgl. Wortlaut. Die Anforderung gilt für sämtliche Hersteller von In-vitro-Diagnostika und ihre Einhaltung wird von der Benannten Stelle überwacht. Ausnahmen existieren lediglich für die Hersteller von nicht-sterilen Produkten der Klasse A.[680]

Abs. VIII gibt die Anforderungen en detail vor. So ist der gesamte Produktzyklus erfasst, angefangen beim Risikomanagement über die Leistungsbewertung für die Erbringung des klinischen Nachweises, das Konformitätsbewertungsverfahren bis zur Post-Market-Überwachung. Die Pflichten sind ebenso in der ISO-Norm 13485 enthalten. Deswegen wird teilweise hinterfragt, ob eine weitere

---

677 Siehe dazu § 2 A. VII 3.

678 Zur Abgrenzung siehe Teil 1 § 2 B.

679 Siehe dazu § 2 A. VIII.

680 *Hill/Schmidt* WiKo MPR Bd. 2 Kap. A VII Rn. 22.

Niederschrift dieser Vorgaben auch in Art. 10 Abs. 8 IVDR erforderlich ist.[681] Dies ist allerdings schon aus Gründen der Höherrangigkeit der IVDR der Fall. Zudem handelt es sich bei der ISO nicht um materielles Recht, sondern um private Rechtsregeln. Die ISO ist ein Verein nach Schweizer Recht, vgl. Art. 18.2 der ISO-Statutes. Die Normen haben folglich keine Gesetzesqualität[682] i.S.d. Art. 2 EGBGB, da dafür eine Form staatlich gesetzten, allgemeingütigen Rechts erforderlich wäre.[683] Eine Regelung in der IVDR ist ergo sehr wohl erforderlich.

Der Wortlaut des Art. 10 Abs. 8 IVDR entspricht Art. 10 Abs. 9 MDR. Wie schon in der MDR handelt es sich dabei um Konkretisierungen der Pflicht aus Art. 5 Abs. 1, 10 Abs. 1 IVDR, dass Produkte der Verordnung entsprechen müssen. Wenn es allerdings zu einer Schädigung durch ein mangelbehaftetes In-vitro-Diagnostikum kommt, so ist dafür nicht das fehlende Qualitätsmanagementsystem kausal, sondern die mangelnde Konformität mit den Anforderungen der IVDR.

Somit kann mit der selben Begründung wie für die korrespondierende MDR-Regelung die Schutzgesetzeigenschaft verneint werden. [684]

IX. Die Post-Market-Überwachung

Art. 10 Abs. 9 IVDR entspricht Art. 10 Abs. 10 MDR. Beide verweisen auf weiterführende Normen im jeweiligen Kapitel VII, so die MDR auf Art. 83 MDR und die IVDR auf Art. 78 IVDR. Beide Normen, auf die verwiesen wird, sind nahezu wortlautgleich. Abweichend wird in der IVDR in Art. 78 Abs. 3 lit. a) die „Verbesserung“ der Nutzen-Risiko-Abwägung und des Risikomanagements als Zweck aufgeführt, während bei der MDR die „Aktualisierung“ dieser Faktoren benannt wird. In der IVDR spricht Art. 78 Abs. 3 lit. c) von der „Leistungsbewertung“ und d) von einem „Kurzbericht über Sicherheit und Leistung“; die MDR in den selben Normen in c) von der „klinische Bewertung“ und dem „Kurzbericht über Sicherheit und klinische Leistung“ in d). In f) ist in der IVDR von der „Verbesserung der Nutzbarkeit“ die Rede, in f) der MDR von der „Verbesserung der Gebrauchstauglichkeit“.

Auch bei In-vitro-Diagnostika kann die Post-Market-Überwachung gewichtige Schäden vermeiden, etwa Anhaltspunkte dafür liefern, dass ein Test häufig falsch-negative Ergebnisse produziert. Ein aus der Missachtung der Pflicht zur

---

681 *Hill/Schmidt* WiKo MPR Bd. 2 Kap. A VII Rn. 23.

682 Vgl. zum innerdeutschen Pendant der ISO-Normen, der DIN: BGH, Urt. v. 14.5.1998 – VII ZR 184–97, NJW 1998, 2814, ebenso DIN-Normen ablehnend *Sprau*, in: Grüneberg BGB § 823 Rn. 66.

683 *Förster*, in BeckOK BGB § 823 Rn. 275.

684 Siehe dazu § 2 A. IX.

Post-Market-Überwachung resultierender Schaden könnte jedoch nicht ohne wesentliche Zwischenschritte entstehen. Daher wird Art. 10 Abs. 9 IVDR nicht als Schutzgesetz i.S.d. § 823 Abs. 2 BGB eingeordnet.[685]

X. Das Beilegen von Informationen

In Art. 10 Abs. 10 IVDR wird – wie in Art. 10 Abs. 11 MDR – geregelt, dass der Hersteller dafür Sorge zu tragen hat, dass dem In-vitro-Diagnostikum alle erforderlichen Informationen beiliegen. Inhaltlich stimmen die Regelungen vollkommen überein, lediglich die Formulierungen weichen minimal voneinander ab. In S. 3 der IVDR-Regelung findet sich noch eine Sonderregel für Produkte zur Eigenanwendung und patientennahe Tests. Diese sollen „leicht verständlich" sein, während sie für alle anderen In-vitro-Diagnostika „für den vorgesehenen Anwender oder Patienten klar verständlich" sein müssen. Während also der Hersteller bei allen anderen In-vitro-Diagnostika den Verständnishorizont der jeweiligen Person, die mit dem Produkt verfährt, selbst einschätzen und sich bei der Formulierung der Informationen daran orientieren darf, wird für Produkte zur Eigenanwendung und patientennahe Tests von der IVDR festgelegt, wie die Informationen zu verfassen sind. Die Sprache der Informationen bestimmt sich auch hier nach der Amtssprache desjenigen Mitgliedsstaats, in dem das Produkt dem Anwender oder Patienten zur Verfügung gestellt wird.

Auch vorliegend kann nur durch das Beilegen von vollständigen und richtigen Informationen vermieden werden, dass beispielsweise ein Arzt einen Test mangels Gebrauchsanweisung fehlerhaft ausführt und dadurch, etwa durch ein falsch-negatives Ergebnis, der Patient geschädigt wird.

Dazu wird in Art. 29 IVDR noch weiter konkretisiert, dass ein Kurzbericht über Sicherheit und Leistung für Produkte der Klassen C und D anzufertigen ist. Dies entspricht Art. 32 MDR. Der Hersteller wird verpflichtet, den Bericht in einfacher, für den Laien als Anwender oder Patienten verständlicher Sprache abzufassen. Ferner soll er nach Validierung durch die zuständige Benannte Stelle in der EUDAMED-Datenbank veröffentlicht werden. So ist er jedem zugänglich.

Ein Produkt, dem nicht die notwendigen Informationen beiliegen, ist nicht verordnungskonform i.S.d. Art. 5 Abs. 1 IVDR, da es nicht vollständig ist. Aus der bloßen Verletzung der Pflicht zur Informationsbeilage ist ein Schaden aber nicht ohne weitere Zwischenschritte denkbar. Daher kann die Norm auch in der IVDR nicht als Schutzgesetz i.S.d. § 823 Abs. 2 BGB eingeordnet werden. Ein

685 Dazu siehe § 2 A. X.

etwaiger Schadensersatzanspruch ergibt sich dann aus § 823 Abs. 2 BGB wegen der Verletzung der Pflicht zur Konformität mit der IVDR.[686]

XI. Pflichten bei Mangelverdacht nach Inverkehrbringen

Die Anforderungen von Art. 10 Abs. 11, Abs. 12 IVDR entsprechen den Regelungen in Art. 10 Abs. 12, Abs. 13 MDR. Die Normen sind wortlautidentisch, wobei sie sich nur in den Verweisungen unterscheiden. Beide schaffen die Verpflichtung für Hersteller, bei Mangelverdächtigkeit eines bereits in Verkehr gebrachten Produktes unverzüglich die erforderlichen Korrekturmaßnahmen zu ergreifen, um die Konformität dieses Produkts herzustellen oder es gegebenenfalls vom Markt zu nehmen oder zurückzurufen.

In der MDR sind weiterführende Normen zum System für die Aufzeichnung und Meldung von Vorkommnissen und Sicherheitskorrekturmaßnahmen in Art. 87, 88 MDR geregelt, in der IVDR in Art. 81, 82 IVDR. Auch diese stimmen inhaltlich überein; es ergeben sich lediglich kleinere Abweichungen aus der Natur der verschiedenen Produkte. Bei den Medizinprodukten wird z.B. in Art. 87 Abs. 1 lit. a) MDR die Ausnahme normiert, dass „erwartete Nebenwirkungen" nicht meldepflichtig sind; in der IVDR sind demgegenüber zusätzlich zu den erwarteten Nebenwirkungen „erwartete fehlerhafte Ergebnisse" nicht meldepflichtig, vgl. Art. 82 Abs. 1 lit. a) IVDR. Dies ergibt sich aus der Natur der verschiedenen Produkte, da In-vitro-Diagnostika regelmäßig zum Testen verwendet werden.

Mit der selben Begründung wie bereits für die korrelierende MDR-Norm kann auch hier für die Meldepflichten bei Mangelverdächtigkeit eines In-vitro-Diagnostikums die Schutzgesetzeigenschaft i.S.d. § 823 Abs. 2 BGB verneint werden. Ein Schadenseintritt durch das bloße Missachten der Meldepflichten ist nicht ohne weitere Zwischenschritte möglich.

Nur die Pflicht, bei Mangelverdacht geeignete Maßnahmen zu ergreifen, ist Schutzgesetz i.S.d. § 823 Abs. 2 BGB.[687]

XII. Die Kooperation mit den Behörden

Wie in Art. 10 Abs. 14 MDR ist in Art. 10 Abs. 13 IVDR wortlautgleich normiert, dass Hersteller der zuständigen Behörde auf deren Ersuchen hin alle Informationen und Unterlagen auszuhändigen haben, die für den Nachweis der Konformität des Produkts erforderlich sind. Weiter sollen sie Proben des Produkts unentgelt-

686 Siehe dazu § 2 A. XI.

687 Siehe dazu § 2 A. XII.

lich zur Verfügung stellen oder Zugang zu dem Produkt gewähren und mit einer zuständigen Behörde auf deren Ersuchen bei allen Korrekturmaßnahmen kooperieren. Die ersten beiden normierten Pflichten schützen lediglich das Recht des Staatsapparates, seiner Aufgabe der Überwachung des Marktes nachzukommen. Auch die Pflicht, mit den Behörden zusammenzuarbeiten, wenn diese Korrekturmaßnahmen ergreifen, vermittelt Schutz durch ein beschleunigtes Verfahren. Er ist dabei allerdings nur mittelbar. Ein Schadenseintritt ist nicht ohne weitere Zwischenschritte denkbar. Die Schutzgesetzeigenschaft dieser Verpflichtung i.S.d. § 823 Abs. 2 BGB ist zu verneinen.[688]

XIII. Ergebnis Hersteller in der IVDR

Als Schutzgesetze i.S.d. § 823 Abs 2 BGB eingeordnet werden können die Pflicht zur Konformität mit der IVDR (Art. 5 Abs. 1, 10 Abs. 1 IVDR), die Pflicht zur Einhaltung der grundlegenden Sicherheits- und Leistungsanforderungen (Art. 5 Abs. 2, Abs. 3 IVDR; für Eigenherstellungen aus Art. 5 Abs. 5 IVDR) ebenso wie die vertieften Anforderungen an die Durchführung der Leistungsstudie, die die Teilnehmer schützen, (Art. 57 Abs. 1, Abs. 3, Art. 58, Art. 59, Art. 60 IVDR und Art. 61 f. IVDR), und die Pflicht zum Ergreifen der geeigneten Maßnahmen bei Mangelverdächtigkeit des In-vitro-Diagnostikums (Art. 10 Abs. 11, Abs. 12 IVDR).

B. Für den Bevollmächtigten

Wie auch in der MDR sind die Pflichten des Bevollmächtigten grundsätzlich in Art. 11 und Art. 12 der IVDR geregelt. Die Normen sind nahezu wortlautidentisch. Es ergeben sich lediglich Abweichungen bezüglich der Artikel, auf die verwiesen wird. In Abs. 3 lit. b) etwa wird auf Art. 56 MDR, in der IVDR auf Art. 51 IVDR verwiesen. Dies liegt ausschließlich daran, dass die verschiedenen Anforderungen, auf die Bezug genommen wird, in verschiedenen Artikeln niedergeschrieben sind. So regeln auch Art. 56 MDR und Art. 51 IVDR die selben Anforderungen an das jeweilige Produkt.

Daher können für den Bevollmächtigten mit derselben Argumentation wie in der MDR keine Pflichten als eigene Schutzgesetze eingeordnet werden.

---

688 Siehe dazu § 2 A XIII.

C. Für den Importeur

Wie auch in der MDR sind die Pflichten des Importeurs grundsätzlich in Art. 13 IVDR geregelt. Die Normen sind nahezu wortlautidentisch. Es ergeben sich lediglich Abweichungen bezüglich der Artikel, auf die verwiesen wird. Aufgrund der Vergleichbarkeit der Interessenlagen[689] können somit die selben Normen wie in der MDR als Schutzgesetze i.S.d. § 823 Abs. 2 BGB eingeordnet werden.

Folglich sind die Pflicht zum „Entsprechen der Verordnung" aus Art. 13 Abs. 1 IVDR[690], die Pflicht zum Unterlassen des weiteren Vertriebs bei Mangelverdächtigkeit des Produktes gemäß Art. 13 Abs. 2 IVDR[691], und die Pflicht zur Einhaltung der grundlegenden Sicherheits- und Leistungsbestimmungen aus Art. 13 Abs. 5 IVDR[692] als Schutzgesetze anzusehen.

D. Für den Händler

Wie auch in der MDR sind die Pflichten des Händlers grundsätzlich in Art. 14 IVDR geregelt. Die Normen sind nahezu wortlautidentisch. Es ergeben sich Abweichungen in Abs. 4; so wird in S. 1 der MDR davon gesprochen, dass ein Mangelverdacht unverzüglich dem Hersteller und gegebenenfalls „dem bevollmächtigtem Vertreter" (sic!) des Herstellers und dem Importeur mitzuteilen ist, in der IVDR wird stattdessen der Begriff des „Bevollmächtigten" verwendet. Ferner wird in S. 2 der IVDR der Händler verpflichtet, mit den anderen Wirtschaftsakteuren zusammenzuarbeiten, „um, je nachdem, die Konformität des Produkts herzustellen, es vom Markt zu nehmen oder zurückzurufen"; in der MDR fehlen die beiden Wörter „je nachdem". Dennoch ist die Aussage inhaltlich dieselbe. Im Übrigen entsprechen sich die Normen vollständig.

Aufgrund der Vergleichbarkeit der Interessenlagen zwischen MDR und IVDR[693] können die selben Normen wie bei der MDR als Schutzgesetze i.S.d. § 823 Abs. 2 BGB angesehen werden. Somit ist nur das Verbot des weiteren Bereitstellens auf dem Markt bei Mangelverdächtigkeit des In-vitro-Diagnostikums i.S.d. Art. 14 Abs. 2 IVDR[694] als Schutzgesetz einzuordnen.

---

689 Siehe dazu. B.
690 Siehe dazu § 1 C I.
691 Siehe dazu § 1 C II.
692 Siehe dazu § 1 C IV.
693 Siehe dazu. B.
694 Siehe dazu § 1 D III.

§ 3 Zu den Normen aus dem MPDG

Ferner kommen auch Normen des MPDG als Schutzgesetze in Betracht. Im MPDG finden sich insbesondere Normen, die an Betreiber und Anwender adressiert sind. Das Gesetz macht sich in § 1 MPDG, der auf die MDR und die IVDR[695] verweist, den Zweck der Verordnungen „zu eigen".[696] Somit dürfen der Auslegung der MPDG-Normen auch die Erwägungsgründe und die Entstehungsgeschichte[697] zugrundegelegt werden.

A. Betriebs- und Anwendungsverbot für mangelhafte Produkte

§ 11 MPDG enthält in S. 1 ein „Betriebs- und Anwendungsverbot"[698] für Produkte, die Mängel aufweisen. Er ersetzt § 14 MPG a.F.[699] Ein Ge- oder Verbot ist darin in Form eines Verbots enthalten. In § 92 Abs. 1 MPDG findet sich eine Strafbestimmung für einen vorsätzlichen Verstoß gegen diese Regelung. Die fahrlässige Begehung wird von § 92 Abs. 7 MPDG erfasst.

Damit finden die Regelungen der MDR eine Fortführung: Die vorangegangenen Wirtschaftsakteure dürfen Produkte nicht in Verkehr bringen, in Betrieb nehmen oder auf dem Markt bereitstellen, wenn sie nicht der Verordnung entsprechen, also nicht sicher sind, weil sie z.B. nicht den grundlegenden Sicherheits- und Leistungsanforderungen entsprechen[700] und haben eine Art „Notbremse" zu ziehen, wenn sie (auch nur glauben, zu) entdecken, dass das Produkt nicht sicher ist.[701] Dabei regelt das EU-Recht im Wesentlichen den freien Warenverkehr innerhalb der Europäischen Union, das MPDG hingegen national das „Schicksal" der Medizinprodukt, wenn sie am Ende der Lieferkette beim Anwender und Betreiber angelangt sind".[702] Kommt ein mangelhaftes Produkt trotz all der MDR-Vorschriften, die dies verhindern sollen, in den Bereich des Betreibers oder des Anwenders, muss konsequenterweise auch dieser eine Notbremse ziehen. Diese wird als Betriebs- und Anwendungsverbot ausgestaltet. Dieses Verbot wird zu-

695 Das MPDG gilt uneingeschränkt auch für In-vitro-Diagnostika. Der Übersichtlichkeit halber wird im Folgenden nur über Medizinprodukte referiert. Die Ergebnisse gelten für In-vitro-Diagnostika ebenso.

696 *Häberle, in: Erbs/Kohlhaas* MPDG § 1 Rn. 1.

697 Siehe dazu Teil 1 § 1 C.

698 *Häberle*, in: Erbs/Kohlhaas MPDG § 11 Rn. 1.

699 *Lücker*, in: Spickhoff MPDG § 11 Rn. 1.

700 Siehe dazu § 1 A I sowie II.

701 Siehe dazu § 1 B V sowie C II 2. und D II 2.

702 *Lücker*, in: Spickhoff MPDG § 11 Rn. 2.

treffend zum Teil auch insoweit als obsolet beschrieben, als es ohnehin den allgemeinen bürgerlich-rechtlichen Haftungsvorschriften sowie den Sorgfaltspflichten im Behandlungsvertrag innewohne, dass ein Arzt oder eine Einrichtung nur mangelfreie Medizinprodukte verwenden dürfe, die den Patienten nicht gefährden.[703] Dennoch handelt es sich dabei um eine feste Verhaltenspflicht.

Die Norm erwähnt wörtlich, dass die Mängel „Patienten, Beschäftigte oder Dritte" gefährden könnten. Damit werden sowohl die Drittschutzabsicht als auch die konkretisierbare Gruppe, der der Individualschutz dienen soll, bereits in der Norm niedergeschrieben. Aus der Mangelhaftigkeit des Produkts resultieren naturgemäß Gefahren für diese Personengruppen. Die Norm bezweckt demnach nicht nur den Schutz der Allgemeinheit, sondern Individualschutz.

§ 11 S. 1 MPDG ist somit Schutzgesetz i.S.d. § 823 Abs. 2 BGB.[704]

B. Pflichten beim Betreiben und Anwenden von Medizinprodukten

§ 11 S. 2 MPDG bestimmt ein Gebot: Das Betreiben und Anwenden von Medizinprodukten ist demnach nur nach Maßgabe der Rechtsverordnung nach § 88 Abs. 1 S. 1 Nr. 6 MPDG gestattet. Gemeint ist die MPBetreibVO.[705] Diese stellt Anforderungen an das Handling von Medizinprodukten. Dazu zählt etwa, dass Medizinprodukte ihrer Zweckbestimmung entsprechend (vgl. § 4 Abs. 1 Var. 1 MPBetreibVO) und nach den anerkannten Regeln der Technik (vgl. § 4 Abs. 1 Var. 3 MPBetreibVO) angewendet werden müssen, oder dass die Personen, die sie betreiben oder anwenden, die erforderlichen Qualifikationen haben (vgl. § 4 Abs. 2 MPBetreibVO) müssen.[706] Die MPBetreibV engt die Voraussetzungen für das Betreiben und Anwenden von Medizinprodukten noch weiter ein.

Das Betreiben bzw. Anwenden von Medizinprodukten kann am Patienten gesundheitliche Schäden bis hin zum Tod auslösen, wenn Medizinprodukte etwa nicht ihrer Zweckbestimmung entsprechend (vgl. § 4 Abs. 1 Var. 1 MPBetreibVO) oder nicht nach den anerkannten Regeln der Technik (vgl. § 4 Abs. 1 Var. 3 MP-BetreibVO) angewendet werden. Ein Beispiel dafür wäre etwa, wenn ein medizinischer Tattooentfernungslaser off-label im Auge an der Hornhaut (Cornea) verwendet würde, um eine Korrektur der Sehschärfe zu erzielen.

---

703 So auch *Lücker*, in: Spickhoff MPDG § 11 Rn. 3.

704 So i. Erg. auch *Lücker*, in: Spickhoff MPDG § 11 Rn. 3, m.w.N.

705 *Häberle*, in: Erbs/Kohlhaas MPDG § 11 Rn. 1.

706 Zu den einzelnen Vorgaben der MPBetreibV siehe unten § 5.

3. *Zwischenergebnis*

Auch § 11 S. 2 MPDG kann somit Schutzgesetz i.S.d. § 823 Abs. 2 BGB sein. Allerdings sind die konkreten Anforderungen, die sich aus den einzelnen Paragraphen der MPBetreibV als konkretisierende Gesetze mit zu zitieren. Die Schutzgesetzeigenschaft ergibt sich somit nur im Zusammenhang mit verletzten Geboten aus der MPBetreibV, die ebenso Schutzgesetze sind.[707]

C. Verbote zum Schutz von Patienten, Anwendern und Dritten

In § 12 MPDG findet sich das Verbot, mangelverdächtige Medizinprodukte (Nr. 1) und abgelaufene Medizinprodukte (Nr. 2) in den Verkehr zu bringen, in Betrieb zu nehmen, auf dem Markt bereitzustellen, zu betreiben oder anzuwenden. Dabei handelt es sich um eine Vorschrift zum vorbeugenden Gesundheitsschutz. Normadressat sind die Hersteller, Betreiber und Anwender von Medizinprodukten.[708] Die Norm entspricht im Wesentlichen dem in § 4 Abs. 1 MPG a.F.; ist aber aufgrund des erweiterten Anwendungsbereichs der MDR und aufgrund der Miteinbeziehung von In-vitro-Diagnostika weiter gefasst.[709]

I. *Die Pflichten im Einzelnen*

1. *Das mangelverdächtige Medizinprodukt*

In § 92 MPDG findet sich eine Strafandrohung für die vorsätzliche Zuwiderhandlung in Abs. 1 Nr. 2, in Abs. 7 für die fahrlässige.

Geschützt werden soll vor Medizinprodukten, die den begründeten Verdacht erwecken, dass das Produkt, selbst wenn es sachgemäß angewendet, instand gehalten und seiner Zweckbestimmung entsprechend verwendet wird, die Sicherheit und die Gesundheit der Patienten, der Anwender oder Dritter unmittelbar oder mittelbar in einem Maß gefährdet, das nach den Erkenntnissen der medizinischen Wissenschaften nicht mehr vertretbar ist. Geschütztes Interesse ist somit das an der Verwendung von Medizinprodukten, die unbedenklich sind; Schutzgüter sind daher Leben und Gesundheit. Nr. 1 formuliert den „begründeten Verdacht" der Sicherheits- oder Gesundheitsgefährdung. Dabei kommt es nicht auf einen Nachweis dieser an.[710]

---

707 Siehe dazu § 4.

708 *Häberle*, in: Erbs/Kohlhaas MPDG § 12 Rn. 1.

709 *Lücker*, in: Spickhoff MPDG § 12 Rn. 1.

710 *Häberle*, in: Erbs/Kohlhaas MPDG § 12 Rn. 2.

Dabei knüpft § 12 Nr. 1 MPDG hinsichtlich Wortlaut und Schutzbereich unmittelbar auch an den Schutz von § 11 MPDG an. Das in § 11 S. 1 MPDG enthaltene „Betriebs- und Anwendungsverbot" für mangelhafte Medizinprodukte wird in § 12 MPDG auf solche Produkte ausgeweitet, bei denen die Mangelhaftigkeit noch nicht feststeht; wenn der Behandler aber den „begründeten Verdacht" hegt, es sei mangelhaft. § 11 S. 2 MPDG schützt durch Verweis auf die Vorschriften der MPBetreibVO vor den Gefahren von Medizinprodukten, die z.B. nicht sachgemäß (vgl: nach den anerkannten Regeln der Technik, § 4 Abs. 1 Var. 3 MPBetreibVO) oder ihrer Zweckbestimmung entsprechend verwendet werden (vgl. Wortlaut § 4 Abs. 1 Var. 1 MPBetreibVO). § 12 Nr. 1 MPDG hingegen schützt vor den Gefahren von Medizinprodukten, die trotz sachgemäßer Anwendung und Instandhaltung der Zweckbestimmung entsprechender Verwendung, dennoch schädlich sein könnten. Auch dabei handelt es sich um eine „Notbremse", um mangelverdächtige Medizinprodukte vor der Anwendung an einem Patienten aus dem Verkehr zu ziehen.

2. *Das abgelaufene Medizinprodukt*

Für Nr. 2 existiert keine Strafandrohung, allerdings gibt es mit § 94 Abs. 2 Nr. 3 MPDG eine Bußgeldandrohung. Auch hierbei kann neben dem Medizinproduktebetreiber auch der angestellte Anwender sowie jeder Händler die Ordnungswidrigkeit begehen.[711] Aus dem abgelaufenen Haltbarkeitsdatum können sich je nach individuellem Medizinprodukt gewichtige Gesundheitsrisiken ergeben. Sterilverpackungen etwa verlieren dadurch, dass die Sterilverpackung mit der Zeit porös wird, ihre Sterilität.[712] Sie garantieren daher die Sterilität ihres Inhaltes regelmäßig nur bis zum Ablauf einer begrenzten Zeit.[713] So können beispielsweise durch eine altersbedingt brüchige Versiegelung Keime in die Verpackung eines Verbands eindringen, mit dem eine Wunde versorgt wird. Dies kann zu erheblichen gesundheitlichen Beschwerden bis hin zum Tod führen.

Der Schutz der Norm knüpft unmittelbar an den der bis hier erläuterten MDR- bzw. MPDG-Normen an. § 12 Nr. 2 MPDG schützt nun vor Produkten, die mangelfrei und mangelverdachtsfrei bis zur Gesundheitseinrichtung, in der sie verwendet werden sollen, gelangt sind, deren Mangelfreiheit durch Zeitablauf aber nicht mehr gewährleistet ist.

---

711 So *Lücker*, in: Spickhoff MPDG § 12 Rn. 3.

712 OLG Frankfurt, Urt. v. 5.5.2003 – 1 U 138/00 [unveröff.]; *Hill/Schmidt* WiKo MPR § 4 MPG Rn. 8, m.w.N.

713 *Esser*, Einmalprodukte, S. 17.

Die Gefährlichkeit abgelaufener Produkte wurde vom europäischen Gesetzgeber bereits vor der Novellierung des Medizinprodukterechts erkannt; schon zu diesem Zeitpunkt wurde – anders als im US-Recht mit einem Mindesthaltbarkeitsdatum – auf ein striktes Verfallsdatum gesetzt.[714] Ein Mindesthaltbarkeitsdatum ist der Zeitpunkt, bis zu dem das Produkt bei angemessener Aufbewahrung seine spezifischen Eigenschaften bewahrt.[715] Es bedeutet zwar grundsätzlich nicht, dass das betreffende Produkt danach gesundheitsgefährdend ist. Gerade aber bei Medizinprodukten ist aufgrund deren Beschaffenheit und Einsatzgebiet besondere Zurückhaltung geboten, sodass die europäische Lösung mit dem Verfallsdatum treffender ist. Dies wurde auch in die neuen EU-Verordnungen übernommen, an denen an einigen Stellen das „Verfallsdatum“ genannt wird, vgl. etwa Anhang VI, Teil B Nr. 3, Teil C zur UDI-PI sowie Teil C Nr. 3.5.[716]

II. Schutzgesetzeigenschaft

Dabei wird erneut wörtlich im Normtext erwähnt, dass die Norm die Sicherheit von „Patienten, Anwender(n) oder Dritte(n)“ schützt. Somit ist Individualschutz beabsichtigt. Zwar kann ein mangelverdächtiges oder abgelaufenes Medizinprodukt noch immer sicher sein und wenn nicht, ist es genau genommen mangelhaft, also auch ein Verstoß gegen die „direktere“ Norm § 11 MPDG. Das Betriebs- und Anwendungsverbot für mangelverdächtige und abgelaufene Medizinprodukte ist letztlich auch eine gesetzlich vorgeschriebene Modalität, wie vermieden werden kann, dass mangelhafte Medizinprodukte angewendet oder betrieben werden. Dennoch kann bei dem „begründeten Verdacht“ der Mangelhaftigkeit ohne wesentliche Zwischenschritte ein Schaden eintreten, wenn dieses Produkt betrieben oder angewendet wird. Genau dieses Betreiben oder Anwenden verbietet die Norm, sodass ein Zuwiderhandeln eine „konkrete Angriffsart“ darstellen kann.

---

714 *Esser*, Einmalprodukte, S. 17, zum damaligen deutschen MPG, *Hill/Schmidt* WiKo MPR § 4 MPG Rn. 8.

715 Definition im Lebensmittelrecht, so *Rathke*, in: Zipfel/Rathke LebensmittelR MilchErzV § 3 Rn. 50; *Grube*, in: Voit/Grube LMIV Art. 24 Rn. 14 sowie amtl. Begr. (BR-Drucks. 418/81) zu § 7 LMKV.

716 An denselben Stellen der IVDR wird ebenso das Wort „Verfallsdatum“ verwendet.

Beide Nrn. des § 12 MPDG sind damit Schutzgesetze i.S.d. § 823 Abs. 2 BGB,[717] wobei in der Regel zusätzlich § 11 MPDG verletzt sein dürfte, wenn tatsächlich ein Schaden entsteht.

D. Verbote zum Schutz vor Fälschungen

I. Umsetzung der Medicrime-Konvention

Die Vorschrift § 13 Abs. 1 MPDG dient der Umsetzung der „Medicrime-Konvention“[718]; insbesondere von deren Art. 5 Abs. 1 und Art. 6 Abs. 1.[719] In dieser haben sich die unterzeichnenden Staaten, so auch die Bundesrepublik Deutschland, in Art. 6 Abs. 1 verpflichtet, „die erforderlichen gesetzgeberischen und sonstigen Maßnahmen zu treffen, um die Abgabe oder das Angebot zur Abgabe, die Vermittlung von Arzneimitteln und Medizinprodukten, von gefälschten Wirkstoffen, Hilfsstoffen, Teilen und Materialien und gefälschtem Zubehör sowie dem Handel mit diesen, einschließlich ihrer Bevorratung, Ein- und Ausfuhr, wenn vorsätzlich begangen, nach nationalem Recht als Straftat zu umschreiben.“

II. Die Pflicht im Einzelnen

1. Ge- oder Verbot

In § 13 Abs. 1 MPDG wird verboten, gefälschte Produkte[720] sowie gefälschte Teile und Komponenten herzustellen, zu lagern, in den Geltungsbereich der MPDG, also nach Deutschland, zu verbringen, zur Abgabe anzubieten, in den Verkehr zu bringen, in den Betrieb zu nehmen, auf dem Markt bereitzustellen oder aus dem Geltungsbereich der MPDG zu verbringen. In § 92 Abs. 1 Nr. 1 und Nr. 3 MPD G befindet sich die aufgrund Art. 6 Abs. 1 Medicrime-Konvention erforderliche Strafandrohung für die vorsätzliche Begehung, wobei Nr. 1 das Einbringen in (§ 13 Abs. 1 Var. 3 MPDG) und Ausbringen aus dem Geltungsbereich des MPDG (Var. 8) erfasst; Nr. 3 das Herstellen (Var. 1), Lagern (Var. 2) das Anbieten zur

---

717 So auch *Baumann*, in: Lücker/Baumann MedProdR, Kap. B 16/7; *Lücker*, in: Spickhoff MPDG § 12 Rn. 2; *Jäkel*, in: HK-AKM 3590 Rn- 212.

718 Übereinkommen des Europarats vom 28.10.2011 über die Fälschung von Arzneimittelprodukten und ähnlichen Verbrechen, die eine Bedrohung der öffentlichen Gesundheit darstellen.

719 *Häberle*, in: Erbs/Kohlhaas MPDG § 13 Rn. 1.

720 Zur Relevanz von § 13 i.V.m. §§ 92 ff MPDG für die Bekämpfung von Fälschungen s. *Schneider*, in: FS Gassner S. 293 ff.

Abgabe (Var. 4), das Inverkehrbringen (Var. 5), die Inbetriebnahme (Var. 6) und das Bereitstellen auf dem Markt (Var. 7).

In § 92 Abs. 7 MPDG ist die fahrlässige Begehung der Varianten 1, 2, 4, 5, 6 und 7 (vgl. § 92 Abs. 1 Nr. 1) mit Strafe bedroht. Varianten 3 und 8 (vgl. § 92 Nr. 3 MPDG) sind gemäß § 94 Abs. 1 MPDG Ordnungswidrigkeiten und mit Bußgeld bewehrt. Das Verbringen eines gefälschten Produkts in oder aus dem Geltungsbereich des MPDG wird in § 93 Abs 1 Nr. 1 MPDG unter Strafe gestellt.

Ein Verstoß kann aufgrund der besonderen Gefährlichkeit gefälschter Medizinprodukte unmittelbar zu einem Gesundheitsschaden an Patienten oder Anwendern führen. Gefälschte Medizinprodukte gefährden „schon ihrem Wesen nach die öffentliche Gesundheit ernstlich", vgl. Präambel der Medicrime-Konvention. Gefälschte Medizinprodukte sind nicht rechtmäßig mit dem CE Kennzeichen versehen; sie sind deshalb nicht rechtmäßig im Verkehr und auch nicht verkehrsfähig im europäischen Binnenmarkt.[721]

2. *Individualschutz und geschütztes Interesse*

Fraglich ist, ob in Abs. 1 Individualschutz bezweckt werden soll. Die Medicrime-Konvention, die mit der Norm umgesetzt werden soll, dient dem Schutz vor der „Bedrohung der öffentlichen Gesundheit". Dies wird im Titel sowie in der Präambel der Medicrime-Konvention dargelegt. Die öffentliche Gesundheit ist zunächst „nur" ein Allgemeingut. Zudem sind gefälschte Produkte nicht per se gesundheitsgefährdend, sondern können auch „nur" problematisch im Hinblick auf das geistige Eigentum sein. Allerdings reicht es für die Bejahung des Individualschutzes aus, dass die Norm auch das Individualinteresse schützen soll; es ist unerheblich, ob in erster Linie das Interesse der Allgemeinheit bedient werden soll. Der Schutz muss im Aufgabenbereich der Norm liegen und kein bloßer Reflex sein.[722]

In seinem Gesamtkontext gilt das MPDG der Verbesserung der Patientensicherheit, der Gewährleistung eines reibungslos funktionierenden Binnenmarktes für Medizinprodukte sowie von hohen Standards für die Qualität und Sicherheit von Medizinprodukten, wobei letztgenanntes Ziel ebenfalls letztlich der Patientensicherheit dient. Auch das Verbot des Verfahrens mit gefälschten Medizinprodukten vermittelt zumindest auch einzelnen Personen unmittelbaren Schutz vor unsicheren Medizinprodukten. Dieser Schutz war auch beabsichtigt. Durch das Zuwiderhandeln kann ohne weitere Zwischenschritte ein Schaden entstehen.

---

721 *Rehmann*, in: Rehmann/Wagner MP-VO, Einführung Rn. 68.

722 BGH, Urt. v. 10.2.2011 – I ZR 136/09, EuZW 2011, 440 (441 Rn. 18).

Geschütztes Interesse ist dabei dasjenige an der Benutzung von nicht gefälschten Medizinprodukten, die, wie es MDR- und IVDR-Verordnungen vorgeben, einem bestimmten Herstellungsprozess folgen, bestimmte Standards erfüllen und zertifiziert sind.

III. Ergebnis

Auch § 13 Abs. 1 MPDG ist Schutzgesetz i.S.d. § 823 Abs. 2 BGB.[723]

E. Pflichten bei Abgabe von Prüfprodukten und Produkten für Leistungsstudien

§ 14 MPDG bestimmt die Voraussetzungen für die Abgabe von Prüfprodukten i.S.d. Art. 2 Nr. 46 der MDR-Verordnung. Dabei soll Art. 21 Abs. 1 lit. a) der MDR umgesetzt werden.

I. Prüfprodukte

Prüfprodukte sind solche, die einem Prüfer für die Zwecke klinischer Prüfung zur Verfügung gestellt werden, Art. 21 Abs. 1 Nr. 1 a) MDR; ein Produkt für Leistungsstudien ist ein solches, das von einem Hersteller zur Verwendung in einer Leistungsstudie bestimmt ist, vgl. Art. 2 Nr. 45 IVDR. Sie werden Laboratorien oder anderen Einrichtungen zu diesem Zweck geliefert, vgl. Art. 19 Abs. 1 IVDR. Die MDR und die IVDR legen in den jeweiligen Kapiteln VI zur klinischen Prüfung bzw. zur Leistungsstudie lediglich die Voraussetzungen für den Beginn und die Durchführung der Prüfung bzw. Studie fest, nicht aber die Anforderungen an die Abgabe der Produkte. Insofern ist § 14 MPDG als nationale Ergänzung zu sehen.[724]

II. Die Pflicht im Einzelnen

1. Ge- oder Verbot

§ 14 MPDG gilt als Ge- und Verbot zugleich. Es werden Rahmenbedingungen gesetzt, wann ein Prüfprodukt abgegeben werden darf; daraus ergibt sich e contrario, dass es, wenn diese Bedingungen nicht erfüllt werden, nicht zur Prüfung abgegeben werden darf. Dabei wird auf Art. 62 Abs. 4 lit. l) MDR verwiesen, der die Vorgaben konkretisiert: Das betreffende Prüfprodukt muss den grundlegenden Sicherheits- und Leistungsanforderungen entsprechen mit Ausnahme der Punkte, die Gegenstand der klinischen Prüfung sind. Hinsichtlich dieser noch zu prüfenden Punkte

---

723 So auch *Baumann,* in: Lücker/Baumann MedProdR, Kap. B 16/7.

724 *Lücker,* in: Spickhoff MPDG § 14 Rn. 1

müssen alle Vorsichtsmaßnahmen zum Schutz der Gesundheit und der Sicherheit der Prüfungsteilnehmer getroffen worden sein. Ein Prüfprodukt, das in nicht zu prüfenden Punkten nicht den grundlegenden Sicherheits- und Leistungsanforderungen entspricht, kann den Prüfer oder ggf. Prüfungsteilnehmer direkt im Sinne einer „konkreten Angriffsart" an seinen Rechtsgütern schädigen.

Es gibt zwar eine Bußgeldandrohung für den Fall, dass ein solches Prüfprodukt entgegen den europarechtlichen Vorgaben nicht abgegeben wird, nicht aber für einen Verstoß gegen diese Vorgaben.[725] Ferner kann sanktioniert werden, wenn mit einer klinischen Prüfung oder Leistungsstudie entgegen der gesetzlichen Vorgaben begonnen wird oder sie entgegen der Vorgaben durchgeführt wird, § 93 Abs. 1 Nrn. 2-4 MPDG.

2. *Individualschutz*

Fraglich ist aber, ob § 14 MPDG eine Vorschrift ist, die zumindest auch dazu gedacht ist, Individualschutz zu gewähren.

a) Für Teilnehmer an den Prüfungen

Für die Teilnehmer von Prüfungsstudien ist die Schutzgesetzeigenschaft gewiss zu bejahen. Schließlich werden nicht CE-zertifizierte Medizinprodukte an ihnen angewandt. Die Vorgaben, diese Anwendung so sicher wie möglich zu gestalten, dienen demnach unmittelbar deren Schutz; dies ist auch vom Gesetzgeber gewollt.

b) Schutzadressateneigenschaft des Prüfers

Dabei stellt sich insbesondere die Frage, ob auch der Prüfer selbst Schutzadressat sein kann. Explizit genannt als Schutzgüter sind in der MDR nur die „Gesundheit und der Sicherheit der Prüfungsteilnehmer". Der Prüfer übt einen Beruf aus, durch den er aufgrund der dafür erforderlichen wissenschaftlichen Kenntnisse und Erfahrung bei der Patientenbetreuung in dem betreffenden Mitgliedstaat anerkanntermaßen für die Rolle als Prüfer qualifiziert ist, vgl. Art 62 Abs. 6 S. 1 MDR. Dabei besteht in der Regel eine vertragliche Beziehung[726] zu dem Hersteller, für den der Prüfer die Prüfung durchführt, die zu Schadensersatzansprüchen verhilft. Weiter gehört es auch zu einem gewissen „Berufsrisiko" des Prüfers, dass ein Prüfprodukt mangelhaft sein könnte. Der Prüfer selbst dient geradezu der Sicherheit der Produkte vor deren Inverkehrbringen und somit der Sicherheit von Patienten und Ärzten dadurch, dass er die Produkte prüft. Es könnte daher daraus

725 *Häberle*, in: Erbs/Kohlhaas MPDG § 14 Rn. 1, m.w.N.

726 Zu Zeiten des MPG *Sträter*, NZS 2020, 530 (531).

gefolgert werden, dass der Prüfer kein geeigneter Schutzadressat im Sinne eines Schutzgesetzes sei; § 14 MPDG im Bezug auf den Prüfer selbst somit eine Vorschrift sei, die bloß den Ablauf des Prüfverfahrens bzw. den Zustand beschreibt, den ein Medizinprodukt haben muss, damit das Prüfverfahren als nächster Schritt begangen werden kann.

Allerdings kann andererseits für den Prüfer nur dann ein „Berufsrisiko" angenommen werden, wenn das Produkt in einem der Punkte, die Gegenstand der klinischen Prüfung sind, mangelhaft ist bzw. den grundlegenden Sicherheits- und Leistungsanforderungen nicht entspricht. Eine Mangelhaftigkeit in jedem anderen Punkt wäre für den Prüfer ebenso überraschend wie für alle anderen. Der Prüfer kann und darf trotz seiner Eigenschaft, Prüfer zu sein, erwarten, dass das zu prüfende Produkt in allen nicht zu prüfenden Aspekten den grundlegenden Sicherheits- und Leistungsanforderungen entspricht. Diejenigen Punkte, die Gegenstand der klinischen Prüfung sind, sind explizit ausgenommen.

c) Zwischenergebnis

Die Norm vermittelt daher Individualschutz für Teilnehmende an den Prüfungen sowie für den Prüfer selbst.

III. Ergebnis

Somit ist auch § 14 MPDG Schutzgesetz i.S.d. § 823 Abs. 2 BGB.

F. Pflichten bei Bereitstellen von Sonderanfertigungen auf dem Markt

§ 15 MPDG stellt Regeln für das Bereitstellen von Sonderanfertigungen auf dem Markt auf. Dies dient der Umsetzung von Art. 21 Abs. 1 lit. b) MDR.[727]

I. Sonderanfertigungen

Sonderanfertigungen definieren sich nach der MDR als Produkte, die speziell gemäß einer schriftlichen Verordnung einer aufgrund ihrer beruflichen Qualifikation nach den nationalen Rechtsvorschriften zur Ausstellung von Verordnungen berechtigten Person angefertigt werden, die eigenverantwortlich die genaue Auslegung und die Merkmale des Produkts festlegt, das nur für einen einzigen Patienten bestimmt ist, um ausschließlich dessen individuellen Zustand und dessen individuellen Bedürfnissen zu entsprechen, vgl. § 3 MPDG i.V.m. Art. 2 Nr. 3 MDR. Dies ist etwa bei Zahnersatz der Fall.

---

727 *Häberle*, in: Erbs/Kohlhaas MPDG § 15 Rn. 1.

II. Die Pflichten im Einzelnen

Für die Abgabe müssen die Sonderanfertigungen den für sie anwendbaren grundlegenden Sicherheits- und Leistungsanforderungen entsprechen, vgl. § 15 Nr. 1 MPDG. Zu deren Erfüllung muss ein Konformitätsbewertungsverfahren nach Art. 52 Abs. 8, Anhang XIII MDR durchgeführt werden, vgl. § 15 Nr. 2 MPDG. Zudem gibt es für Sonderanfertigungen eigene Dokumentationspflichten (Anhang XIII Nr. 2 MDR), eine Produktbeobachtungspflicht (Anhang XIII Nr. 5 MDR) sowie eine Meldepflicht für schwerwiegende Vorkommnisse (Art. 87 Abs. 1 MDR).[728]

1. Ge- oder Verbot

Durch die Formulierung ergibt sich erneut ein Gebot, das zugleich ein Verbot darstellt. Sonderanfertigungen dürfen nicht auf dem Markt bereitgestellt werden, wenn sie den Anforderungen nicht entsprechen. In § 92 Abs. 3 Nr. 6 oder Nr. 7 bzw. § 93 Abs. 3 Nr. 8 oder Nr. 9 MPDG findet sich eine Strafandrohung für das Inverkehrbringen und die Inbetriebnahme von Sonderanfertigungen ohne das zuvor erfolgreich durchgeführte Konformitätsbewertungsverfahren. Bei implantierbaren Sonderanfertigungen wie z.B. Hüftgelenken oder Zahnprothesen ergibt sich ebenso eine Strafbarkeit für Inverkehrbringen und Inbetriebnahme aus § 92 Abs. 3 Nr. 7 bzw. § 93 Abs. 3 Nr. 9 MPDG. Das Zuwiderhandeln gegen die Verpflichtung, einer Sonderanfertigung die Erklärung gem. Art. 21 Abs. 2, Anhang XIII MDR beizufügen, ist eine Ordnungswidrigkeit gem. § 94 Abs. 3 Nr. 1 MPDG. Für das Bereitstellen auf dem Markt wie in § 15 MPDG geregelt, findet sich weder Straf- noch Bußgeldandrohung.[729]

2. Individualschutz

Das Verbot des Bereitstellens ungeprüfter oder mangelverdächtiger Produkte auf dem Markt schützt diejenigen Personen, die diese auf dem Markt erwerben und einsetzen bzw. die Personen, an denen sie eingesetzt werden. Personen, die eine Sonderanfertigung benötigen, sind in besonderem Maße den Personen „ausgeliefert", die im Produktions-/Herstellungs-, Anpassungs- und Beratungsvorgang involviert sind. Individualschutz ist somit bezweckt. Die Zuwiderhandlung gegen diese Anforderungen per se jedoch kann – mit Ausnahme des Verstoßes gegen die Pflicht zur Einhaltung der grundlegenden Sicherheits- und Leistungsanforderungen – nicht ohne weitere Zwischenschritte zu einem Schaden führen. Falls

---

728 *Lücker*, in: Spickhoff MPDG § 15 Rn. 3.
729 *Häberle*, in: Erbs/Kohlhaas MPDG § 15 Rn. 2.

doch, ist die Anforderung, dass das Produkt den grundlegenden Sicherheits- und Leistungsanforderungen entsprechen muss, verletzt. Die Verletzung dieser Norm ist dann unmittelbar anspruchsverschaffend.

3. Ergebnis

Daher kann die Eigenschaft, Schutzgesetz i.S.d. § 823 Abs. 2 BGB zu sein, für § 15 MPDG nur bezüglich der Einhaltung der grundlegenden Sicherheits- und Leistungsanforderungen bejaht werden.

G. Ausstellen von nicht verordnungskonformen Produkten

In § 16 Abs. 1f. MPDG gibt es gewisse Regelungen für das Ausstellen und Vorführen von Produkten, deren Konformität mit MDR oder IVDR noch nicht besteht.

In Abs. 3 wird erläutert, dass ausgestellte In-vitro-Diagnostika nicht an Proben von Ausstellungsbesuchern verwendet werden dürfen.

I. Die Pflichten im Einzelnen und Schutzgesetzeigenschaft

1. Ausstellung nichtkonformer Produkte

Die MDR und die IVDR gehen grundsätzlich von der Prämisse aus, dass nicht verordnungskonforme Produkte eine Gefährdung darstellen können. Wenn Produkte, deren Konformität noch nicht hergestellt wurde, dennoch der Öffentlichkeit zugänglich gemacht werden – etwa bei einer Messe – erfordert das einen besonderen Schutz des Publikums. Wenn diese Produkte ausgestellt werden, muss ein gut sichtbares Schild ausdrücklich darauf hinweisen, dass diese Produkte lediglich zu Ausstellungs- und Vorführzwecken bestimmt sind und erst bereitgestellt werden können, wenn ihre Konformität hergestellt ist (§ 16 Abs. 1 MPDG). Wenn das Produkt auch vorgeführt wird, dann müssen die erforderlichen Vorkehrungen zum Schutz von Personen getroffen werden, § 16 Abs. 2 MPDG. Welche Vorkehrungen die jeweiligen Akteure für erforderlich halten, ist primär ihnen überlassen.

Die Norm vermittelt durch die Verpflichtung, über die fehlende Konformität zu informieren (Abs. 1) sowie weitere Vorkehrungen zum Schutz zu treffen (Abs. 2) unmittelbar Schutz für die Ausstellungsbesucher. Somit kann bezüglich § 16 Abs. 1 sowie Abs. 2 MPDG die Eignung als Schutzgesetz i.S.d. § 823 Abs. 2 BGB bejaht werden.[730]

730 Zur Vorgängerregelung im MPG *Wagner*, in: Rehmann/Wagner MPG § 12 Rn. 18; für das MPDG bestätigend *Lücker*, in: Spickhoff MPDG § 16 Rn. 4.

2. *Vorführung eines nichtkonformen In-vitro-Diagnostikums*

In-vitro-Diagnostika, deren Konformität mit der IVDR noch nicht hergestellt ist, dürfen nicht an Proben von Besuchern der Ausstellung vorgeführt werden dürfen (Abs. 3). Stattdessen sollen bei Vorführungen solcher In-vitro-Diagnostika Restproben i.S.d. § 3 Nr. 7 MPDG verwendet werden.[731] Ein Ausstellungsbesucher, der seine Probe zur Vorführung zur Verfügung stellt, könnte aufgrund der Nichtkonformität des IVD ein falsch-negatives oder falsch-positives Ergebnis erhalten. Er erfährt dieses im Rahmen der Vorführung in der Regel vor sämtlichen anderen interessierten Ausstellungsbesuchern, die Kollegen oder Bekannte sein können.

Außerhalb dieser unangenehmen Situation ist aber kein messbarer, unmittelbarer Schaden etwa an Körper oder Gesundheit durch das nichtkonforme In-vitro-Diagnostikum denkbar, da der Getestete auf ein falsch-negatives Ergebnis nicht im selben Maße vertrauen darf wie bei einem CE-zertifizierten Produkt. Somit muss für Abs. 3 die Eignung als Schutzgesetz verneint werden.

II. *Ergebnis*

Die Regelungen zur Vorführung von Medizinprodukten, deren Konformität noch nicht hergestellt ist (§ 16 Abs. 1, Abs. 2 MPDG), sind Schutzgesetze i.S.d. § 823 Abs. 2 BGB. Abs. 3, der die Vorführung von In-vitro-Diagnostika regelt, ist hingegen kein Schutzgesetz.

H. Nationale Regelungen für die klinische Prüfung

Im MPDG finden sich nationale Regelungen für die klinische Prüfung.

I. *Die Pflichten im Einzelnen und Schutzgesetzeigenschaft*

1. *Verbot der klinischen Prüfung an untergebrachten Personen*

§ 27 MPDG verbietet es, an auf Grund einer behördlichen Anordnung oder einer gerichtlichen Anordnung oder Genehmigung freiheitsentziehend untergebrachten Personen eine klinische Prüfung durchzuführen. Die MDR regelt in Art. 64f. die klinischen Prüfungen an Minderjährigen sowie Schwangeren oder Stillenden. In Art. 67 MDR wird unter anderem in Bezug auf Menschen, denen die Freiheit entzogen wurde, dem jeweiligen nationalen Mitgliedsstaat die Möglichkeit eingeräumt, zusätzliche nationale Maßnahmen zu ergreifen. Eine solche nationale Regelung stellt § 27 MPDG dar.[732] Sie dient dem Schutz der untergebrachten Per-

731 *Lücker*, in: Spickhoff MPDG § 16 Rn. 5.

732 So auch *Schriever/Wollersen*, in: Prütting MedR, MPDG § 27 Rn. 1.

sonen in individualschützender Weise. Es handelt sich damit um ein Schutzgesetz i.S.d. § 823 Abs. 2 BGB.

2. Regelungen zur Einwilligung in die Teilnahme an der klinischen Prüfung

In § 28 MPDG sind Regelungen zur Einwilligung in die Teilnahme bei einer klinischen Prüfung getroffen. Diese ergänzen Art. 63 MDR sowie Art. 82 Abs. 1 MDR. Diese schützen unmittelbar die Teilnehmenden an klinischen Prüfungen. Es handelt sich damit um Schutzgesetze i.S.d. § 823 Abs. 2 BGB.

3. Anforderungen an die Person des Prüfers

§ 30 MPDG regelt die Vorgaben zu den verschiedenen Prüfertypen. Der Hauptprüfer wird gemäß § 30 Abs. 1 MPDG vom Sponsor benannt. Er ist verantwortlich für diese Gruppe.[733]

In den Abs. 2 bis 5 werden zudem Voraussetzungen festgelegt, die die Eignung der Prüfer sicherstellen sollen. Dies müssen Ärzte oder Ärztinnen oder bei für die Zahnheilkunde bestimmten Medizinprodukten Zahnärzte oder Zahnärztinnen (Abs. 2 Nr. 1) sein. Ansonsten müssen sie oder zur Ausübung eines Berufs berechtigt sein, der zu einer klinischen Prüfung, einer Leistungsstudie oder einer sonstigen klinischen Prüfung qualifiziert (Abs. 3). Sie müssen ferner die Erfahrungen im Anwendungsbereich des zu prüfenden Produktes besitzen sowie in dessen Gebrauch ausgebildet und eingewiesen worden sein (Abs 2 Nr. 2), mit den Grundzügen des Medizinprodukterechts, den rechtlichen und wissenschaftlichen Grundlagen von klinischen Prüfungen, Leistungsstudien oder sonstigen klinischen Prüfungen, mit dem Prüfplan oder dem Leistungsstudienplan und dem Handbuch des klinischen Prüfers vertraut sein und in die sich daraus ergebenden Pflichten eingewiesen worden sein (Abs. 2 Nr. 3). Leiter kann gemäß Abs. 4 nur sein, wer eine mindestens zweijährige Erfahrung in der klinischen Prüfung bzw. in der Durchführung von klinischen Leistungsstudien aufweist. Diese Qualifikationen sind gemäß Abs. 5 durch einen aktuellen Lebenslauf und durch andere aussagefähige Dokumente nachzuweisen.

Zwar ist der Verstoß gegen die Anforderung, nur personell ausreichend qualifizierte Personen mit der Prüfung zu betrauen, nicht unmittelbar schädigend für die Teilnehmenden an der Prüfung. Gerade im Umgang mit nicht CE-zertifizierten Produkten, die im Rahmen dieser Prüfung erst als sicher eingeordnet werden sollen, ist ganz besonders darauf zu achten, dass die durchführende Person qualifiziert ist. Schließlich gibt es für dieses Produkt noch keine erprobten

---

733 *Schriever/Wollersen*, in: Prütting MedR MPDG § 30 Rn. 2.

„anerkannten Regeln der Technik“ (wie etwa für CE-zertifizierte Produkte, (vgl. etwa § 4 Abs. 1 MPBetreibV) und auch die Herstellerangaben sind gerade keine solchen, die erprobt sind und dementsprechend „garantieren“, dass die Anwendung des Produktes sicher ist. Die Anforderung an die Qualifikation des Prüfers ist somit eines der wichtigsten Instrumente um sicherzustellen, dass die Prüfung so sicher für die Teilnehmer ist, wie nur möglich. Mangels geprüfter Herstellerinstruktionen ist der Erfahrungsschatz und die Ausbildung des Prüfers unerlässlich für diese Sicherheit. Daher reicht in diesem Fall der nur mittelbar entstehende Schaden bei Zuwiderhandlung aus, um die Gebotseigenschaft i.S.d. § 823 Abs. 2 BGB zu bejahen. Es gibt keine konkretisierenden Normen, gegen die der nicht ausreichend qualifizierte Prüfer verstoßen könnte, die „näher am Schaden“ sind.

Die Anforderungen an die Person des Prüfers dienen in diesem Fall dem Schutz der Teilnehmenden an den Studien vor Fehler im Ablauf. Dies ist unmittelbar individualschützend. Daher handelt es sich um ein Schutzgesetz i.S.d. § 823 Abs. 2 BGB.

4. *Regeln für den Beginn der klinischen Prüfung oder Leistungsstudie*

In § 31 MPDG sind für den Beginn der klinischen Prüfung bestimmte Regelungen niedergeschrieben. Davon gilt Abs. 1 für Produkte der Klasse I und für nicht invasive Produkte der Klasse IIa. So darf nach Nr. 1 die zuständige Bundesoberbehörde innerhalb von zehn Tagen nach dem Validierungsdatum nicht widersprochen haben und die zuständige Ethik-Kommission muss hierfür eine zustimmende Stellungnahme abgegeben haben (Nr. 2). Für alle anderen Produkte gilt Abs. 2; demnach kann eine klinische Prüfung nur dann durchgeführt werden, wenn die zuständige Bundesoberbehörde hierfür explizit eine Genehmigung erteilt hat (Nr. 1) und die zuständige Ethik-Kommission hierfür eine zustimmende Stellungnahme abgegeben hat (Nr. 2). Die Ethik-Kommission ist somit stets zu beteiligen.

Ähnlich wird in § 31 a MPDG der Beginn der Leistungsstudie an einem In-vitro-Diagnostikum geregelt. Für Leistungsstudien mit verhältnismäßig geringem Risiko (Durchführung nach Art. 58 Abs. 1 lit. a) IVDR, d.h. anhand von Stichproben mittels chirurgisch-invasiver Verfahren ausschließlich zum Zweck der Leistungsstudie, bei der die Probenahme kein erhebliches klinisches Risiko für den Prüfungsteilnehmer darstellt) darf nach Nr. 1 die zuständige Bundesoberbehörde innerhalb von zehn Tagen nach dem Validierungsdatum nicht widersprochen haben und die zuständige Ethik-Kommission muss hierfür eine zustimmende Stellungnahme abgegeben haben. Eine Leistungsstudie nach Art. 58 Abs. 1 lit. b) oder c) IVDR (d.h. eine interventionelle klinische Leistungsstudie gemäß Art. 2 Nr. 46, bei der die Testergebnisse Auswirkungen auf Entscheidungen über das Patientenmanagement haben und/oder zur Orientierung der Behandlung verwendet werden, lit. b) oder die Durchführung der Studie zusätzliche invasive Verfahren oder andere Risiken für die Prüfungsteilnehmer beinhaltet, lit.c)) darf erst begonnen werden, wenn die zuständige Bundesoberbehörde hierfür eine Genehmigung erteilt und die zuständige Ethik-Kommission hierfür eine zustimmende Stellungnahme abgegeben hat.

Die Zuwiderhandlung ist gem. § 93 Abs. 1 Nrn. 2, 3 4 MPDG strafbar. So wird das unter Erlaubnisvorbehalt stehende Verbot von klinischen Prüfungen strafrechtlich abgesichert.[734]

Die Schutzgesetzeigenschaft ist aus den selben Gründen wie vorher zu bejahen.

II. Ergebnis

Die nationalen Regelungen zur Durchführung von klinischen Prüfungen sind Schutzgesetze i.S.d. § 823 Abs. 2 BGB, da sie die Freiwilligkeit der Teilnahme und Sicherheit der Durchführung der klinischen Prüfung schützen. Dies dient unmittelbar dem Schutz der teilnehmenden Personen.

I. Ergebnis MPDG

Aus dem MPDG sind Schutzgesetze das Betriebs- und Anwendungsverbot für mangelhafte Produkte und die Vorschriften zum Betreiben und Anwenden von Produkten (§ 11 MPDG beide Sätze), die Verbote zum Schutz von Patienten, Anwendern und Dritten (§ 12 MPDG), die Verbote zum Schutz vor Fälschungen und Täuschungen (§ 13 Abs. 1 MPDG), die Vorschriften zur Abgabe von Prüfprodukten und Produkten für Leistungsstudien (§ 14 MPDG), zum Bereitstellen von Sonderanfertigungen auf dem Markt die Anforderung, dass sie den grundlegenden Sicherheits- und Leistungsanforderungen entsprechen müssen (§ 15 MPDG), sowie die Regeln zum Ausstellen von nicht CE-gekennzeichneten Medizinprodukten (§ 16 Abs. 1 und Abs. 2 MPDG) und die nationalen Regelungen zur klinischen Prüfung (§§ 27, 28 und 30 ff MPDG).

§ 4 Zu den Normen aus der MPBetreibV

In § 1 MPBetreibV wird deren Anwendungsbereich definiert. Sie gilt für das Betreiben und Anwenden eines Medizinproduktes sowie für damit zusammen-

734 *Wostry*, MPJ 2023, 3 (6).

hängende Tätigkeiten.[735] Sie regelt die Pflichten für Betreiber und Anwender. § 11 S. 2 MPDG regelt, dass sämtliche Anforderungen der MPBetreibV einzuhalten sind.

A. Definitionen der Akteure der MPBetreibV

I. Betreiben/Betreiber

Das Betreiben eines Produkts knüpft direkt an die Nutzung an und umfasst vor allem die Inbetriebnahme sowie die Einweisung und Instandhaltung.[736] Betreiber eines Medizinproduktes ist nach § 2 Abs. 2 S. 1 MPBetreibV jede natürliche oder juristische Person, die für den Betrieb der Gesundheitseinrichtung verantwortlich ist, in der das Medizinprodukt durch dessen Beschäftigte betrieben oder angewendet wird. Betreiber kann daher etwa der Träger eines Krankenhauses oder der Inhaber einer Arztpraxis sein.[737] Nach § 2 Abs. 2 S. 2 MPBetreibV ist aber bei Medizinprodukten, die im Besitz eines Angehörigen der Heilberufe oder des Heilgewerbes sind und von diesem zur Verwendung in eine Gesundheitseinrichtung mitgebracht werden, der betreffende Angehörige des Heilberufs oder des Heilgewerbes der Betreiber. Dies sind z.B. Belegärzte,[738] aber auch etwa „fahrende" Anästhesisten oder ambulant tätige Physiotherapeuten, die jeweils ihr eigenes Equipment in eine Gesundheitseinrichtung mitbringen.[739]

Nach § 2 Abs. 2 S. 3 MPBetreibV ist der jeweils Verantwortliche für öffentlich zugängliche Medizinprodukte außerhalb von Gesundheitseinrichtungen Betreiber, etwa für einen an einem U-Bahngleis oder an einem öffentlichen Ort befindlichen Defibrillator[740], für einen Verbandskasten in einem Büro oder für einen Rollstuhl, den der Flughafen für den Transport in das Flugzeug zur Verfügung stellt. Medizinprodukte haben daher auch außerhalb eines klinischen bzw. medizinischen Settings stets einen Betreiber, nämlich denjenigen, der die Aufstellung des Medizinproduktes veranlasst.[741] Die Betreiber sind ergo nicht immer Angehörige

735 *Friedrich*, in: Münchner Anwaltshandbuch MedR § 17 Rn. 322.
736 *Friedrich*, in: Münchner Anwaltshandbuch MedR § 17 Rn. 322, m.w.N.
737 *Jäkel*, in: HK-AKM 3590 Rn. 149.
738 *Jäkel*, in: HK-AKM 3590 Rn. 150.
739 *Reischl/Kneuper/Westphal/Stock/Buchholz*, MPR 2018, 1 (3f.).
740 *Jäkel*, in: HK-AKM 3590 Rn. 151.
741 *Reischl/Kneuper/Westphal/Stock/Buchholz*, MPR 2018, 1 (4).

der Heilberufe. Betreiber können zudem unter bestimmten Umständen in die Position des Herstellers „aufrücken".[742]

Keine Betreiber waren nach Rechtsprechung des Bundesverwaltungsgerichts zur Rechtslage vor der Novellierung der MPBetreibV die gesetzlichen Kranken- und Pflegekassen oder private Krankenversicherungsunternehmen mit der Begründung, dass die tatsächliche Sachherrschaft fehle.[743] Nachdem es nach der neuen Definition in § 2 Abs. 2 S. 2 MPBetreibV nur noch auf die rechtliche Verantwortung für das Produkt ankommt, wird im Ergebnis zutreffend argumentiert, die Leistungsträger könnten einer Betreiberverantwortung nach MPBetreibV nunmehr entgehen, indem sie die Aufgaben, die sich aus den Betreiberpflichten ergeben, vertraglich an Dritte übertragen.[744] Im Rahmen der Lieferkette beginnt die Verantwortungssphäre des Betreibers damit, ausschließlich verkehrsfähige Medizinprodukte einzukaufen, welche eine CE-Kennzeichnung tragen. Die Gesundheitseinrichtungen sind verpflichtet, darauf zu achten, dass die von ihnen verwendeten Medizinprodukte über eine CE-Kennzeichnung verfügen; dürfen sich bei einer vorhandenen CE-Kennzeichnung aber auch darauf verlassen, dass das Produkt als Medizinprodukt verkehrsfähig ist.[745]

II. Anwenden/Anwender

Anwender i.S.d. MPBetreibV ist, wer ein Medizinprodukt am Patienten tatsächlich einsetzt, § 2 Abs. 3 MPBetreibV. Voraussetzung dafür ist aber zudem eine eigenverantwortliche Anwendung, um den Anwender vom bloßen „Bediener", welcher nicht Anwender ist, zu unterscheiden. Bediener kann etwa ein Bettnachbar oder Besucher im Krankenhaus sein, der gefälligerweise ein Medizinprodukt des betreffenden Patienten bedient.[746] Auch wenn etwa ein Pflegeschüler eine Infusionspumpe am Patienten anwendet und dabei nicht eigenverantwortlich handelt, ist Bediener; Anwender ist die beaufsichtigende Person.[747]

B. Allgemeine Anforderungen an Betrieb von Produkten

In § 4 MPBetreibV werden die allgemeinen Anforderungen an das Betreiben und Anwenden von Medizinprodukten geregelt.

---

742 *Knauer*, MPR 2016, 37 (37 u. 42); an dieser Stelle sollen aber nur die „echten" Betreiber- bzw. Anwenderpflichten behandelt werden.

743 BVerwG, Urt. v. 16.12.2003 – 3 C 47.02, NZS 2004, 528.

744 *Reischl/Kneuper/Westphal/Stock/Buchholz*, MPR 2018, 1 (4).

745 Zum Ganzen *Jäkel*, in Compliance, S. 477 (478f.).

746 Zum Ganzen *Jäkel*, in: HK-AKM 3590 Rn. 153.

747 *Jäkel*, in Compliance, S. 477 (468).

I. Die Pflichten im Einzelnen

1. Konformität des Betriebs und der Anwendung mit der Zweckbestimmung, der MPBetreibV und den allgemein anerkannten Regeln der Technik

Nach § 4 Abs. 1 MPBetreibV dürfen Medizinprodukte grundsätzlich nur entsprechend ihrer vom Hersteller gegebenen Zweckbestimmung, nach den Vorschriften der MPBetreibV und den allgemein anerkannten Regeln der Technik betrieben und angewendet werden. Hier wird dem Betreiber und Anwender – ähnlich etwa dem Hersteller in MDR bzw. IVDR – die Konformität des Betriebs bzw. der Anwendung mit den Regeln der MPBetreibV vorgeschrieben.[748]

Durch die Vorschrift, dass zusätzlich die Zweckbestimmung sowie die anerkannten Regeln der Technik eingehalten werden müssen, wird die Anforderung an den Betrieb bzw. die Anwendung noch einmal konkretisiert und der Pflichtenkatalog vertieft. Beispiele für das Zuwiderhandeln gegen Herstellerangaben wären etwa die Verwendung eines Darmkatheters für die Sondenernährung, obwohl dieser aus Gründen der Biokompatibilität nicht für eine Exponation gegenüber der Magensäure geeignet ist oder die Nichtbeachtung der Herstellervorgaben zur Lagerung des Patienten bei der Bedienung eines MRT-Geräts, sodass infolgedessen Verbrennungen aufgrund Kontaktstellen mit dem MRT auftreten.[749] Als Beispiel könnte auch genannt werden, dass ein Patient falsch im Bett fixiert wird: Wird der Patient nicht – wie es Hersteller vorschreiben und es auch den anerkannten Regeln der Technik in diesem Bereich entspricht – an den Fixierungsstreben fixiert, sondern am Pflegebett selbst, kann der Patient erhebliche Verletzungen durch Quetschungen erleiden, wenn das Pflegebett in eine aufrechtere Position gebracht wird.

Hierbei wird der Grundsatz der Verantwortung jedes Wirtschaftsakteurs für seine Sphäre weitergeführt. So gewährleistet der Hersteller etwa in seiner primären Pflicht zur Konformität aus Art. 5 Abs. 1, Abs. 2 MDR, aus der sich auch die Verpflichtung zur Einhaltung der grundlegenden Sicherheits- und Leistungsanforderungen, Art. 5 Abs. 2 MDR ergibt, dass das Produkt dann den Anforderungen der MDR genügt, wenn es sachgemäß geliefert, richtig installiert, korrekt instandgehalten und eben seiner Zweckbestimmung entsprechend verwendet wird. Diese Zweckbestimmung hat dann der Betreiber bzw. Anwender einzuhalten. Diese Pflicht ergänzt die Anforderung, keine mangelhaften oder mangelverdächtigen Produkte zu betreiben oder anzuwenden (vgl. § 11 MPDG) dergestalt,

---

748 Dazu siehe etwa § 1 I.

749 AG Köln, Urt. v. 28.02.2018 – 144 C 143/15, RDG 2018, 143.

dass die sicheren, konformen Produkte nun nicht durch falsches Anwenden oder Betreiben einen Schaden hervorrufen.

2. *Die personellen Anforderungen an den vom Betreiber eingesetzten Anwender*

In § 4 Abs. 2 MPBetreibV wird normiert, dass die vom Betreiber zur Anwendung eingesetzten Personen über die hierfür erforderliche Ausbildung oder Kenntnis und Erfahrung verfügen müssen. Die einzelnen Akteure werden zutreffend als einer der „vorwiegenden Risikobereiche“ für Fehler im Krankenhaus eingeordnet.[750] Dies liegt unter anderem daran, dass etwa in einem OP-Saal viele verschiedener Berufsgruppen zusammenwirken, deren Ansprüche, aber insbesondere deren medizinische Qualifikation oft sehr weit auseinander liegen, wozu teilweise noch sprachliche Barrieren hinzutreten.[751] Dass der Betreiber oder Anwender bestimmte personelle Voraussetzungen zu erfüllen hat, soll dem entgegenwirken. Es ist gemäß § 4 Abs. 5 MPBetreibV eine dem Betreiber auferlegte Pflicht, nur solche Personen mit der Anwendung eines Produkts zu betrauen, die gemäß § 4 Abs. 3 MPBetreibV in das betreffende Medizinprodukt eingewiesen sind.

Ausnahmen gelten für sogenannte selbsterklärende Medizinprodukte und wenn bereits eine Einweisung in ein baugleiches Medizinprodukt erfolgt ist. Die Einweisung setzt sich zusammen aus einer „medizinproduktrechtlichen Einweisung“ sowie einer „arbeitsschutzrechtlichen Unterweisung“[752], wobei die Art und Form nicht gesetzlich vorgeschrieben ist. Grundsätzlich ist es daher auch zulässig, diese durch Filme oder Software vorzunehmen, solange einfache Möglichkeiten zu Rückfragen und Korrekturen der einzuweisenden Personen vorhanden sind.[753]

Die Pflicht zur Einweisung in die Anwendung eines Medizinprodukts gilt ferner gegenüber Patienten, denen das Produkt für die Anwendung zuhause mitgegeben wird.[754] Dabei fällt die arbeitsschutzrechtliche Komponente selbstredend weg.

---

750 *Schmola M.*, in: Compliance, S. 407 (408).

751 *Schmola M.*, in: Compliance, S. 407 (411).

752 *Fehn*, ZMGR 2017, 91 (93).

753 *Reischl/Kneuper/Westphal/Stock/Buchholz*, MPR 2018, 1 (6), m.w.N.

754 *Reischl/Kneuper/Westphal/Stock/Buchholz*, MPR 2018, 1 (7).

3. *Überprüfung der Funktionsfähigkeit und des Zustands sowie Beachtung der Gebrauchsanweisung und sonstiger sicherheitsbezogener Informationen*

Ferner hat sich der Anwender vor der Anwendung nach § 4 Abs. 6 von der Funktionsfähigkeit und dem ordnungsgemäßen Zustand des Medizinproduktes zu überzeugen und die Gebrauchsanweisung sowie die sonstigen beigefügten sicherheitsbezogenen Informationen und Instandhaltungshinweise zu beachten. Diese Dokumente sind gemäß Abs. 7 so aufzubewahren, dass die für die Anwendung des Medizinproduktes erforderlichen Angaben dem Anwender jederzeit zugänglich sind. In Abs. 4 findet sich noch eine Regelung für verbundene Medizinprodukte und Zubehör: Diese dürfen nur dann betrieben und angewendet werden, wenn sie zur Anwendung in dieser Kombination unter Berücksichtigung der Zweckbestimmung und insbesondere der Patientensicherheit geeignet sind.

4. *Sonderregeln für Produkte mit Messfunktion*

§ 4 Abs. 8 MPBetreibV enthält eine gesonderte Regelung für Medizinprodukte mit Messfunktion (Medizinprodukte der Anlage II): Demnach dürfen solche nur dann betrieben und angewandt werden, wenn sie die Fehlergrenzen nach § 14 Abs. 1 S. 2 MPBetreibV einhalten. Diese Norm verweist auf den Leitfaden zu messtechnischen Kontrollen von Medizinprodukten mit Messfunktion der Physikalisch-Technischen Bundesanstalt. Die Einhaltung dieser Anforderungen wird durch messtechnische Kontrollen i.S.d. § 14 MPBetreibV überprüft.[755] Ein Zuwiderhandeln, d.h. das Betreiben oder Anwenden eines Medizinprodukts mit Messfunktion, das nicht die Fehlergrenzen einhält, ist nach § 17 Nr. 1 Alt. 1 MPBetreibV i.V.m. § 94 Abs. 2 Nr. 9 MPDG als Ordnungswidrigkeit eingestuft.

II. *Schutzgesetzeigenschaft*

Die allgemeinen Pflichten an Anwender und Betreiber dienen dem maximalen Schutz bei der Anwendung und beim Betrieb von Medizinprodukten sowie In-vitro-Diagnostika. Sie knüpfen unmittelbar an die geordnete Verteilung von Pflichten an die verschiedenen Wirtschaftsakteure der Lieferkette an. Ist das Produkt nun am Ende der Lieferkette am Endanwender bzw. Betreiber angelangt und haben alle Glieder dieser Kette vorher ihre Aufgaben erfüllt, sodass das Produkt unbeschädigt und MDR- bzw. IVDR-konform angekommen ist, so ist nun der letzte Akteur zur Einhaltung von Sicherheitspflichten angehalten, damit das mangelfreie Produkt auch sicher am Patienten angewendet wird.

---

755 vgl. *Friedrich*, in: Münchner Anwaltshandbuch MedR § 17 Rn. 328.

Die Pflichten eliminieren bekannte Risikofaktoren wie beispielsweise die Nutzung außerhalb der Zweckbestimmung, sog. Off-Label-Use[756] (§ 4 Abs. 1 MPBetreibV), die Anwendung durch nicht ausreichend qualifiziertes und eingeführtes Personal (Abs. 2, 3 und 5), die Anwendung ohne vorherige Überprüfung auf Sicherheit (Abs. 6 und 7) bzw. bei Messfunktionen auf Genauigkeit (Abs. 8) sowie die Anwendung von Kombinationen, die so nicht vorhergesehen oder nicht sicher sind (Abs. 4). Das Ziel der Patientensicherheit liegt dabei auf der Hand. Fraglich ist demnach nur noch, ob die Anforderungen als individualschützende Gebote i.S.d. § 823 Abs. 2 BGB subsumiert werden können.

1. Konformität des Betriebs und der Anwendung mit der Zweckbestimmung, der MPBetreibV und den allgemein anerkannten Regeln der Technik

Das MPBetreibV konforme Betreiben bzw. Anwenden aus § 4 Abs. 1 MPBetreibV ist – ähnlich der Pflicht zur Konformität mit der MDR/IVDR bei der Herstellung, oberste Pflicht des Betreibers bzw. Anwenders für seine Sphäre.[757] Die MPBetreibV stellt Regelungen für das Betreiben und Anwenden auf, die diese Tätigkeiten maximal sicher machen, genauso wie die allgemein anerkannten Regeln der Technik und die Herstellerzweckbestimmung, die subsidiär zu beachten sind.

a) Konformität mit MPBetreibV und anerkannten Regeln der Technik

Bei der Verpflichtung zur Konformität mit der MPBetreibV und den allgemein anerkannten Regeln der Technik nach § 4 Abs. 1 MPBetreibV handelt es sich um ein Schutzgesetz. Es dient unmittelbar der Sicherheit der Patienten, an denen Medizinprodukte und In-vitro-Diagnostika angewendet werden.

b) Einhalten der Herstellerzweckbestimmung

Fraglich ist allerdings, ob bei der Einordnung der Einhaltung der Herstellerzweckbestimmung als Schutzgesetz in einen zulässigen und eine unzulässigen Verstoß unterschieden werden muss: Denn nach einer im Vordringen befindlichen Auffassung soll ein Abweichen von der Zweckbestimmung des Herstellers grundsätzlich zulässig sein, sofern die Patientensicherheit hierdurch nachweislich nicht gefährdet wird.[758] So widerspräche es etwa nach einem aktuellen Urteil nicht dem ärztlichen Standard, Produkte im Rahmen eines sogenannten Mix and Match off-label zu kombinieren (etwa Prothesenschaft, Pfanne und Inlay bei Hüfttota-

---

756 *Jäkel*, in: HK-AKM 3590 Rn. 156.
757 dazu siehe ausführl. § 1 I.
758 vgl. *Friedrich*, in: Münchner Anwaltshandbuch MedR § 17 Rn. 323, m.w.N.

lendoprothesen), wenn dies grundsätzlich sicher erscheint. Dies unterliege der ärztlichen Therapiefreiheit.[759] Insofern würde es sich um keinen Behandlungsfehler handeln. Um Gleichlauf zu erreichen, wäre es denkbar, bei einem solchen zulässigen Off-Label-Use einen Schutzgesetzverstoß konsequenterweise ebenso zu verneinen und ihn nur für den unzulässigen Off-Label-Use zu bejahen. Die weiteren Entwicklungen in diesem Feld bleiben abzuwarten.

Doch auch das Einhalten der Herstellerzweckbestimmung kann als Schutzgesetz eingeordnet werden. Denn für einen nach neuester Rechtsprechung „zulässigen" Off-Label-Use ist es zwingend, dass „die Patientensicherheit nachweislich nicht gefährdet wird". Wenn diese aber ohnehin nicht gefährdet wird, kann der Verstoß in Gestalt des Off-Label-Use auch grundsätzlich zu keinem haftungsausfüllend kausalen Schaden führen. Ein solcher ist aber für den Anspruch i.S.d. § 823 Abs. 2 BGB in Verbindung mit der Schutzgesetzverletzung erforderlich. Ohne Schaden wird aber der Betreiber bzw. Anwender nicht aus der Schutzgesetzverletzung schadensersatzpflichtig, sodass kein Widerspruch zur neuesten Rechtsprechung darin liegt.

c) Zwischenergebnis

Im Ergebnis ist deswegen die Verletzung jedweder Herstellerzweckbestimmung eine Schutzgesetzverletzung.

2. *Die personellen Anforderungen an den vom Betreiber eingesetzten Anwender*

Die Anwendung des Medizinprodukts wird dadurch, dass nur qualifizierte Personen sie vornehmen, grundsätzlich sicherer, da eine bekannte Fehlerquelle im Ablauf eliminiert wird. Ein unqualifizierter Anwender läuft aufgrund seines geringen Erfahrungsschatzes Gefahr, in der Anwendung Fehler zu machen oder etwa nicht zu erkennen, dass es sich um ein mangelhaftes Medizinprodukt handelt, das nicht sicher angewendet werden kann und darf. Bei der Anwendung im Rahmen der MPBetreibV handelt es sich allerdings – im Vergleich zur Anwendung an Prüfungsteilnehmern im Rahmen einer klinischen Prüfung[760] um den Umgang mit CE-zertifizierten Produkten, für die es eine genormte, überprüfte Herstelleranweisung sowie erprobte „anerkannte Regeln der Technik" gibt. Der Anwender muss das Produkt gem. § 4 Abs. 1 MPBetreibV der Zweckbestimmung entsprechend, MPBetreibV-konform und den allgemein anerkannten Regeln ent-

759 KG Berlin, Urt. v. 17.10.2022 – 20 U 158/21, MPR 2023, 112.
760 Dazu siehe § 3 H. I 3.

sprechend anwenden. Ein Schaden kann nicht ohne weitere Zwischenschritte eintreten. Als weiterer Schritt ist es mindestens erforderlich, dass dem nicht qualifizierten Anwender auch ein Fehler unterläuft. Dann wiederum aber ist die Anforderung aus § 4 Abs. 1 MPBetreibV verletzt, welche Schutzgesetz ist. Ein Verstoß alleine gegen die personellen Anforderungen an den Anwender daher nicht kausal für einen Schaden. Im Vergleich dazu gibt es bei der Anwendung an Prüfungsteilnehmern im Rahmen einer klinischen Prüfung[761] all diese Verhaltensregeln noch nicht in dieser Form. Daher ist in diesem Fall keine Verhaltensnorm ersichtlich, die der – ggf. nicht ausreichend qualifizierte – Prüfer bei der Prüfung verletzen könnte, die näher am Schaden ist. Aus diesem Grund wurde bei den personellen Anforderungen an den Prüfer die Schutzgesetzeigenschaft bejaht.[762]

Die Lage bei der Anwendung von CE-zertifizierten, regulären Produkten ist eine andere. Daher ist die Vorschrift, ausschließlich qualifizierte Personen mit der Anwendung zu betrauen, in diesem Fall nur ein gesetzlich vorgeschriebenes Mittel, wie einem Verstoß gegen § 4 Abs. 1 MPBetreibV vorgebeugt werden könnte. Sie ist kein Schutzgesetz i.S.d. § 823 Abs. 2 BGB, kann aber als Verhaltensnorm bei der Ermittlung des Verschuldens herangezogen werden. Die Vorschrift dient der Verhinderung, dass ein Schutzgesetz verletzt wird.

3. *Überprüfung der Funktionsfähigkeit und des Zustands sowie Beachtung der Gebrauchsanweisung und sonstiger sicherheitsbezogener Informationen*

Bei der Vorgabe, die Funktionsfähigkeit zu überprüfen, handelt es sich nur um eine Konkretisierung, wie die Einrichtung sicherstellen kann, dass kein mangelhaftes Produkt verwendet wird. Dies ist gem. § 11 S. 1 MPDG verboten. Ein Verstoß gegen diese Überprüfungspflicht alleine führt nicht ohne weitere Zwischenschritte zu einem Schaden. Ein Schaden entstünde allenfalls mittelbar. Verletzt wäre dann aber die Pflicht aus § 11 S. 1 MPDG.

Die Beachtung der Gebrauchsanweisung und sonstiger sicherheitsbezogener Informationen ist eine Vorgabe, wie einem Verstoß gegen die Anforderung aus § 4 Abs. 1 MPBetreibV vorgebeugt werden kann, nämlich dem bzw. der der Zweckbestimmung entsprechenden, MPBetreibV-konformen und den allgemein anerkannten Regeln entsprechenden Betrieb und Anwendung. Auch hierbei führt ein Verstoß nicht ohne weiteres zu einem Schaden; falls ja, ist aber § 4 Abs. 1 MPBetreibV verletzt und „näher" am Schaden.

---

761 Dazu siehe § 3 H. I 3.

762 Dazu siehe § 3 H. I 3.

Die Anforderungen aus § 4 Abs. 6 MPBetreibV sind daher keine Schutzgesetze, können aber ebenso zur Ermittlung des individuellen Verschuldens an einem Schutzgesetzverstoß herangezogen werden.

4. Sonderregeln für Produkte mit Messfunktion

Durch das bloße Betreiben und Anwenden eines Produkts, dessen einziges Manko es ist, dass es nicht die zulässigen maximalen Messabweichungen einhält, kann noch kein Schaden entstehen. Zudem ist das Produkt dann mangelhaft, was wiederum einen Verstoß gegen § 11 S. 1 MPDG darstellt, wenn es betrieben oder angewendet wird. Aus diesem Grund ist diese Anforderung kein Schutzgesetz.

III. Ergebnis allgemeine Anforderungen an Anwendung und Betrieb

Daher kann aus den allgemeinen Anforderungen an die Anwendung und das Betreiben von Medizinprodukten nach § 4 MPBetreibV nur die Pflicht zum Betreiben und Anwenden entsprechend der Zweckbestimmung, der MPBetreibV und den allgemein anerkannten Regeln der Technik als Schutzgesetz i.S.d. § 823 Abs. 2 BGB eingeordnet werden.

C. Besondere Anforderungen

Die MPBetreibV hat ferner neben den allgemeinen Anforderungen noch eine Zahl an besonderen Anforderungen.

I. Für Tätigkeit nach MPBetreibV

1. Voraussetzungen

In § 5 Abs. 1 MPBetreibV sind bestimmte persönliche Voraussetzungen normiert, wenn für eine Tätigkeit nach der MPBetreibV besondere Anforderungen vorausgesetzt werden. Demnach muss derjenige, der diese Tätigkeit durchführt, hinsichtlich der jeweiligen Tätigkeit über aktuelle Kenntnisse aufgrund einer geeigneten Ausbildung und einer einschlägigen beruflichen Tätigkeit verfügen (Nr. 1), darf hinsichtlich der fachlichen Beurteilung keiner Weisung unterliegen (Nr. 2) und muss über die Mittel, insbesondere Räume, Geräte und sonstige Arbeitsmittel, wie geeignete Mess- und Prüfeinrichtungen, verfügen, die erforderlich sind, die jeweilige Tätigkeit ordnungsgemäß und nachvollziehbar durchzuführen (Nr. 3).

2. Schutzgesetzeigenschaft

Die verschärften persönlichen Anforderungen an die Qualifikation des Anwenders bei besonders verantwortungsvollen Tätigkeiten reduzieren die Gefahr durch unerfahrene und ungelernte Anwender weiter. Allerdings ist ein Verstoß alleine gegen die personellen Anforderungen an den Anwender nie kausal für einen Schaden; ein Schaden kann nicht ohne weitere Zwischenschritte eintreten. Der Anwender müsste dann erst einen Fehler machen; tut er dies, so ist aber § 4 Abs. 1 MPBetreibV verletzt. Die Verletzung dieses Gesetzes ist näher am Schaden. Die Anforderung in § 5 Abs. 1 MPBetreibV ist daher kein Schutzgesetz i.S.d. § 823 Abs. 2 BGB.[763]

II. Für aktive Produkte

Für aktive Produkte hält die MPBetreibV in § 10 MPBetreibV verschärfte Anforderungen bereit.

1. Anforderungen

Aktive Produkte, wie es beispielsweise Elektrokauter oder Narkosegeräte sind[764], dürfen nur betrieben werden, wenn der Hersteller oder eine dazu befugte Person das Medizinprodukt am Betriebsort einer Funktionsprüfung unterzogen hat (vgl. § 10 Abs. 1 Nr. 1 sowie Abs. 2 MPBetreibV) und grundsätzlich eine Einweisung der vom Betreiber zur Anwendung beauftragten Person erfolgt ist. Zur letztgenannten Vorschrift gibt es Ausnahmen, nämlich wenn eine Einweisung für ein baugleiches Medizinprodukt bereits erfolgt ist (vgl. Abs 1 a.E.) oder wenn das Medizinprodukt zur Anwendung durch Laien bestimmt ist (vgl. Abs. 4).

An eine Einweisung für aktive Produkte gilt die Anforderung, dass sie vom Hersteller oder einer dazu befugten Person zu erfolgen hat, vgl. § 10 Abs. 1 Nr. 2 MPBetreibV. Gegenüber den Vorgaben zur Einweisung bei anderen Medizinprodukten aus § 4 Abs. 3 MPBetreibV sind die Anforderungen konkreter und schärfer.[765] Die Einweisung muss ferner belegt werden, vgl. Abs. 3. Hierzu war bereits in der Vorversion der MPBetreibV umstritten, ob diese besondere Anforderung, nur für Ersteinweisungen gelte. Konkret hätte eine Bejahung in der Praxis die Folge, dass bei einem Personalwechsel der beauftragten Personen diese immer wieder erneut vom Hersteller eingewiesen werden müssten. Dazu wurde mit zutreffender Argumentation herausgearbeitet, dass Folgeeinweisungen auch durch vom Betreiber beauftragte Personen erfolgen könnten, wenn diese die Voraussetzungen erfüllten.[766]

---

763 Dazu siehe A. II. 2.

764 *Jäkel*, in: HK-AKM 3590 Rn. 159.

765 *Reischl/Kneuper/Westphal/Stock/Buchholz*, MPR 2018, 1 (7).

766 Zum Ganzen und vertieft s. *Lunkenheimer/Steinbach*, PKR 2002, 70f; i.E. auch *Jäkel*, in: Compliance, S. 477 (483); i.Erg. ebenso *Reischl/Kneuper/Westphal/Stock/Buchholz*, MPR 2018, 1 (6).

2. *Schutzgesetzeigenschaft*

Diese verschärften Anforderungen zur Zusammenarbeit mit dem Hersteller für aktive Produkte, deren Bedienung in der Regel komplexer und deren Fehlfunktion durch Fehlbedienung gravierende Folgen nach sich ziehen kann, reduziert die Gefährlichkeit dieser Produktgruppe. Die Schutzgesetzeigenschaft persönlicher Anforderungen an die Person des Anwenders, hier etwa, dass dieser durch eine besonders qualifizierte Person eingewiesen werden muss, wurde bereits verneint.[767] So auch hier: Aus der bloßen Verletzung dieser Norm entsteht noch kein Schaden; wenn aber ein Fehler in der Anwendung unterläuft, ist § 4 Abs. 1 MP-BetreibV verletzt.[768]

Ähnlich verhält es sich mit der Funktionsüberprüfung aus Nr. 1: Auch bei dieser Anforderung handelt es sich lediglich um eine gesetzlich vorgeschriebene Art und Weise, wie der Betreiber bzw. der Anwender (unter anderem) sicher gehen kann, nicht gegen §§ 11f. MPDG zu verstoßen. Demnach ist es verboten, mangelhafte (§ 11 MPDG) oder mangelverdächtige (§ 12 Nr. 1 MPDG) Produkte anzuwenden oder zu betreiben. Mittels Funktionsüberprüfung nach § 10 Abs. 1 Nr. 1 MPBetreibV kann sichergestellt werden, dass das Medizinprodukt an diesem Betriebsort fehlerfrei arbeitet. Ein Verstoß gegen die Funktionsüberprüfung alleine führt aber nicht ohne wesentliche Zwischenschritte zu einem Schaden, falls doch, ist § 11 MPDG und/oder § 4 Abs. 1 MPBetreibV verletzt. Diese Schutzgesetzverletzungen sind näher am Schaden. Daher ist § 10 Abs. 1 Nr. 1 MPBetreibV kein Schutzgesetz i.S.d. § 823 Abs. 2 BGB.[769]

III. *Implantierbare Medizinprodukte*

§ 15 MPBetreibV hält für implantierbare Medizinprodukte, etwa Gelenkersatz, weitere verschärfte Voraussetzungen bereit.

1. *Die Pflichten im Einzelnen*

Nach Abs. 1 ist die verantwortliche Gesundheitseinrichtung verpflichtet, unverzüglich nach Abschluss der Implantation eines Medizinproduktes die Informationen im Sinne des Art. 18 Abs. 1 MDR in einer Form bereitzustellen, die

---

767 Auch zur personellen Befähigung als besondere Anforderung a.A. zu § 5 Abs. 2 MP-BetreibV (a.F. v. 2017) *Heil/Mayer-Sandrock,* in: Anhalt/Dieners MedProdR § 23 Rn. 81, jedoch ohne Begründung.

768 Dazu vgl. A. II. 2.

769 Auch dazu a.A. *Heil/Mayer-Sandrock,* in: Anhalt/Dieners MedProdR § 23 Rn. 81 zur Vorgängerregelung § 10 Abs. 1, Abs. 2 MPBetreibV (a.F. v. 2017), jedoch ohne Begründung.

einen schnellen Zugang zu den Informationen ermöglicht und den Implantationsausweis zur Verfügung zu stellen. Für diesen sind in den lit. a) bis c) noch inhaltliche Voraussetzungen festgesetzt, die über die MDR-Anforderungen[770] hinausgehen. Diese Pflichten finden sich ähnlich auch in der MDR an den Hersteller; dieser muss die Informationen zusammen mit dem Produkt liefern, vgl. Art. 10 Abs. 11 MDR. Nur so kann die implantierende Stelle wiederum ihrerseits den eben genannten Pflichten nachkommen. Hierbei greifen die Pflichten der verschiedenen Wirtschaftsakteure bis hin zum Endverbleib im/am Patienten zahnradartig ineinander.

Ferner hat die implantierende Stelle nach Abs. 2 die Dokumentation zu diesen Implantaten, mit der Patienten im Falle von Sicherheitskorrekturmaßnahmen im Feld und sonstigen notwendigen Korrekturmaßnahmen eindeutig identifiziert und erreicht werden können, so aufzubewahren, dass der betroffene Patientenkreis innerhalb von drei Werktagen über den Typ und die Chargen- oder Seriennummer des Implantates sowie über den Namen des Herstellers und, sofern vorhanden, des Bevollmächtigten oder des Importeurs ermittelt werden kann.

2. Schutzgesetzeigenschaft

Es handelt sich um Pflichten in Form eines Gebotes i.S.d. § 823 Abs. 2 BGB, die dem Schutz von Patienten unmittelbar dadurch dienen, dass bei mangelverdächtigen Produkten besser nachverfolgt werden kann, welcher Patient genau von einem potenziellen Rückruf betroffen ist. Ein schnelleres und koordinierteres Rückrufverfahren spielt eine zentrale Rolle in der Post-Market-Sicherheit der Medizinprodukte und dient unmittelbar dem Schutz der betroffenen Patienten vor gravierenden Folgen, insbesondere bei Produkten, die sich erst Jahre nach der Implantation als mangelverdächtig herausstellen.

Daher kann die Schutzgesetzeigenschaft bejaht werden.[771]

IV. Ergebnis besondere Anforderungen

Nur die besonderen Anforderungen aus § 15 MPBetreibV für implantierbare Medizinprodukte sind Schutzgesetze i.S.d. § 823 Abs. 2 BGB. Sämtliche anderen Verhaltensnormen können relevant bei der Ermittlung eines Verschuldens sein; sie sind aber keine eigenständigen Schutzgesetze.

---

770 Siehe dazu § 1 A. XI.

771 Siehe dazu § 1 A. XI 1.

D. Vorschriften zur Instandhaltung und Aufbereitung

In § 7 sowie § 8 MPBetreibV sind weitere Anforderungen an die Instandhaltung und Aufbereitung der Produkte geregelt.

I. Instandhaltung

Die Verpflichtung, Medizinprodukte nach diesen Vorschriften instand zu halten, richtet sich ausschließlich an den Betreiber.[772] Sie wird nach § 7 Abs. 1 S. 1, S. 2 sowie S. 4 MPBetreibV definiert: Die Instandhaltung von Medizinprodukten umfasst insbesondere Maßnahmen wie etwa Inspektionen und Wartungen[773] und die Instandsetzung. Letztere beinhaltet primär die Reparatur zur Wiederherstellung der Funktionsfähigkeit.[774]

1. Die Pflichten im Einzelnen

Gemäß § 7 Abs. 1 S. 3 MPBetreibV lautet die erste Pflicht im Zusammenhang mit der Instandhaltung, dass sie unter Berücksichtigung der Angaben des Herstellers durchzuführen ist. Der Hersteller ist gemäß Art. 10 Abs. 11 MDR verpflichtet, diese Informationen beizulegen.[775] Er alleine hat Einblick in den Produktionsvorgang und in die Konzeption des Produkts. Seine Anforderungen an die Instandhaltung sind auf sein Produkt zugeschnitten. Der von ihm vorgegebene Weg ist somit der sicherste.

Der Betreiber darf mit der Instandhaltung nur Personen, Betriebe oder Einrichtungen beauftragen, die selbst oder deren Beschäftigte, die die Instandhaltung durchführen, die Voraussetzungen nach § 5 MPBetreibV erfüllen. Nach der Instandhaltung müssen die für die Sicherheit und Funktionstüchtigkeit der Medizinprodukte wesentlichen konstruktiven und funktionellen Merkmale geprüft werden, soweit sie durch die Maßnahmen beeinträchtigt werden können, vgl.§ 7 Abs. 3. Die durch den Betreiber mit diesen Prüfungen beauftragten Personen, Betriebe oder Einrichtungen müssen zudem ebenso die Voraussetzungen nach Abs. 2 erfüllen und bei der Durchführung und Auswertung der Prüfungen in ihrer fachlichen Beurteilung weisungsunabhängig sein, vgl. Abs. 4.

In § 17 MPBetreibV sind in Nr. 4 Verstöße gegen einzelne Vorgaben aus § 7 MPBetreibV als Ordnungswidrigkeiten klassifiziert. Nach Nr. 4 handelt zu-

---

772 *Jäkel*, in: HK-AKM 3590 Rn. 167.

773 *Jäkel*, in: Compliance, S. 477 (481).

774 *Jäkel*, in: Compliance, S. 477 (482).

775 Siehe dazu § 1 A. XI.

dem derjenige Betreiber ordnungswidrig, wer Personen mit der Instandhaltung beauftragt, die die personellen Anforderungen nicht erfüllen.

2. Schutzgesetzeigenschaft

Die Anforderungen an die Instandhaltung sollen das Risiko minimieren, dass gewisse Medizinprodukte durch Verschleiß oder schleichende Veränderungen mangelhaft werden oder ihre Zuverlässigkeit verlieren. Sie sind Gebote i.S.d. § 823 Abs. 2 BGB, da ein Verstoß ohne wesentliche Zwischenschritte potenziell zu einer Gesundheitsgefährdung oder zu einer Gefährdung anderer gewichtiger Rechtsgüter an betroffenen Patienten oder Ärzten führen kann.

Wird jedoch ein Produkt nicht richtig instand gehalten und führt dies zu dessen Mangelhaftigkeit, so ist zusätzlich die Pflicht aus § 11 MPDG verletzt, keine mangelhaften Produkte anzuwenden oder zu betreiben. Ein bloßer Verstoß gegen die Pflicht zur ordnungsgemäßen Instandhaltung hingegen kann nicht ohne weitere Zwischenschritt einen Schaden hervorrufen. Aus diesem Grund handelt es sich bei den Anforderungen aus § 7 MPBetreibV um keine Schutzgesetze i.S.d. § 823 Abs. 2 BGB. Sie sind ein gesetzlich vorgeschriebenes Mittel, um das Risiko zu minimieren, gegen § 11 MPDG zu verstoßen und stellen vielmehr die „im Verkehr erforderliche Sorgfalt" dar, die der Betreiber bzw. Anwender an den Tag zu legen hat. Ein Verstoß gegen diese Normen kann somit im Rahmen des Verschuldens in Gestalt der Fahrlässigkeit relevant werden; die maßgebende Schutzgesetzverletzung ist aber diejenige, keine mangelhaften bzw. mangelgefährdeten Produkte zu verwenden. Zudem dienen auch die Anforderungen an die Qualifikation und Erfahrung von zur Instandhaltung beschäftigten Personen zwar auch der Patientensicherheit; sind aber keine Schutzgesetze.[776]

II. Aufbereitung

In § 8 MPBetreibV sind die Anforderungen an die Aufbereitung von Medizinprodukten geregelt. Diese gelten für bestimmungsgemäß keimarm oder steril zur Anwendung kommende Medizinprodukte, vgl. Abs. 1, sowie für Medizinprodukte, die vor der erstmaligen Anwendung desinfiziert oder sterilisiert werden, vgl. S. 3.

Dabei wird grundsätzlich zwischen Medizinprodukten, die dazu bestimmt sind, mehrfach verwendet zu werden, und Einmalprodukten unterschieden.[777] Bei der Konzeption der MDR wurde auf europarechtlicher Ebene die Gelegenheit genutzt, die Aufbereitung gebrauchter medizinischer Einmalprodukte erstmals

776 Siehe dazu I.

777 *Friedrich*, in: Münchner Anwaltshandbuch MedR § 17 Rn. 342.

unionsgesetzlich zu regeln.[778] Dies allerdings war im Verfahren so umstritten, dass mit Art. 17 Abs. 1 MDR „nur ein weit von einer einheitlichen Lösung entfernter Kompromiss“[779] in der MDR normiert wurde: die Aufbereitung und Weiterverwendung von Einmalprodukten ist dann zulässig, wenn das nationale Recht sie gestattet. Diese nationale Regelung findet sich in § 8 Abs. 4, Abs. 5 sowie Abs. 6 MPBetreibV. Für die Aufbereitung von Einmalprodukten gibt es zwei Optionen: Entweder ist der Aufbereiter Hersteller und hat alle Herstellerpflichten einzuhalten, vgl. Art. 17 Abs. 2 MDR, oder die Einmalprodukte werden innerhalb der selben Gesundheitseinrichtung aufbereitet und verwendet. Dann kann der nationale Gesetzgeber nach Art. 17 Abs. 3 MDR beschließen, dass nur nationale Regelungen für diese Aufbereitung anwendbar sind, wobei dann nicht alle Herstellerpflichten gelten (müssen).[780]

1. *Die Pflichten im Einzelnen*

a) Mehrfach verwendbare Medizinprodukte

Bei mehrfach verwendeten Medizinprodukten ist die Aufbereitung gemäß § 8 Abs. 1 MPBetreibV unter Berücksichtigung der Angaben des Herstellers mit geeigneten validierten Verfahren so durchzuführen, dass der Erfolg dieser Verfahren nachvollziehbar gewährleistet ist und die Sicherheit und Gesundheit von Patienten, Anwendern oder Dritten nicht gefährdet wird. Der Hersteller ist gemäß Art. 10 Abs. 11 MDR verpflichtet, diese Angaben als Informationen beizulegen.[781] Dabei führen die Gesundheitseinrichtungen die Klassifizierung der Medizinprodukte durch. Eine Vermutung der ordnungsgemäßen Aufbereitung ergibt sich dann, wenn die gemeinsame Empfehlung der KRINKO und des BfArM zu den Anforderungen an die Hygiene bei der Aufbereitung von Medizinprodukten beachtet wird, s. § 8 Abs. 2 MPBetreibV.[782] Wird diese Vermutung im Einzelfall widerlegt oder war die Empfehlung nicht beachtet worden, muss der positive Nachweis einer ordnungsgemäßen Aufbereitung in einem geeigneten validierten Verfahren erbracht werden.[783] Dabei entspricht es auch bereits seit der vorherigen Version der MPBetreibV dem Usus, ein Medizinprodukt müsse

778 *Esser*, Einmalprodukte, S. 178, m.w.N.
779 *Gassner*, Neue Medizinprodukteverordnung, S. 31.
780 So auch *Jäkel*, MPR 2020, 144 (158).
781 vgl. oben § 1 A. XI.
782 s. RKI-Empfehlungen Bundesgesundheitsblatt 2012, 1244 ff.
783 So zur Rechtslage 2017 OVG Lüneburg, Beschl. v. 29.9.2017 – 13 LA 4/16, PharmR 2017, 554.

nach der Aufbereitung hinsichtlich der sicherheitsrelevanten Eigenschaften einem Neuprodukt entsprechen.[784]

b) Einwegprodukte

Die Anforderungen an die Aufbereitung von Einmalprodukten finden sich in § 8 Abs. 4, Abs. 5 sowie Abs. 6 MPBetreibV. Dazu müssen grundsätzlich die in Art. 17 MDR geregelten Regelungen sowie die der RKI-Empfehlung[785] erfüllt sein, vgl. § 8 Abs. 4 Nr. 1 sowie Nr. 2 MPBetreibV. In Abs. 5 ist für diejenigen aufbereiteten Einmalprodukte, die die Regelungen aus Art. 17 Abs. 3 lit. a)., lit. b) und Abs. 5 MDR erfüllen, eine Privilegierung hinsichtlich der Anforderungen an Hersteller vorgesehen, nach der kein Konformitätsbewertungsverfahren, keine Konformitätserklärung, kein CE-Kennzeichen, keine klinische Bewertung sowie keine Pflichten zur Aushändigung der konformitätsnachweisenden Unterlagen für sie gelten. Ferner ist die Gesundheitseinrichtung nach § 8 Abs. 6 MPBetreibV verpflichtet, bei der Aufbereitung von Einmalprodukten regelmäßige externe Begutachtungen von der zuständigen Benannten Stelle durchführen zu lassen.

c) Personelle Anforderungen

In § 8 Abs. 7 MPBetreibV finden sich für beide Formen der Aufbereitung noch Anforderungen an die Personen, die der Betreiber mit der Aufbereitung betrauen darf. Es dürfen nur solche Personen beauftragt werden, die selbst oder deren Beschäftigte, die die Aufbereitung durchführen, die Voraussetzungen nach § 5 hinsichtlich der Aufbereitung des jeweiligen Medizinproduktes erfüllen.

d) Ordnungswidrigkeiten im Zusammenhang mit der Aufbereitung

In § 17 MPBetreibV sind in den Nrn. 4-6 Verstöße gegen einzelne Vorgaben aus § 8 MPBetreibV als Ordnungswidrigkeiten klassifiziert. Nach Nr. 4 handelt ordnungswidrig, wer Personen mit der Aufbereitung beauftragt, die die personellen Anforderungen nicht erfüllen, gemäß Nr. 5, wer die Aufbereitung eines bestimmungsgemäß keimarm oder steril zur Anwendung kommenden Medizinproduktes bzw. die Desinfektion vor der erstmaligen Anwendung nicht richtig durchführt, und nach Nr. 6 derjenige, welcher ohne Zertifizierung ein mit besonders hohen Anforderungen an die Aufbereitung („Kritisch C") verbundenes Medizinprodukt aufbereitet.

---

784 Siehe dazu ebenso *Friedrich*, in: Münchner Anwaltshandbuch MedR § 17 Rn. 341 unter Verweis auf die RKI-Empfehlungen Bundesgesundheitsblatt 2012, 1244 ff.

785 s. unter a).

2. *Schutzgesetzeigenschaft*

Die Kriterien für das Verfahren zur Aufbereitung sollen die Medizinprodukte weiterhin so sicher wie möglich halten. Dabei war bis zur MDR umstritten, ob die Aufbereitung von Einmalprodukten wegen der potenziellen Gefährdung der Patientensicherheit nicht grundsätzlich unzulässig ist.[786] Aber auch die Aufbereitung von Produkten, die zur mehrfachen Verwendung vorgesehen sind, bietet Fehlerquellen.

Dennoch kann durch die fehlerhafte Aufbereitung nicht ohne Zwischenschritte ein Schaden entstehen. Wenn ein Produkt durch fehlerhafte Aufbereitung mangelhaft wird, so ist das relevante verletzte Schutzgesetz § 11 MPDG, welches die Anwendung und den Betrieb von mangelhaften Medizinprodukten verbietet. Aus diesem Grund handelt es sich bei den Anforderungen aus § 8 MPBetreibV um keine Schutzgesetze. Sie sind ein gesetzlich vorgeschriebenes Mittel, um das Risiko zu minimieren, gegen § 11 MPDG zu verstoßen.[787] Die personellen Anforderungen sind ebenso nicht als Schutzgesetze zu sehen.[788]

III. *Ergebnis Instandhaltung und Aufbereitung*

Die Pflichten für die Instandhaltung aus § 7 MPBetreibV und die Aufbereitung aus § 8 MPBetreibV sind keine Schutzgesetze i.S.d. § 823 Abs. 2 BGB. Sind die Produkte durch Aufbereitung oder Instandhaltung fehlerhaft geworden und werden sie dann angewendet, verstoßen Betreiber oder Anwender gegen § 11 MPDG, nach dem keine mangelhaften Produkte angewendet werden dürfen. Sie sind ein gesetzlich vorgeschriebenes Mittel, um das Risiko zu minimieren, gegen § 11 MPDG zu verstoßen und stellen vielmehr die „im Verkehr erforderliche Sorgfalt" dar, die der Betreiber bzw. Anwender an den Tag zu legen hat. Ein Verstoß gegen diese Normen kann somit im Rahmen des Verschuldens in Gestalt der Fahrlässigkeit relevant werden; die maßgebende Schutzgesetzverletzung ist aber diejenige, keine mangelhaften bzw. mangelgefährdeten Produkte zu verwenden.

E. Tiefergehende Sicherheitsmaßnahmen

Ferner sind in der MPBetreibV noch weitere Gesichtspunkte normiert, die für Betreiber und Anwender zur erhöhten Sicherheit zu beachten sind.

---

786 Siehe dazu *Friedrich*, in: Münchner Anwaltshandbuch MedR § 17 Rn. 342.
787 Siehe dazu auch die Ausführungen zur Instandhaltung unter I.2.
788 Siehe dazu etwa B. I. 2.

I. Beauftragter für Medizinproduktesicherheit

Gemäß § 6 Abs. 1 MPBetreibV muss in Gesundheitseinrichtungen mit regelmäßig mehr als 20 Beschäftigten sicher gestellt werden, dass eine sachkundige und zuverlässige Person mit medizinischer, naturwissenschaftlicher, pflegerischer, pharmazeutischer oder technischer Ausbildung als Beauftragter für Medizinproduktesicherheit bestimmt ist. Diese nimmt gemäß Abs. 2 die in den Nrn. 1-3 bezeichneten Aufgaben wahr. Somit werden sämtliche Melde- und Mitwirkungspflichten in einer zentralen Funktion gebündelt. Dies stellt sicher, dass die Verantwortlichkeiten für alle Beschäftigten innerhalb der Gesundheitseinrichtung klar und deutlich geregelt sind.[789]

Diese Beauftragten sind die zentrale Kontaktperson für Behörden, Hersteller und Vertreiber im Zusammenhang mit Meldungen über Risiken von Medizinprodukten sowie bei der Umsetzung von Sicherheitskorrekturmaßnahmen (Nr. 1) und koordinieren sowohl die internen Prozesse der Gesundheitseinrichtung zur Erfüllung der Melde- und Mitwirkungspflichten (Nr. 2) als auch die Umsetzung der Korrekturmaßnahmen und der Sicherheitskorrekturmaßnahmen (Nr. 3).

Ihr Einsatz dient daher unmittelbar der Patientensicherheit insbesondere im Management von nach Verwendung aufgetretenen Sicherheitsbedenken. Dabei handelt es sich um eine Konkretisierung der Pflichten aus § 4 Abs. 1 MPBetreibV; nach dieser dürfen Medizinprodukte grundsätzlich nur entsprechend ihrer vom Hersteller gegebenen Zweckbestimmung und nach den Vorschriften der MPBetreibV sowie den allgemein anerkannten Regeln der Technik betrieben und angewendet werden.

In § 17 MPBetreibV ist das Zuwiderhandeln der Pflicht zur Sicherstellung, dass ein Beauftragter für Medizinproduktsicherheit bestimmt ist (Nr. 2) und dass eine Funktions-E-Mail-Adresse bekannt gemacht ist, (Nr. 3) als ordnungswidrig eingestuft. Häufig ist diese Pflicht verletzt, wenn ein mangelbehaftetes Produkt verwendet wird oder eine Person zu Schaden kommt, weil eine Rückrufaktion nicht koordiniert genug abgelaufen ist. Dabei ist irrelevant, ob dies aus Gründen eines fehlenden Beauftragten für Medizinproduktsicherheit erfolgte oder aus anderen. Ein Verstoß gegen dieses Erfordernis führt nicht ohne weitere Zwischenschritte zu einem Schaden, sodass es sich nicht um ein Gebot i.S.d. § 823 Abs. 2 BGB handelt und die Schutzgesetzeigenschaft verneint werden muss.

---

789 *Reischl/Kneuper/Westphal/Stock/Buchholz*, MPR 2018, 1 (7).

II. Qualitätssicherungssystem

Für laboratoriumsmedizinische Untersuchungen wird in § 9 Abs. 1 MPBetreibV die Einrichtung eines Qualitätssicherungssystems nach dem Stand der medizinischen Wissenschaft und Technik zur Aufrechterhaltung der erforderlichen Qualität, Sicherheit und Leistung bei der Anwendung von In-vitro-Diagnostika sowie zur Sicherstellung der Zuverlässigkeit der damit erzielten Ergebnisse gefordert. In § 17 Abs. 7 MPBetreibV wird es als Ordnungswidrigkeit eingestuft, ein Qualitätssicherungssystem nicht, nicht richtig, nicht in der vorgeschriebenen Weise oder nicht rechtzeitig einzurichten. Dabei handelt es sich dennoch lediglich um eine Konkretisierung der Pflichten aus § 4 Abs. 1 MPBetreibV; nach dieser dürfen Medizinprodukte/In-vitro-Diagnostika grundsätzlich nur entsprechend ihrer vom Hersteller gegebenen Zweckbestimmung und nach den Vorschriften der MPBetreibV sowie den allgemein anerkannten Regeln der Technik betrieben und angewendet werden.

Bei einem Schadenseintritt ist irrelevant, ob dies aus Gründen eines mangelnden Qualitätssicherungsystems erfolgte oder aus anderen.[790] Es ergibt sich keine „konkrete Angriffsart" i.S.d. § 823 Abs. 2 BGB aus dem Fehlen eines solchen Systems, da nicht ohne wesentliche Zwischenschritte ein Schaden eintreten kann.

Daher ist die Eignung als Schutzgesetz i.S.d. § 823 Abs. 2 BGB zu verneinen.

III. Sicherheits- und messtechnische Kontrollen

Die sicherheits- und messtechnischen Kontrollen sind in den §§ 11, 14 MPBetreibV geregelt. Demnach muss der Betreiber solche Kontrollen fachgerecht durchführen oder durchführen lassen. Hinsichtlich der sicherheitstechnischen Kontrolle wird grundsätzlich dem Hersteller ein Ermessensspielraum eingeräumt; er entscheidet, wie häufig er diese durchführt bzw. durchführen lässt, anhand der Frage, wann entsprechende Mängel, mit denen aufgrund der Erfahrung gerechnet werden muss, rechtzeitig festgestellt werden können, vgl. § 11 Abs. 1 S. 2 MPBetreibV; spätestens aber muss er laut Gesetz die Kontrolle alle zwei Jahre vornehmen bzw. vornehmen lassen, S. 3. Dazu sind noch Formalien und andere Anforderungen geregelt.

Zu unterscheiden ist diese Betreiberpflicht von denjenigen Instandhaltungsmaßnahmen, die nach Angaben des Herstellers oder durch den Hersteller durchzuführen sind und die etwa in einer Gebrauchsanweisung vorgegeben sind.[791]

790 So auch zur Herstellerverpflichtung bzgl. Qualitätsmanagementsystem, siehe dazu § 1 A. IX.

791 *Reischl/Kneuper/Westphal/Stock/Buchholz*, MPR 2018, 1 (8).

Diese sind bereits als Instandhaltungsmaßnahmen in § 7 Abs. 1 MPBetreibV zu beachten. Bei den Anforderungen an die sicherheitstechnischen Kontrollen handelt es sich somit um eine weiter als die Herstelleranforderungen gehende, gesetzliche Vorgabe, die insbesondere dann relevant ist, wenn der Hersteller überhaupt keine oder zu lockere Anforderungen an die regelmäßigen Durchführungen von Kontrollen setzt. Die Überprüfung der Messfunktionen ist gem. S. 4 ein Teil der sicherheitstechnischen Kontrolle; die Anforderungen an sie sind gesondert in § 14 MPBetreibV geregelt.

Auch hierbei kann die Schutzgesetzeigenschaft abgelehnt werden, denn auch hier führt eine Verletzung dieser Vorschriften zunächst zu einem Verstoß gegen § 4 Abs. 1 MPBetreibV; erst dieser führt dann unmittelbar zum Schaden und erst dieser Verstoß ist eine „konkrete Angriffsart" i.S.d. § 823 Abs. 2 BGB.

IV. Ergebnis tiefergehende Sicherheitsmaßnahmen

Keine der tiefergehenden Sicherheitsanforderungen kann als Schutzgesetz i.S.d. § 823 Abs. 2 BGB eingeordnet werden. Sie können als Verhaltensnormen, die die „im Verkehr erforderliche Sorgfalt" beschreiben, im Zusammenhang mit der Ermittlung des Verschuldens herangezogen werden.

E. Ergebnis MPBetreibV

Aus den Normen der MPBetreibV sind Pflicht zum Betreiben und Anwenden entsprechend der Zweckbestimmung, der MPBetreibV und den allgemein anerkannten Regeln der Technik (§ 4 MPBetreibV), die besonderen Anforderungen bei implantierbaren Produkten (§ 15 MPBetreibV) sowie die Vorschriften zur Instandhaltung und Aufbereitung in § 7 sowie § 8 MPBetreibV als Schutzgesetze i.S.d. § 823 Abs. 2 BGB einzuordnen.

§ 5 Meldepflichten nach der MPAMIV

Die MPAMIV ersetzt nach neuer Rechtslage nach Einführung der MDR die vorherige Medizinprodukte-Sicherheitsplanverordnung (MPSV), die auf dem vorher gültigen MPG fußte. In § 3 S. 1 MPAMIV findet sich für denjenigen, der Produkte beruflich oder gewerblich betreibt oder anwendet, die Pflicht, dabei aufgetretene mutmaßliche schwerwiegende Vorkommnisse unverzüglich der zuständigen Bundesoberbehörde zu melden. Welche dies jeweils ist, ergibt sich aus § 85 MPDG.

Hauptaugenmerk für die Anwendbarkeit der MPAMIV ist das Betreiben bzw. Anwenden des Medizinprodukts in einem beruflichen oder gewerblichen Kontext. In § 3 S. 2 MPAMIV wird ergänzt, dass Ärzte und Zahnärzte, denen in Ausübung ihrer beruflichen Tätigkeit mutmaßliche schwerwiegende Vorkommnisse bekannt werden, auch zur Meldung verpflichtet sind. Dies kann beispielsweise durch Erzählungen von Patienten erfolgen, die die Produkte zuhause anwenden. Für die in Satz 2 genannten Berufsgruppen geht die Meldepflicht demgemäß ein Stück weiter als für die Betreiber oder Anwender (Satz 1), da letztere nur Vorkommnisse melden müssen, die auftreten, wenn sie selbst die Produkte betreiben oder anwenden. Gemäß § 4 MPAMIV sind Patienten oder deren Angehörige dazu angehalten, den behandelnden Arzt oder Zahnarzt oder den Händler, der das Produkt bereitgestellt hat, über vermutete schwerwiegende Vorkommnisse mit den betroffenen Produkten zu informieren.[792] Meldepflichtig sind nicht nur konkrete Schadensfälle, sondern auch sogenannte „Beinahevorkommnisse", die zu einer schwerwiegenden Gesundheitsbeeinträchtigung führen können oder hätten führen können.[793]

Die Pflichten zur Meldung von Vorkommnissen sind ein wichtiges Instrument der Post-Market-Betreuung und werden auch in MDR und IVDR für die einzelnen Wirtschaftsakteure so explizit vorgesehen. Sie vermitteln allerdings keinen Individualschutz und eignen sich somit nicht als Schutzgesetze i.S.d. § 823 Abs. 2 BGB.[794]

§ 6 Zu den Normen aus der MPAV

In der Medizinprodukte-Abgabeverordnung sind noch einige Handlungsanweisungen für die Abgabe von Medizinprodukten enthalten.

A. Verschreibungspflicht

In § 1 Abs. 1 MPAV wird eine Verschreibungspflicht für diejenigen Medizinprodukte normiert, die nach der Zweckbestimmung zur Anwendung durch Laien vorgesehen sind und (Nr. 1) Stoffe oder Zubereitungen aus Stoffen enthalten, die der Verschreibungspflicht nach der Arzneimittelverschreibungsverordnung unterliegen oder auf die solche Stoffe aufgetragen sind, oder (Nr. 2) in Anlage 1 zur MPAV aufgeführt sind. Bei letzteren Produkten handelt es sich um „oral zu applizierende Sättigungspräparate auf Cellulosebasis mit definiert vorgegebener Geometrie", die zur Behandlung des Übergewichts und zur Gewichtskontrolle eingesetzt werden.

792 *Jäkel*, in: HK-AKM 3590 Rn. 201.
793 *Kaufmann/Ramb*, in: Hölters Unternehmenskauf, Kap. 16 Rn. 16.63.
794 Siehe dazu § 2 A. XII.

Eine Verschreibungspflicht existiert mit § 48 AMG auch für bestimmte Arzneimittel. Die Ausdehnung auf Medizinprodukte mit Arzneimittelanteil erscheint vor diesem Hintergrund nur konsequent. Aber auch für die Sättigungspräparate nach Anlage 1 können die Wertungen der Verschreibungspflicht von Arzneimitteln herangezogen werden. Die Verschreibungspflicht zielt auf Risikovorsorge ab, der durch die Sicherstellung, dass Produkte mit Gefahrenpotenzial nicht ohne vorherige ärztliche Anordnung abgegeben werden, Rechnung getragen wird.[795] Dabei werden Arzneimittel als „Vertrauensgüter“ eingeordnet, bei denen der Patient aufgrund „struktureller Informationsdefizite“ regelmäßig nicht selbst einschätzen kann, welches Produkt in welcher Dosis für ihn geeignet ist.[796] Zur Abgabe von Arzneimitteln ohne Verschreibung wird zudem vertreten, dass sich eine Strafbarkeit aus fahrlässiger Körperverletzung ergeben könnte, § 229 StGB.[797] Dies kann entsprechend auch für Medizinprodukte angenommen werden; dabei ist wohl aber auch zwischen verschiedenen Risikoklassen zu unterscheiden.

Bei Zuwiderhandlung ergibt sich nach § 4 Abs. 1 MPAV i.V.m. § 93 Abs. 1 Nr. 5 MPDG eine Strafbarkeit für Vorsatz; die fahrlässige Begehung wird gemäß § 4 Abs. 2 MPAV i.V.m. § 94 Abs. 1 MPDG als Ordnungswidrigkeit sanktioniert. All dies dient unmittelbar dem Schutz der – im Vergleich zu den Angehörigen von Heilberufen – eher unerfahrenen Patienten und sonstigen Laien. Es wird davon ausgegangen, dass der zuständige Arzt bei Ausstellung des Rezepts über Anwendung und Risiken aufklärt, sodass durch den Informationsfluss zum Patienten die Gefahr durch die Laienanwendung zumindest eingedämmt wird. Dabei wird neben dem Schutz der Allgemeinheit auch dem Schutz jedes einzelnen Käufers Rechnung getragen; dies war vom Gesetzgeber zumindest auch gewollt. [798]

Die Schutzgesetzeignung i.S.d. § 823 Abs. 2 BGB kann vorliegend bejaht werden.

B. Apothekenpflicht

In § 2 MPAV wird für bestimmte Medizinproduktgruppen die Apothekenpflicht normiert. In Nr. 1 wird diese für verschreibungspflichtige Medizinprodukte gemäß § 1 Abs. 1 Nr. 1 MPAV angeordnet, in Nr. 2 für diejenigen, die zur Anwendung durch Laien bestimmt sind, soweit sie Stoffe oder Zubereitungen aus Stoffen enthalten, die nach der Verordnung über apothekenpflichtige und freiverkäufli-

---

795 So zum Pendant für Arzneimittel *Heßhaus*, in: Spickhoff MedR § 48 AMG Rn. 1

796 *Zuck/Dettling*, in: Zuck/Dettling AMG § 48 Rn 4.

797 *Zuck/Dettling*, in: Zuck/Dettling AMG § 48 Rn 245.

798 a.A. *Heil/Mayer-Sandrock*, in: Anhalt/Dieners MedProdR § 23 Rn. Rn. 81.

che Arzneimittel apothekenpflichtig sind, sowie in Nr. 3 für die in Anlage 2 zur MPAV aufgeführten Medizinprodukte. Letzteres sind Hämodialysekonzentrate. Aus § 4 Abs. 3 Nr. 1 MPAV i.V.m. § 94 Abs. 2 Nr. 9 MPDG ergibt sich eine Sanktion der Zuwiderhandlung als Ordnungswidrigkeit sowohl bei vorsätzlicher als auch bei fahrlässiger Begehung.

Eine Norm zur Apothekenpflichtigkeit gibt es mit § 43 AMG auch für Arzneimittel. Die Apothekenpflichtigkeit verschreibungspflichtiger Medizinprodukte ist selbsterklärend; die Ausdehnung der Apothekenpflichtigkeit auf Medizinprodukte mit Arzneimittelanteil erscheint nur konsequent. Aber auch für die Hämodialysekonzentrate nach Anlage 2 können die Wertungen der Verschreibungspflicht von Arzneimitteln herangezogen werden.

Dabei soll sichergestellt werden, dass solche „Waren besonderer Art“[799] durch Fachpersonal mit pharmazeutischer und pharmakologischer Ausbildung an den Endverbraucher abgegeben werden.[800] Insofern handelt es sich bei der Apotheke um eine „Kontrollinstanz mit besonderen Sicherheitsvorkehrungen und einem besonderen Versorgungsauftrag“.[801] Das Bundesverfassungsgericht hat dazu ausgeführt, dass auf das grundsätzliche Apothekenmonopol, das allein eine sachverständige Beratung hinsichtlich der Auswahl des Heilmittels und seiner Anwendung der Patienten gewährleistet, kaum verzichtet werden könne.[802] Diese Waren besonderer Art sollen nicht „wie jede andere Ware im Einzelhandel angeboten“ werden, da deren „gedankenlose, unnötige oder sogar missbräuchliche Verwendung“ verhindert werden solle, da diese „mit den Interessen der Volksgesundheit nicht vereinbar“ sei.[803]

Auch die aufgeführten Medizinprodukte können als „Waren besonderer Art“ angesehen werden, da sie im Vergleich zu anderen Medizinprodukten für Laien ein höheres Fehlanwendungs- und Missbrauchspotenzial aufweisen. All dies dient unmittelbar dem Schutz der – im Vergleich zu den Angehörigen von Heilberufen – eher unerfahrenen Patienten und sonstigen Laien. Es wird davon ausgegangen, dass der Apotheker zur Auswahl und Anwendung des Medizinproduktes berät und den Patienten über Anwendung und Risiken aufklärt, sodass durch den Informationsfluss zum Patienten die Gefahr durch die Laienanwendung zumindest eingedämmt wird. Neben der Volksgesundheit[804] bzw. der Arzneimittelsicher-

799 *Dettling*, in: Zuck/Dettling AMG § 43 Rn. 1.
800 *Listl-Nörr/Heßhaus*, in: Spickhoff MedR § 43 Rn. 2.
801 *Dettling*, in: Zuck/Dettling AMG § 43 Rn. 4.
802 BVerfG, Beschl. v. 7.1.1959, BVerfGE 9, 73 Rn. 26.
803 BT-Drucks. 3/654, S. 23.
804 BT-Drucks. 3/654, S. 23.

heit[805] als Gemeingüter sind auch die Käufer als Individuen geschützt. Dies war vom Gesetzgeber so auch beabsichtigt.

Die Schutzgesetzeignung i.S.d. § 823 Abs. 2 BGB kann vorliegend ebenso bejaht werden.[806]

C. Abgabebeschränkungen und Vorschriften über die Lagerung

In § 3 MPAV finden sich weitere Anforderungen an die Abgabestellen von Medizinprodukten.

I. Sachgerechte Lagerung

Nach Abs. 1 S. 1 müssen die Abgabestellen die betrieblichen Voraussetzungen für eine sachgerechte Lagerung der vorrätig gehaltenen Medizinprodukte erfüllen. Dies entspricht einer Weiterführung der Pflichten der vorherigen Wirtschaftsakteure in der Lieferkette, die auch dafür Sorge tragen müssen, dass das Produkt nicht durch falsche Lagerung fehlerhaft wird. Das Produkt muss bis hier die grundlegenden Sicherheits- und Leistungsanforderungen erfüllen; dafür trägt jeder Wirtschaftsakteur Rechnung. In der Sphäre der Abgabestelle ist diese im Rahmen ihrer Möglichkeiten (durch Lagerung) dafür verantwortlich. Dies dient unmittelbar der Sicherheit der Produkte und somit der Patienten und Anwender. Diese Pflicht ist daher als Schutzgesetz einzuordnen.[807]

II. Abgabe nur an Fachkreise und fachliche Beratung von Laien

Ferner dürfen laut § 3 Abs. 1 S. 2 MPAV Medizinprodukte, die nicht zur Anwendung durch Laien vorgesehen sind, nur an Fachkreise i.S.d. § 3 Nr. 2 MPDG abgegeben werden, es sei denn, eine ärztliche oder zahnärztliche Verschreibung wird vorgelegt. Außer an Fachkreise muss die Abgabestelle bei Bedarf bei bestimmten Medizinprodukten eine fachliche Beratung gewährleisten, vgl. Abs. 2. Auch diese Vorschriften in den Abs. 1 S. 2 und Abs. 2 dienen der Vermeidung eines Informationsdefizits, das zu einer versehentlichen Falschanwendung oder zu Missbrauch führen könnte. Für das Zuwiderhandeln gegen § 3 Abs. 1 S. 2 MPAV ergibt sich aus § 4 Abs. 3 Nr. 2 MPAV i.V.m. § 94 Abs. 2 Nr. 9 MPDG eine Sanktion der Zuwiderhandlung als Ordnungswidrigkeit sowohl bei vorsätzlicher als auch bei fahrlässiger Begehung. Auch dies dient unmittelbar dem Schutz des

805 *Ulsenheimer*, in: Laufs/Kern/Rehborn, Handbuch des Arztrechts, § 136 Rn 50.
806 a.A. *Heil/Mayer-Sandrock,* in: Anhalt/Dieners MedProdR § 23 Rn. Rn. 81.
807 Siehe dazu etwa § 1 C IV für den Importeur eines Medizinprodukts.

Käufers bzw. Patienten. Daher ist auch § 3 Abs. 1 S. 2 MPAV Schutzgesetz i.S.d. § 823 Abs. 2 BGB.

III. Vorschriften über die Abgabe von In-vitro-Diagnostika im Zusammenhang mit dem Infektionsschutzrecht

Ferner gibt es Vorschriften, an wen In-vitro-Diagnostika, die für den direkten oder indirekten Nachweis eines infektionsschutzrechtlich relevanten Krankheitserregers oder einer Infektion mit einem infektionsschutzgesetzlich relevanten Erregers (vgl. Abs. 4) sowie mit dem Corona-Virus, vgl. Abs. 4a, verwendet werden, abgegeben werden dürfen. Diese dienen der Versorgung der relevantesten Berufsgruppen mit diesen In-vitro-Diagnostika, um der Gefahr vorzubeugen, dass in Zeiten einer Epidemie oder Pandemie nicht ausreichend Testequipment für den Nachweis einer Infektion oder eines Erregers vorhanden ist.

Aus § 4 Abs. 3 Nr. 2 MPAV i.V.m. § 94 Abs. 2 Nr. 9 MPDG ergibt sich eine Sanktion der Zuwiderhandlung als Ordnungswidrigkeit sowohl bei vorsätzlicher als auch bei fahrlässiger Begehung. Die Vorschrift dient dem allgemeinen Schutz der Bevölkerung bzw. der Aufrechterhaltung der medizinischen Versorgung und der Funktionsfähigkeit der „systemrelevanten" Berufsgruppen. Zwar profitiert davon mittelbar auch jeder einzelne Bürger; dieser Effekt ist aber zu mittelbar, um Individualschutz zu bejahen. Die Vorschrift ist allgemeinschützend.

IV. Ergebnis § 3 MPAV

Schutzgesetze in § 3 MPAV sind damit die Vorschriften zur Lagerung (Abs. 1 S. 1), zur Abgabe von Medizinprodukten, die nicht zur Anwendung durch Laien vorgesehen sind (S. 2) sowie zur Gewährleistung der fachlichen Beratung (Abs. 2).

D. Ergebnis MPAV

Aus der MPAV sind Schutzgesetze die Vorschriften zur Verschreibungs- (§ 1 Abs. 1 MPAV) sowie Apothekenpflicht (§ 2 MPAV) und die Vorschriften zur Lagerung (§ 3 Abs. 1 S. 1 MPAV), zur Abgabe von Medizinprodukten, die nicht zur Anwendung durch Laien vorgesehen sind (§ 3 Abs. 1 S. 2 MPAV) sowie zur Gewährleistung der fachlichen Beratung durch die Abgabestelle (§ 3 Abs. 2 MPAV).

Teil 4: Ergebnis

Die MDR und die IVDR zeigen den beteiligten Wirtschaftsakteuren deren jeweiligen Pflichtenkreis auf und separieren diese deutlich voneinander. So können diese die auferlegten Vorgaben leichter verstehen und einhalten.[808] Die meisten der Vorgaben sind zwar keine Schutzgesetze i.S.d. § 823 Abs. 2 BGB; sie teilen die Verteilung von Aufgaben und Verantwortung im Rahmen der Lieferkette aber in der Theorie trennscharf. Für die Praxis ergeben sich daraus Kriterien, um etwa bei einer Regresskette die einzelnen Anteile der beteiligten Wirtschaftsakteure am Schaden ermitteln zu können.

Das Deliktsrecht nimmt mit § 823 Abs. 2 BGB dank dessen Transformations-[809] oder Entwicklungsfunktion[810] an legislativen Entwicklungen und Entscheidungen außerhalb des Deliktsrechts teil,[811] so auch im Bereich des Medizinrechts. Die bestehenden Anforderungen an die einzelnen Wirtschaftsakteure sind weitestgehend – trotz „teils sinnentstellende(r) Übersetzungsfehler, deren Korrektur im Amtsblatt mittelfristig erwartet werden kann",[812] – so klar, dass zumindest in der Theorie zu jedem Zeitpunkt ein verantwortlicher Wirtschaftsakteur und seine dazugehörige Pflicht ermittelt werden kann, deren Verletzung im Zusammenhang mit § 823 Abs. 2 BGB anspruchsverschaffend ist.

A. Der Hersteller als Hauptakteur und seine zwei Kardinalspflichten

Wenig überraschend ergibt sich bei näherer Betrachtung der neuen medizinprodukterechtlichen Normen der Hersteller als grundsätzlich relevantester Wirtschaftsakteur. Seine Pflichten bestehen aus zwei „Hauptsäulen" vor und nach dem Inverkehrbringen bzw. der Inbetriebnahme seines Produkts. Diese beiden Säulen gelten als seine primären Schutzpflichten, deren Verletzung auch eine Schutzgesetzverletzung i.S.d. § 823 Abs. 2 BGB ist, wodurch er sich gegebenenfalls schadensersatzpflichtig macht.

---

808 *Willhöft/Hundemer*, in: Lücker/Baumann MedProdR EU 1-13/2 Rn. 2.

809 *Deutsch*, in: FS Schreiber S. 43 (45).

810 *Deutsch*, JZ 1963, 385 (388f.).

811 *Spickhoff*, Gesetzesverstoß, S. 72f.; *Deutsch*, JZ 1963, 385 (388f.), *Ders.*, Fahrlässigkeit, S. 164f.

812 *Gassner*, Neue Medizinprodukteverordnung, S. 20f.

I. Die Gewährleistung der Konformität

Vor Inverkehrbringen bzw. Inbetriebnahme muss er die Konformität mit der MDR herstellen, wozu auch zählt, dass sein Produkt den grundlegenden Sicherheits- und Leistungsanforderungen entsprechen muss. Dafür gibt es in der MDR/IVDR einige konkretisierende Pflichten, wie er dies erreichen soll. Allerdings ist – wenn das Produkt konform ist – nach dem Rechtsgedanken des „New Approach" nicht relevant, wie er die Konformität erreicht hat. Bei einem Verstoß ist das Produkt nicht konform mit den Anforderungen; alleine aus dieser Pflichtverletzung macht er sich schadensersatzpflichtig.

II. Pflichten bei Mangel bzw. Mangelverdacht

Wenn das Produkt bereits in den Verkehr gebracht bzw. in Betrieb genommen wurde, beginnt die zweite große Herstellerpflicht: Er beobachtet das Produkt im Rahmen seiner Post-Market-Überwachung und muss – falls es doch nicht oder nicht mehr sicher ist – die geeigneten Maßnahmen ergreifen, um Schaden abzuwenden und die Konformität herzustellen. Dem Hersteller kommt dabei eine Pflicht zum aktiven Tun zu; er selbst darf aber entscheiden, welche Maßnahmen er als die geeigneten ansieht.

III. Andere Herstellerpflichten

Ferner muss der Hersteller etwa bei der Durchführung der klinischen Bewertung bzw. der Leistungsbewertung/Leistungsstudie die Teilnehmenden an den Versuchen schützen; dabei hat er Sonderregeln aus MDR/IVDR und MPDG zu beachten. Auch diese Pflichten sind den Hersteller betreffende Schutzgesetze.

Zudem gibt es auch noch andere Herstellerpflichten, wie etwa Risikomanagement oder Qualitätsmanagement, die zwar keine Schutzgesetze sind, da ein Verstoß gegen sie alleine nicht unmittelbar ohne weitere Zwischenschritte zu einem Schaden führen kann. Sie sind aber ein gesetzlich vorgeschriebenes Mittel, um die beiden Hauptpflichten vor und nach Inverkehrbringen bzw. Inbetriebnahme erfüllen zu können. Sie stellen daher die „im Verkehr erforderliche Sorgfalt" dar und können somit im Rahmen des Verschuldens in Gestalt der Fahrlässigkeit relevant werden.

B. Die weiteren Wirtschaftsakteure und deren Hauptpflichten

Auch die – bei Verstoß gegebenenfalls anspruchsverschaffenden – Schutzgesetze aller auf den Hersteller folgenden Wirtschaftsakteure können zum größten Teil in etwa in die selben Abschnitte vor und nach Inverkehrbringen/Inbetriebnahme eingeordnet werden. Zusätzlich zur Konformität und den Pflichten bei Mangelverdacht gibt es noch Vorschriften für die Abgabe.

I. Pflichten zur (weiteren) Gewährleistung der Konformität/ grundlegenden Sicherheits- und Leistungsanforderungen

Außer dem Hersteller hat auch der Importeur für die Konformität und somit auch für die Einhaltung der grundlegenden Sicherheits- und Leistungsanforderungen einzustehen, weil er das Produkt in den europäischen Markt einführt. Wenn das Produkt am Ende der Lieferkette beim Betreiber angekommen ist, hat dieser den Zustand aufrecht zu erhalten. Er muss das Produkt ordnungsgemäß aufbereiten und instand halten. Ferner müssen die Produkte bei den Abgabestellen ordnungsgemäß gelagert werden, etwa in den Apotheken, damit sie weiterhin sicher sind.

II. Pflichten bei Mangel bzw. Mangelverdacht

Die auf den Hersteller folgenden Akteure müssen bei Mangel oder Mangelverdächtigkeit des Produkts eine Art „Notbremse" ziehen: Sie dürfen mit dem Produkt dann nicht weiter verfahren. Der Importeur darf es nicht weiter in den Verkehr bringen, der Händler darf es nicht auf dem Markt bereitstellen. Im Falle des Mangels des Produkts müssen Betreiber und Anwender ein Betriebs- und Anwendungsverbot einhalten; bei bloßer Mangelverdächtigkeit oder verstrichenem Ablaufdatum dürfen sie das Produkt ebenso nicht in den Verkehr bringen, in Betrieb nehmen, auf dem Markt bereitstellen, betreiben oder anwenden. Ähnlich gilt dies auch für gefälschte Medizinprodukte.

III. Abgabe der Produkte an Laien und andere Pflichten für die weiteren Wirtschaftsakteure

Ebenfalls Schutzgesetze sind die Verschreibungs- und Apothekenpflicht mancher Produkte und die Vorschriften zur Abgabe von Medizinprodukten, die nicht zur Anwendung durch Laien vorgesehen sind. Auch für die anderen Wirtschaftsakteure gibt es Vorschriften, die zwar nicht direkt Schutzgesetze sind, aber ebenso wie für die Hersteller die „im Verkehr erforderliche Sorgfalt" definieren. Dazu zählen unter anderem die Überprüfungspflichten hinsichtlich des Produkts oder die Anforderungen an dessen Transport, Lagerung, Aufbereitung oder Instandhaltung.

C. Ausblick

Es wird bis heute kritisiert, die MDR habe „ihr Versprechen eines „soliden, transparenten, vorhersehbaren und nachhaltigen Rechtsrahmens", der „ein hohes

Maß an Sicherheit und Gesundheitsschutz gewährleistet“ und „gleichzeitig die Innovation fördert“, bisher nicht einlösen können“.[813] Hersteller seien „mit den steigenden Anforderungen an der Belastungsgrenze oder darüber“; dies werde durch den Fachkräftemangel zusätzlich erschwert.[814] Insbesondere das Fehlen der Benannten Stellen bremse die Innovationskraft.[815] Dies wurde bereits kurz nach Ausfertigung vielfach bemängelt.[816] Die Befürchtungen bestätigten sich in den Folgejahren. 2023 etwa bestand ein „massiver Kapazitätsengpass“ bei den Benannten Stellen und daher ein Zertifikatsstau.[817]

Letztlich bleibt zu hoffen, dass die nächsten Änderungen nicht lange auf sich warten lassen. Es sind baldige Maßnahmen erforderlich, um das (weitere) Eintreten von negativen Konsequenzen der aktuellen Lage für die Versorgung der europäischen Patienten und auch auf die Wettbewerbssituation des deutschen sowie europäischen Marktes zu verhindern.[818]

813 *Ziegenberg/Marx*, MPR 2023, 85.
814 *Sojka/Sohrabi/Groß/Scholtes*, MPJ 2023, 131 (137).
815 *Walger*, MPR 2022, 119f.
816 So etwa und statt aller bereits 2018 *Schäfer*, MPR 2018, 189 (192).
817 *Ziegenberg/Marx*, MPR 2023, 85 (86).
818 *Walger*, MPR 2022, 119 (120).

Literaturverzeichnis

Anmerkung: Die Internetfundstellen wurden zuletzt im November 2023 auf ihre Abrufbarkeit überprüft. Neuauflagen und Neuerscheinungen konnten, soweit verfügbar, bis November 2023 berücksichtigt werden.

Ahrens, Hans-Jürgen/Spickhoff, Andreas: Deliktsrecht, München 2022.
Zitiert als: Ahrens/Spickhoff DelR.

Aigner, Gerhard/Kletečka, Andreas/Kletečka-Pulker, Maria/Memmer, Michael (Hrg.): Handbuch Medizinrecht für die Praxis, 35. AL, Wien 2023.
Zitiert als: *Bearbeiter*, in: Aigner/Kletečka/Kletečka-Pulker/Memmer Handbuch MedR.

Aigner, Gerhard/Doppler, Klara/Willschke, Harald: Anwendbarkeit von Telemedizin im Rahmen der Tätigkeit von Sanitätern, RdM 2021, S. 182-188.

Anhalt, Erhard: Das Hin und Her der stofflichen Produkte zwischen Medizinprodukt und Arzneimittel, MPR 2020, S. 169-172.

Anhalt, Erhard/Dieners, Peter: Medizinprodukterecht Praxishandbuch, 2. Aufl. München 2017.
Zitiert als: Anhalt/Dieners MedProdR.

Anhalt, Erhard/Lücker, Volker/Wimmer, Michael: Abgrenzung Arzneimittel-Medizinprodukt: Pharmakologisch ist nicht biochemisch, PharmR 2007, S. 45-48.

Arbeitsgruppe „Geräte" im VDGH: Allgemeine Informationen zu den gesetzlichen Anforderungen und denen der Normen an IVD-Geräte, MPR 2017, S. 160-164.

Backmann, Ben: Gesundheits-Apps im Durchbruch. Regulatorische und haftungsrechtliche Aspekte zu „mobile Health", MPR 2011, S. 73-75.

Barth, Tobias/Söldner, Moritz/Spitzenberger, Folker: Einfluss von regulatorischen Anforderungen auf Innovationen in der Medizintechnik am Beispiel der europäischen Medical Device Regulation („MDR") und des nationalen Digitale-Versorgung-Gesetzes („DVG"), in: Bodemann, Markus/Fellner, Wiebke/Just, Vanessa (Hrsg): Zukunftsfähigkeit durch Innovation, Digitalisierung und Technologien, Berlin, Heidelberg 2021, S. 223-252.

Becker, Walter: Das Recht der unerlaubten Handlungen – System in Vorlesung und Diskussion, Berlin 1976.

Bebert, Helena/Gassner, Ulrich/Wigge, Janet: Minderwertige Brustimplantate – Reaktionen und Perspektiven, StoffR 2014, S. 134-145.

Beck'scher Online-Großkommentar → s. unter *Gsell.*

Beck'scher Online-Kommentar zum Bürgerlichen Gesetzbuch → s. unter *Hau.*

Bergstedt, Ann-Cathrin/Urbano Pardal, Manuela: Konsequenzen des Inverkehrbringens unrechtmäßig mit dem CE-Konformitätskennzeichen versehener Medizinprodukte, MPR 2022, S. 12-19.

Bistritzki, Walter: Voraussetzungen für die Qualifikation einer Norm als Schutzgesetz im Sinne des § 823 Abs 2 BGB, München, Univ., Diss., 1981.
Zitiert als: *Bistritzki*, Qualifikation als Schutzgesetz.

Brüggemeier, Gert: Schadenersatz für implantierte fehlerhafte Medizinprodukte – Zwei Vorlagenbeschlüsse des Bundesgerichtshofs, MedR 2014, 537-542.

Buxbaum, Richard: Die private Klage als Mittel zur Durchsetzung wirtschaftspolitischer Rechtsnormen, Karlsruhe, 1972.
Zitiert als: Buxbaum, Die private Klage.

Canaris, Claus-Wilhelm, (Hrsg.), Karl Larenz (Begr.): Lehrbuch des Schuldrechts. 2. Band Besonderer Teil 2. Halbdruck, 13. Aufl. München 1994.
Zitiert als: *Larenz/Canaris* SchR II.

Ders.: Schutzgesetze – Verkehrspflichten – Schutzpflichten, in: Canaris, Claus Wilhelm, Diederichsen, Uwe (Hrsg.), Festschrift für Karl Larenz zum 80. Geburtstag am 23. April 1983, S. 27-111.

Clausen, Tilman/Schroeder-Printzen, Jörn, (Hrsg.): Münchner Anwaltshandbuch Medizinrecht, 3. Aufl., München 2020.
Zitiert als: *Bearbeiter*, in: Münchner Anwaltshandbuch MedR.

Cottrell, Steve/Tomes, Madris: Ein Produkt, eine Nummer, eine Identität – Wie sich Europa auf die Unique Device Identification (UDI) vorbereiten kann, MPR 2016, S. 73-76.

v. Czettritz, Peter/Strelow, Tanja: 20 Jahre MPR – Die Abgrenzung von Arzneimitteln und Medizinprodukten im Laufe der Zeit, MPR 2020, S. 135-144.

Dahm-Loraing, Regina/Koyuncu, Adem: Die Haftung des Arztes und Krankenhauses für Medizinprodukt. Teil 1: Grundlagen und Behandlungsfehlerhaftung, PHi 2009, S. 172-179.

Dies.: Die Haftung des Arztes und Krankenhauses für Medizinprodukt. Teil 2: Aufklärungsfehler, Prozessrecht und Ausblick, PHi 2009, S. 218-224.

Dies.: Haftung für Medizinprodukte. Teil 1: Haftung des Herstellers nach dem ProdHaftG, PHi 2010, S. 108-116.

Dies.: Haftung für Medizinprodukte. Teil 2: Die deliktische Produzentenhaftung gem. § 823 BGB, PHi 2010, S. 142-153.

Dettling, Heinz-Uwe: Noch einmal: Abgrenzung von Arzneimitteln und Medizinprodukten – Erwiderung auf Anhalt/Lücker/Wimmer, PharmR 2007, 45 ff., PharmR 2007, S. 104-109.

Ders.: Zur Abgrenzung von Arzneimitteln und Medizinprodukten, PharmR 2006, S. 578-586.

Deutsch, Erwin: Entwicklung und Entwicklungsfunktion der Deliktstatbestände: Ein Beitrag zur Abgrenzung der rechtsetzenden von der rechtsprechenden Gewalt im Zivilrecht, JZ 1963, S. 385-391.

Ders.: Fahrlässigkeit und erforderliche Sorgfalt, 2. Aufl., u.a. Köln 1995.

Ders.: Haftungsrecht. Erster Band: Allgemeine Lehren, 1. Aufl., Köln/München 1976.

Ders.: Schmerzensgeld für Unfälle bei der Prüfung von Arzneimitteln und Medizinprodukten?, PharmR 2001, S. 346-350.

Ders.: Schutzgesetze aus dem Strafrecht in § 823 Abs. 2 BGB, VersR 2004, S. 137-142.

Ders.: Strafrechtsnormen als Schutzgesetze im Sinne des § 823 Abs. 2 BGB, in: Amelung, Knut/Beulke, Werner/Lilie, Hans/Rosenau, Henning/Rüping, Hinrich/Wolfslast, Gabriele, (Hrsg.): Strafrecht – Biorecht – Rechtsphilosophie: Festschrift für Hans-Ludwig Schreiber zum 70. Geburtstag am 10. Mai 2003, Heidelberg 2003, S. 43-55.

Deutsch, Erwin/Lippert, Hans-Dieter/Ratzel, Rudolf/Tag, Brigitte/Gassner, Ulrich M., (Hrsg.): Kommentar zum Medizinproduktegesetz (MPG), 3. Aufl., Heidelberg 2018.

Deutsch, Erwin, Spickhoff, Andreas (Hrsg.): Medizinrecht,7. Aufl., Heidelberg 2014.

Deutsches Institut für Normung e.V. (Hrsg.): Klinische Prüfung von Medizinprodukten. Kommentar zu DIN ISO 14155, 3. Aufl., Berlin/Wien/Zürich2021.

Dieners Peter/Povel, Lara: Vorschläge der Kommission für eine Verordnung über Medizinprodukte und eine Verordnung über In-vitro-Diagnostika – Ein Überblick, MPR 2012, S. 145- 157.

Ecker, Wolfgang: Medizinprodukte und IVD. Die neuen EU-Verordnungen, 4. Aufl., Norderstedt 2022.

Ehmke, Timon/Saame, Philipp: Zur Abgrenzung von Arzneimitteln und innovativen Medizinprodukten am Merkmal der pharmakologischen Wirkung, MDR 2017, S. 181-186.

Eickbusch, Julia: Die Zweckbestimmung von Medizinprodukten, MPR 2021 S. 52-59.

Dies.: Die Zweckbestimmung von Medizinprodukten und ihre Auswirkung auf Haftung und Verantwortlichkeit von Anwender und Betreiber, Marburg, Univ., Diss., 2019.
Zitiert als: *Eickbusch*, Zweckbestimmung.

Erb, Volker/Schäfer, Jürgen, (Hrsg.): Münchener Kommentar zum StGB, 4. Aufl., München 2020.
Zitiert als: *Bearbeiter,* in MüKoStGB.

Erbs/Kohlhaas, Strafrechtliche Nebengesetze → s. *Häberle.*

Esser, Florian: Aufbereitung medizinischer Einmalprodukte, Düsseldorf, Univ., Diss., 2014.

Europäische Kommission: Informationsblatt für Hersteller von Medizinprodukten, Stand 20.11.2018, abrufbar unter: *https://op.europa.eu/en/publication-detail/-/publication/5f7f38e2-af7c-11ea-bb7a-01aa75ed71a1/language-de/format-PDF.*

Fehn, Carsten: Die neue MPBetreibV, ZMGR 2017 S. 91-97.

Ders.: Zahnärzte als „Hersteller" von „Sonderanfertigungen" im Sinne der Medical Device Regulation?, ZMGR 2021, S. 78-81.

Flötotto, Thomas/Karle, Christian/Plessl, Jörg: Auswirkungen der neuen Medizinprodukteverordnung auf stoffliche Medizinprodukte. Ein Leitfaden für Hersteller, MPR 2016, S. 145-150.

Fuhrmann, Stefan/Klein, Bodo/Fleischfresser, Andreas (Hrsg.): Arzneimittelrecht. Handbuch für die Rechtspraxis, 3. Aufl., Baden-Baden 2020.

Fulda, Christian: Der Tragödie vierter Teil: Abgrenzung von Arzneimitteln und Medizinprodukten, MPR 2018, S. 11-13.

Gassner, Ulrich, (Hrsg.): Die neue In-Vitro-Diagnostika-Verordnung, Aktueller Text mit Einführung, Köln 2017.
Zitiert als: *Gassner,* Neue In-vitro-Diagnostika-Verordnung.

Ders., (Hrsg.): Die neue Medizinprodukteverordnung, Aktueller Text mit Einführung, 2. Aufl., Köln 2020.
Zitiert als: *Gassner,* Neue Medizinprodukteverordnung.

Ders.: Die pharmakologische Wirkung als Abgrenzungmerkmal zwischen Arzneimitteln und Medizinprodukten, MPR 2023, S. 104-112 (Urteilsbesprechung beginnend bei S. 109).

Ders.: Dimensionen der Risikoregulierung im Medizinprodukterecht, MPR 2020, S. 162-169.

Ders.: Kernelemente des neuen EU-Medizinprodukterechts, ZMGR 2018, S. 85-90.

Ders.: Software als Medizinprodukt – zwischen Regulierung und Selbstregulierung, MPR 2016, S. 109-115

Ders.: Neues EU-Medizinprodukterecht ante portas, RdM 2018, S. 124-130.

Gassner, Ulrich/Schreiegg, Tobias: Software als Medizinprodukt – Brüsseler Spitzen, MPR 2019, S. 198-201.

Graf, Angela: Revision des europäischen Rechtsrahmens für Medizinprodukte – Neue Vorgaben zu Vigilanz und Marktbeobachtung und die Eudamed-Datenbank als zentrales Regulierungselement, PharmR 2017, 317-322.

Dies.: Was ändert sich für den Handel mit Medizinprodukten?, MPJ 2019, S. 8-17.

Dies.: Wie werden sich klinische Bewertung und klinische Prüfung für Medizinprodukte ändern?, MPR 2016, S. 186.198.

Grüneberg, Christian, (Hrsg.): Bürgerliches Gesetzbuch mit Nebengesetzen, Beck'sche Kurz-Kommentare Bd. 7, 82 Aufl., München 2023.
Zitiert als: *Bearbeiter*, in: Grüneberg BGB.

Gsell, Beate/Krüger, Wolfgang/Lorenz, Stephan/Reymann, Christoph (Gesamthrsg.): Beck'scher Online Großkommentar zum Zivilrecht, Stand 01.03.2022, München 2022.
Zitiert als: *Bearbeiter*, in: BeckOGK.

Häberle, Peter (Hrsg.): Erbs/Kohlhaas, Beck'sche Kurz-Kommentare Strafrechtliche Nebengesetze, Bd. 1 bis einschl. 240. EL, München 2023.
Zitiert als: *Bearbeiter*, in: Erbs/Kohlhaas.

Haftenberger, Anna: Die Produkthaftung für künstlich intelligente Medizinprodukte. Eine Analyse der Anwendbarkeit und Eignung der europäischen Produkthaftungsrichtlinie 85/374/EWG, Marburg, Univ., Diss., 2022.

Handkommentar Bürgerliches Gesetzbuch (HK-BGB) → s. unter *Schulze.*

Hager, Johannes (Hrsg.): J. von Staudingers Kommentar zum Bürgerlichen Gesetzbuch. Buch 2. Recht der Schuldverhältnisse. § 823A-D, Neubearbeitung Berlin 2017.
Zitiert als: *Bearbeiter*, in: Staudinger/Hager BGB.

Handorn, Boris: Die geplante Revision des europäischen Produkthaftungsrechts (auch) für Medizinprodukte, MPR 2023, S. 16-24.

Ders.: Industriesilikon in Brustimplantaten – OLG Zweibrücken bestätigt fehlende Haftung der Benannten Stelle, MPR 2014, S. 84-85.

Handorn, Boris/Holzapfel, Isabel: Betreiberspezifische Aspekte der neuen Europäischen Medizinprodukteverordnung, GuP 2017, S. 188-192.

Handorn, Boris/Juknat, Ulrich: KI und Haftung bei Medizinprodukten, MPR 2022, S. 77-89.

Harer, Johann/Baumgartner, Christian (Hrsg.): Anforderungen an Medizinprodukte, Praxisleitfaden für Hersteller und Zulieferer, 4. Aufl., München 2021.
Zitiert als: *Harer/Baumgartner*, Anforderungen Medizinprodukte.

Hau, Wolfgang/Poseck, Roman (Hrsg.): Beck'scher Online-Kommentar zum Bürgerlichen Gesetzbuch, 63. Edition, Stand 01.08.2022, München 2022.
Zitiert als: *Bearbeiter*, in BeckOK BGB.

Health Products Regulatory Authority: Guide for Distributors of Medical Devices, Stand: 19.12.2020, abrufbar unter: *https://www.hpra.ie/docs/default-source/publications-forms/guidance-documents/ia-g0004-guide-for-distributors-of-medical-devices-v2.pdf?sfvrsn=21.*

Hegendörfer, Gerhard: Der aktuelle Stand der Reform des EU-Medizinprodukterechts – Probleme und Perspektiven aus Sicht der EU Kommission -, MPR 2013, S. 181-188.

Heimhalt, Diana/Rehmann, Wolfgang: Gesundheits- und Patienteninformationen via Apps, MPR 2014, S. 197-205.

Hill, Rainer: 30 Jahre Medizinprodukterecht – Entwicklung des rechtlichen Umfelds für Medizinprodukte 1990 bis heute, MPR 2020, S. 122-134.

Ders:, die neue EU-Verordnung über Medizinprodukte (MDR) – eine vorläufige Bewertung aus Sicht der Industrie, in: MPR 2017, S. 109-121.

Hill, Rainer/Möll, Marc-Pierre (Hrsg.): Hill/Schmidt Wirtschaftskommentar Medizinprodukterecht, Stand Lieferung 23. Oktober 2020, Köln 2020.
Zitiert als: *Hill/Schmidt* WiKo MPR.

Hofmann, Tobias: Die Regel 11 MDR – eine genauere Betrachtung, MPR 2021, S. 161-169.

Hölters, Wolfgang: Handbuch Unternehmenskauf, 10. Aufl., Köln 2022.
Zitiert als: *Bearbeiter*, in: Hölters Unternehmenskauf.

Hoxhaj, Jonela: Quo vadis Medizintechnikhaftung? Arzt-, Krankenhaus- und Herstellerhaftung für den Einsatz von Medizinprodukten, Frankfurt am Main 2000, zugl. Univ., Diss., Göttingen 1999.

International Organization for Standardization: ISO 14155:2011: Clinical investigation of medical devices for human subjects — Good clinical practice, abrufbar unter: *https://www.iso.org/standard/45557.html.*

Irmer, Franziska: Medizinprodukterechtliche Einordnung von Software, Updates und Upgrades, MPR 2013 S. 145-148.

Jäkel, Christian: Medizinprodukterecht, in: Schmola, Gerald/Rapp, Boris (Hrsg.): Compliance, Governance und Risikomanagement im Krankenhaus. Rechtliche Anforderungen – Praktische Umsetzung – Nachhaltige Organisation, Wiesbaden 2016, S. 477-497.
Zitiert als: *Jäkel*, in: Compliance.

Ders.: Zur Historie der Aufbereitung von Medizinprodukten, MPR 2020, S. 144-159.

Jauernig, Bürgerliches Gesetzbuch → s. unter *Stürner*.

Kalle, Parminder: Weckruf an Hersteller von Medizinprodukten: Verbessern Sie Ihre Post Market Surveillance, MPR 2016, S. 7-9.

Kapoor, Arun/Klindt, Thomas: „New Legislative Framework" im EU-Produktsicherheitsrecht – Neue Marktüberwachung in Europa?, EuZW 2008, S. 649-654.

Kassner, Andreas: „Keine Klarheit für Software", Interview, meditec Mai 2010, S. 27, abrufbar unter: *https://www.pr-hoch-drei.de/prhoch3/2018/08/20100915_MEDITEC_MPG_Novelle_1_deutsch_Teil-2.pdf.*

Katzenmeier, Christian/Schrag-Slavu, Stefania: Telenotarzt – Berufsrecht, Haftungsrecht, Medizinprodukterecht, Datenschutzrecht, Baden-Baden 2021.

Kern, Bernd-Rüdiger: Gesamtschuldnerausgleich? Medizinproduktehersteller – Arzt/Krankenhaus, in: Arbeitsgemeinschaft Rechtsanwälte im Medizinrecht e.V. (Hrsg.), Medizinprodukte in der Anwendung: Alle machen mit, keiner haftet? Heidelberg 2014, S. 63-71.

Kern, Bernd-Rüdiger/Rehborn, Martin (Hrsg.)/Laufs, Adolf/Uhlenbruck, Wilhelm (Begründer): Handbuch des Arztrechts, 5. Aufl., München 2019.
Zitiert als: *Bearbeiter*, in: Laufs/Kern/Rehborn, Handbuch Arztrecht.

Kindler, Manfred/Menke, Wolfgang: Medizinprodukterecht-Durchführungsgesetz – MPDG, 1. EL, Landsberg am Lech 8/2023.

Knauer, Jana: Produkthaftungsrechtliche Verantwortung des Betreibers von aufbereiteten Medizinprodukten, MPR 2016, S. 37-42.

Knauer, Jana/Neumann, Matthias: Aktuelle Rechtsfragen zur „Umsetzung" der Verordnungen (EU) 2017/745 und (EU) 2017/746 durch das Medizinprodukte-EU-Anpassungsgesetz (MPEUAnpG), in: MPR 2021, S. 1-5.

Knöpfle, Robert: Zur Problematik der Beurteilung einer Norm als Schutzgesetz im Sinne des § 823 Abs. 2 BGB, NJW 1967, S. 697-702.

Koziol, Helmut: Grundfragen des Schadenersatzrechts, Wien 2010.

Larcher, Daniel: Medizinprodukte-Software: Abgrenzung und Produkthaftung, RdM 2018, S. 130-135.

Larenz, Karl, Canaris, Claus-Wilhelm (Hrsg.): Methodenlehre der Rechtswissenschaft, 3. Aufl., Berlin/Heidelberg 1995.
Zitiert als: *Larenz/Canaris* Methodenlehre.

Larenz/Canaris → s. unter *Canaris.*

Laufs/Kern/Rehborn → s. unter *Kern.*

Lorenz, Egon: Grundsatz und Grenzen der Folgenzurechnung im Schadensersatzrecht, in: Ahrens, Hans-Jürgen/v. Bar, Christian/Fischer, Gerfried/Spickhoff, Andreas/Taupitz, Jochen: Festschrift für Erwin Deutsch zum 70. Geburtstag, S. 251-269.

Lorenz, Stephan: Grundwissen – Zivilrecht: Deliktsrecht – Haftung aus § 823 I BGB, JuS 2019, S. 852-855.

Ders.: Grundwissen – Zivilrecht: Deliktsrecht – Haftung aus § 823 II BGB, JuS 2020, S. 12-14.

Lücker, Volker/Baumann, Hans Georg (Hrsg.)/Schorn, Gert (Begründer): Schorn Medizinprodukterecht Kommentar und Materialien, Gesamtwerk mit 36. AL, Stuttgart 2022.
Zitiert als: *Bearbeiter*, in: Lücker/Baumann MedProdR.

Lunkenheimer, Ralf/Steinbach, Andreas: Anweiserqualifikation nach § 5 MPBetreibV, PKR 2002, 70-71.

Maier-Reimer, Georg: Schutzgesetze – Verhaltensnormen, Sanktionen und ihr Adressat, NJW 2007, S. 3157-3162.

Mayr, Stefan/Thiermann, Arne/Schrack, Michael/Kiesselbach, Christoph (Hrsg.): Das neue Medizinprodukterecht; Nomos Praxishandbuch zur MP-VO, Baden-Baden 2021.

Medical Device Coordination Group: Manual on borderline and classification for medical devices under Regulation (EU) 2017/745 on medical devices and Regulation (EU) 2017/746 on *in vitro* diagnostic medical devices, Version 3 September 2021, abrufbar unter: *https://health.ec.europa.eu/system/files/2023-09/md_borderline_manual_en.pdf.*

Dies.: MDCG 2020-16 rev.2, Guidance on Classification Rules for in vitro Diagnostic Medical Devices under Regulation (EU) 2017/746, abrufbar unter *https://health.ec.europa.eu/system/files/2023-02/md_mdcg_2020_guidance_classification_ivd-md_en.pdf.*

Dies.: MDCG 2020-8 Post-market clinical follow-up (PMCF) Evaluation Report Template A guide for manufacturers and notified bodies, April 2020, abrufbar unter: *https://ec.europa.eu/docsroom/documents/40906.*

Medicus, Dieter/Lorenz, Stephan (Hrsg): Schuldrecht Il. Besonderer Teil. Ein Studienbuch, 18. Aufl., 2018.
Zitiert als: Medicus/Lorenz SchR II.

Meisterernst, Andreas/Sosnitza, Olaf (Hrsg.): Zipfel/Rathke Lebensmittelrecht Loseblattkommentar, Stand 182. EL, München 2021.
Zitiert als: *Bearbeiter*, in: Zipfel/Rathke Lebensmittelrecht.

Menean, Franz/Menean, Nicole/Rometsch, Florian/Großmann, Michael/Becker, Tamara: Maßnahmen zur Umsetzung der europäischen Medical Device Regulation bei klein- und mittelständischen Herstellern von Medizinprodukten, in: Pfannstiel, Mario A./Rasche, Christoph/Braun v. Reinersdorff, Andrea/Knoblach, Bianka/Fink, Dietmar (Hrsg.): Consulting im Gesundheitswesen, Wiesbaden 2019, S. 179-200.

Menzl, Stefan/Scholz, Sybille: MDR-Zertifikate nach Art. 16 MDR. Neue Pflichten für Importeure und Händler, in: Grinblat, Roman, Scholtz, Sibylle, Stock,

Sophy (Hrsg.): Medizinprodukterecht im Wandel, Festschrift für Ulrich M. Gassner zum 65. Geburtstag, Baden-Baden 2022, S. 359-363.

Middeler, Guido: Kommentar zum EuGH Urteil vom 19.01.2023 – eine verpasste Chance!, MPR 2023, S. 153-155.

Moltoris, Michael/Klindt, Thomas: Die Entwicklungen im Produkthaftungs- und Produktsicherheitsrecht, NJW 2014, S. 1567-1573.

Mugdan, Benno (Hrsg.): Die gesammten Materialien zum Bürgerlichen Gesetzbuch für das Deutsche Reich, Band II (Recht der Schuldverhältnisse), Berlin 1899.
Zitiert als: Mugdan II.

Müller-Glöge, Rudi/Preis, Ulrich/Schmidt Ingrid, (Hrsg.): Erfurter Kommentar zum Arbeitsrecht, 23. Aufl., München 2023.
Zitiert als: *Bearbeiter*, in ErfK Arbeitsrecht.

Münchner Anwaltshandbuch zum Medizinrecht, → s. unter *Clausen*.

Münchener Kommentar zum Bürgerlichen Gesetzbuch, → s. unter *Säcker.*

Münchener Kommentar zum Strafgesetzbuch, → s. unter *Erb.*

Oeben, Marc: Anmerkung zu BGH, Beschl. v. 30.7.2013 – VI ZR 284/12 (LG Stendal), MPR 2014, S. 242-244.

Ders.: Die Eigenherstellung von Medizinprodukten nach der MDR – Voraussetzungen und Grenzen der „Herstellung" innerhalb einer Gesundheitseinrichtung, MDR 2020, S. 215-222.

Ders.: Drittschutzwirkung und Konformitätsbewertung und Pflichtenkorsett der Benannten Stelle, MedR 2017, S. 42-48.

Oeben, Marc/Schiwek, Frank: Produkthaftung bei einem Herzschrittmacher: Anmerkung zum Urteil des OLG Hamm vom 26.10.210 – Az.: I-21 U 163/08, MPR 2011 S. 145-151.

Oechsler, Jürgen (Hrsg.): J. von Staudingers Kommentar zum Bürgerlichen Gesetzbuch. Buch 2. Recht der Schuldverhältnisse. §§ 826-829; ProdHaftG, Neubearbeitung Berlin 2018.
Zitiert als: *Bearbeiter*, in: Staudinger/Oechsler BGB.

Oehlmann, Heinrich: Eindeutige Identifikation von Medizinprodukten, Deutsches Ärzteblatt 41/2014, S. A 1760.

Paar, Elisabeth: Suizidprognose durch künstliche Intelligenz aus verfassungsrechtlicher Perspektive, RdM 2020, S. 278-283.

Parakenings, Nora: Ein Jahr bis zum geplanten Geltungsbeginn der IVDR – zum 26.05.2022 – eine Bestandsaufnahme, MPR 2021, S. 81 f.

Parakenings, Nora/Wettmarshausen, Sascha: Änderungsverordnung zur IVDR – Auswirkungen auf die IVD-Industrie und Patientenversorgung, MPR 2022, S. 52-54.

Penn, Daniela: Mögliche Routen der klinischen Bewertung von Medizinprodukten und Umsetzungsoptionen, MPJ 2023, S. 92-99.

Petry, Daphne/Gierok, Markus: Neue Sanktionstatbestände für In-Vitro-Diagnostika, in: medstra 2022, S. 350-359.

Plaßmann, Kirsten: Der Hersteller unter MDR. Ein Wirtschaftsakteur mit vielen Gesichtern und zahlreichen Verpflichtungen, in: Grinblat, Roman, Scholtz, Sibylle, Stock, Sophy (Hrsg.): Medizinprodukterecht im Wandel, Festschrift für Ulrich M. Gassner zum 65. Geburtstag, Baden-Baden 2022, S. 273-295.

Plum, Werner: AIDS<1> und<2> Hepatitis B<3> in den USA<4> und das Produkthaftpflichtrisikos für<5> Medizintechnikhersteller – Stand: 15. 12. 1985, VersR 1986, S. 528-532.

Pollack, Kirstin: Schutzgesetzverletzung und „negligence per se“, Eine rechtsvergleichende Untersuchung zwischen dem deutschen und dem U.S.-amerikanischen Recht, Göttingen, Univ. Diss., 2003.
Zitiert als: *Pollack*, Schutzgesetzverletzung.

Prütting, Dorothea (Hrsg.): Medizinrecht, 6. Aufl., München 2022.

pta *Forum:* Schwierige Abgrenzung, pta Forum, v. 14.07.2017; abrufbar unter: *http://www.ptaforum.pharmazeutische-zeitung.de/ausgabe-142017/schwierige-abgrenzung/.*

Quaas, Michael/Zuck, Rüdiger/Clemens, Thomas/Gockel, Julia Maria (Hrsg).: Medizinrecht, 4. Aufl., München 2018.
Zitiert als: Bearbeiter, in: Quaas/Zuck MedR.

Ratzel, Rudolf: Zur medizinischen Zweckbestimmung von Medizinprodukten, GesR 2013, S. 722-723.

Ratzel, Rudolf/Luxenburger, Bernd (Hrsg.): Handbuch Medizinrecht, 4. Aufl. Heidelberg 2021.
Zitiert als: *Bearbeiter*, in: Ratzel/Luxenburger, Handbuch Medizinrecht.

Rehmann, Wolfgang/Wagner, Susanne: Medizinproduktegesetz. Verordnung (EU) 2017/745 über Medizinprodukte, 3. Aufl., München 2018.
Zitiert als: *Bearbeiter*, in: Rehmann/Wagner MPG.

Dies., MP-VO. Verordnung (EU) 2017/745 über Medizinprodukte mit integriert erläuterter Verordnung (EU) 2017/746 über Invitro-Diagnostika, 4. Aufl., München 2023.
Zitiert als: *Bearbeiter*, in: Rehmann/Wagner MP-VO.

Reich, Norbert: Fehlerhaftigkeit von Medizinprodukten. Anmerkung zu den Schlussanträgen von Generalanwalt Bot in den verbundenen Rechtssachen C-503 und 504/13 – Boston Scientific Medizintechnik-GmbH, EuZW 2014, 898-900.

Reischl, Wilfried/Kneuper, Esther/Westphal, Katrin/Stock, Sophy/Buchholz, Steffen, Medizinprodukte-Betreiberverordnung 2017 – Antworten zur Umsetzung ein Jahr nach Inkrafttreten, MPR 2018, S. 1-9.

Rieger, Hans-Jürgen/Dahm, Franz-Josef/Katzenmeier, Christian/Stellpflug, Martin/Ziegler, Ole (Hrsg.): Heidelberger Kommentar Arztrecht Krankenhausrecht Medizinrecht, Stand 93. Aktualisierung Heidelberg 2023.
Zitiert als: Bearbeiter, in: HK-AKM.

Robert-Koch-Institut: Anforderungen an die Hygiene bei der Aufbereitung von Medizinprodukten. Empfehlung der Kommission für Krankenhaushygiene und Infektionsprävention (KRINKO) beim Robert Koch-Institut (RKI) und des Bundesinstitutes für Arzneimittel und Medizinprodukte (BfArM), in: Bundesgesundheitsblatt 2012, S. 1244-1310.

Robert-Koch-Institut: Ergänzung zur Empfehlung „Anforderungen an die Hygiene bei der Aufbereitung von Medizinprodukten" der Kommission für Krankenhaushygiene und Infektionsprävention (KRINKO) beim Robert Koch-Institut (RKI) und des Bundesinstitutes für Arzneimittel und Medizinprodukte (BfArM), in: Epidemiologisches Bulletin 6/2018, S. 67-74.

Rödig, Jürgen: Erfüllung des Tatbestandes des § 823 Abs. 1 BGB durch Schutzgesetzverstoß. Zugleich ein Beitrag zum Deliktschutz verkörperter relativer Rechte, Bielefeld 1973.

Röthel, Anne: Haftung wegen Verletzung eines Schutzgesetzes (§ 823 II BGB), in: JURA 43, Nr. 11, 2021, S. 1297-1301.

Säcker, Franz Jürgen/Rixecker, Roland/Oetker, Hartmut/Limburg, Bettina (Hrsg):

Münchner Kommentar zum BGB, 8. Aufl., München 2020.
Zitiert als: *Bearbeiter*, in: MüKoBGB.

v. Savigny, Friedrich Carl: System des heutigen Römischen Rechts, Band 1, Berlin 1840.
Zitiert als: *v. Savigny,* Römisches Recht.

Schäfer, Birgit: Die neue EU-Verordnung für In-vitro-Diagnostika (IVDR): Ein Fortschrittsbericht, MPR 2018, S. 189-192.

Schilbach, Dan: Update zur Medizinprodukteverordnung – Einführung einer gesetzlichen Produkthaftung für den „bevollmächtigten Vertreter"?, MPR 2016, S. 82-89.

Schmiedel, Burkhard: Deliktsobligationen nach deutschem Kartellrecht. Erster Teil, Tübingen 1974; zugl. Freiburg, Univ., Habil-Schr., 1974.
Zitiert als: *Schmiedel,* Deliktsobligationen.

Schmidt, Karsten: Deliktsschutz durch Verwaltungshandeln. Praxis und Dogmatik der „Schutzverwaltungsakte" im Rahmen von § 823 Abs. 2 BGB, in: Bettermann, Karl August, Löwisch, Manfred, Otto, Hansjörg, Schmidt, Karsten

(Hrsg.), Festschrift für Albrecht Zeuner zum siebzigsten Geburtstag, 1994, S. 259-277.

Schmola, Gerald: Grundlagen und Instrumente des Risikomanagements, in: Schmola, Gerald/Rapp, Boris (Hrsg.): Compliance, Governance und Risikomanagement im Krankenhaus. Rechtliche Anforderungen – Praktische Umsetzung – Nachhaltige Organisation, Wiesbaden 2016, S. 289-339.
Zitiert als: *Schmola G.*, in: Compliance.

Schmola, Markus: Risk-Management im Operationsbereich, in: Schmola, Gerald/Rapp, Boris (Hrsg.): Compliance, Governance und Risikomanagement im Krankenhaus. Rechtliche Anforderungen – Praktische Umsetzung – Nachhaltige Organisation, Wiesbaden 2016, S. 407-433.
Zitiert als: *Schmola M.*, in: Compliance.

Schneider, Jan-Martin: Medizinproduktfälschungen und ihr "Tackling" durch die Verhaltens- und Sanktionsnormen in den § 13 iVm §§ 92 ff. MPDG in: Grinblat, Roman, Scholtz, Sibylle, Stock, Sophy (Hrsg.): Medizinprodukterecht im Wandel, Festschrift für Ulrich M. Gassner zum 65. Geburtstag, Baden-Baden 2022, S. 293-314.

Schorn Medizinprodukterecht Kommentar und Materialien → s. unter *Lücker*.

Schorn, Gert: Entwicklung des Medizinprodukterechts in Deutschland und Europa, in: Grinblat, Roman, Scholtz, Sibylle, Stock, Sophy (Hrsg.): Medizinprodukterecht im Wandel, Festschrift für Ulrich M. Gassner zum 65. Geburtstag, Baden-Baden 2022, S. 43-57.

Schuh, Miriam: Was die aktuelle Norm ISO 14155:2020 für die Klinische Prüfung bedeutet, Medizin & Technik (online), 22.09.2020, abrufbar unter: *https://medizin-und-technik.industrie.de/recht/was-die-aktuelle-norm-iso-141552020-fuer-die-klinische-pruefung-bedeutet.*

Schulze, Reiner (Hrsg.): NomosKommentar Handkommentar Bürgerliches Gesetzbuch, 11. Aufl., Heidelberg 2022.
Zitiert als: *Bearbeiter*, in: HK-BGB.

Schweikard, Christine: Sozialrechtlicher Nutzen und medizinprodukterechtliche Konformität, Augsburg, Univ., Diss., 2022.
Zitiert als: *Schweikard*, Medizinprodukterechtliche Konformität.

Seubert, Sonia: Grenzen der Therapiefreiheit bei sog. Mix and Match in der Orthopädie. Anmerkung für die Praxis, MPR 2023, S. 112-118 (Urteilsbesprechung beginnend bei S. 116).

Siebert, Walter (Hrsg.)/Hans Theodor Soergel (Begründer): Bürgerliches Gesetzbuch, Schuldrecht 10, 13. Aufl., Stuttgart 2005.
Zitiert als: *Bearbeiter*, in: Soergel SchR 10.

Soergel, Bürgerliches Gesetzbuch Schuldrecht 10→ s. unter *Siebert*.

Sojka, Karolina/Sohrabi, Keywan/Groß, Volker/Scholtes, Michael: Überblick über die sozio-ökonomischen Auswirkungen der MDR, MPJ 2023, S.131-137.

Spickhoff, Andreas: Gesetzesverstoß und Haftung, u.a. Köln 1998; zugl. Göttingen, Univ., Habil-Schr., 1996.
Zitiert als: *Spickhoff*, Gesetzesverstoß.

Ders., (Hrsg.): Medizinrecht, 4. Aufl., München 2022,
Zitiert als: *Bearbeiter,* in Spickhoff MedR.

Staudinger/Hager BGB → s. unter *Hager*.

Staudinger/Oechsler BGB → s. unter *Oechsler.*

Stellpflug, Martin/ Hildebrandt, Ronny/Middendorf, Max (Hrsg.): Gesundheitsrecht Kompendium, Stand 60. Aktualisierung, Heidelberg 2022.
Zitiert als: *Bearbeiter*, in: Stellpflug/Hildebrandt/Middendorf, Gesundheitsrecht.

Stenzel, Sebastian: Notruf 112 noch effizienter: Feuerwehr Wiesbaden führt „Standardisierte Notabfrage" ein, 04.05.2012, abrufbar unter: *https://www.wiesbaden112.de/notruf-112-noch-effizienter-feuerwehr-wiesbaden-fuhrt-standardisierte-notabfrage-ein.*

Stockbauer, Christiane/Sauritschnig, Elisabeth: Die neue Medizinprodukte-Verordnung in Zeiten von Covid-19, RdM 2020, S. 99-101.

Sträter, Burkhard: Europäische Regulierung des Medizinprodukterechts – Was können die Medizinprodukte-Verordnung der EU und ein ungeregelter Brexit für die GKV verändern?, in: NZS 2020, 530-534.

Stürner, Rolf (Hrsg.): Jauernig Kommentar zum Bürgerlichen Gesetzbuch, 18. Aufl., München 2021.
Zitiert als: *Bearbeiter*, in: Jauernig BGB.

Ulmer, Nina: Anforderungen an den Medizinproduktehandel nach der MPR – Händlerpflichten und Gestaltungsmöglichkeiten, in: MPR 6/2019, S. 184-194.

Voit, Wolfgang/Grube, Markus: Lebensmittelinformationsverordnung VO (EU) Nr. 1169/11, 2. Aufl., München 2016.
Zitiert als: *Bearbeiter*, in: Voit/Grube LMIV.

Völker, Andrea: Medizinprodukt statt Lebensmittel? "Borderline-Produkte" im Blickfeld gesundheitsbezogener Werbung, StoffR 2013, S. 218-225.

Wachhausen, Heike/Weinert, Luka: Benennung, Aufgaben und Haftungsumfang – Der Bevollmächtigte des Herstellers nach Art. 11 MDR, MPJ 2019, S. 97-102.

Walger, Martin: Herausforderungen des europäischen In-vitro-Diagnostika-Marktes unter der IVDR, MPR 2022, S. 119-120.

Wallenfels, Matthias: Neue Medizinprodukteverordnung sorgt für Unruhe, in: ÄrzteZeitung Online, veröffentlicht: 06.08.2018, abrufbar unter: *https://www.*

aerztezeitung.de/Wirtschaft/Neue-Medizinprodukteverordnung-sorgt-fuer-Unruhe-226896.html.

Webel, Dirk: Medizinprodukterecht. Nationale Maßstabsbildung im Zuge der europäischen Harmonisierung, Köln, univ., Diss., 2008.

Weiland, Timo/Brucklacher, Ulrike/Schrack, Michael: Post Market Clinical Follow-up für Medizinprodukte, MPJ 2014, S. 225-234.

Weimer, Tobias: Passivlegitimation MP-Hersteller vs. Krankenhausträger, in: Arbeitsgemeinschaft Rechtsanwälte im Medizinrecht e.V. (Hrsg.), Medizinprodukte in der Anwendung: Alle machen mit, keiner haftet? Heidelberg 2014, S. 49-61.

Wiring, Roland/Grau, Tobias/Kirchner, Simon: MDR und M&A: Transaktionen im Lichte des neuen Medizinprodukterechts, NZG 2021, 410-416.

Wissenschaftliche Dienste des Deutschen Bundestages: Sachstand Marktzugangsvoraussetzungen für Medizinprodukte in der EU nach derzeitiger und künftiger Rechtslage, WD 9 – 3000 – 034/19, Stand 06.06.2019, abrufbar unter: *https://www.bundestag.de/resource/blob/651548/d854584693a9a0348fcdbaf9ee1351c5/WD-9-034-19-pdf-data.pdf.*

Wostry, Harald: Die Straf- und Bußgeldvorschriften des Medizinproduktedurchführungsgesetzes (MPDG) in: Grinblat, Roman, Scholtz, Sibylle, Stock, Sophy (Hrsg.): Medizinprodukterecht im Wandel, Festschrift für Ulrich M. Gassner zum 65. Geburtstag, Baden-Baden 2022, S. 315-330.

Ders: Sanktionen des Medizinprodukte-Durchführungsgesetzes (MPDG), MPJ 2023, S. 3-8.

Wulff, Agnes: Dermatikum, Medizinprodukt oder Kosmetikum? Rechtsrahmen und Abgrenzung der jeweiligen Produktkategorie, PharmR 2015, S. 52-59.

Ziegenberg, Christina/Marx, Katja: Nach dem Amendment ist vor dem Amendment. Über strukturelle Probleme bei der Zertifizierung von Medizinprodukten durch Benannte Stellen gemäß MDR, MPR 2023, S. 85-88.

Zipfel/Rathke Lebensmittelrecht → s. unter *Meisterernst.*

Zipfel, Valentin: Arzt- und Krankenhausträgerhaftung bei der Implantation von Medizinprodukten, Heidelberg, Univ., Diss., 2020.
Zitiert als: *Zipfel*, Haftung Implantation Medizinprodukte.

Zippel, Claus/Bohnet-Joschko, Sabine: Post-Market-Surveillance, Health Policy 121 (2017), S. 880-886.

Zuck, Rüdiger/Dettling, Heinz-Uwe (Hrsg.): Arzneimittelgesetz, München 2021.
Zitiert als: *Bearbeiter*, in: Zuck/Dettling AMG.

www.ingramcontent.com/pod-product-compliance
Ingram Content Group UK Ltd.
Pitfield, Milton Keynes, MK11 3LW, UK
UKHW021848290926
8980IPUK00005B/718

9 783631 936610